Dietrich Bonhoeffer

Bleibt der Erde treu

DIETRICH BONHOEFFER

Bleibt der Erde treu

Ausgewählte Predigten

Herausgegeben und mit einer Einführung versehen
von Peter Zimmerling

BRUNNEN
Verlag GmbH · Giessen

Bibelzitate entsprechen der von Bonhoeffer verwendeten Fassung bzw. dort, wo Bonhoeffer den Predigttext nicht mitgegeben hatte (in eckigen Klammern), der Lutherbibel 1912.
Die Rechtschreibung wurde aktualisiert und offensichtliche Fehler korrigiert, Zeichensetzung wurde teilweise beibehalten.

Die hier abgedruckten Texte finden sich auch in der Dietrich Bonhoeffer Werkausgabe (DBW), Gütersloh 1886-1999: 1. Mose 32,25-32; 33,10: DBW 11, 408-414; 2. Mose 32,17; 15; 19-20;30-34: DBW 12, 459-465; Richter 6,15-16; 7,2; 8,23: DBW 12, 447-454; 2. Chronik 20,12: DBW 11, 416-423; Psalm 42: DBW 14, 851-860; Psalm 62,2: DBW 10, 479-485; Psalm 85,9: DBW 13, 298-301; Psalm 98,1: DBW 13, 351-356; Psalm 127,1: DBW 9, 510-516; Sprüche 16,9: DBW 13, 404-408; Weisheit 3,3: DBW 13, 325-331; Jeremia 20,7: DBW 13, 347-351; Sacharja 3,15: DBW 14, 860-867; Matthäus 8,23-27: DBW 12, 439-447; Matthäus 11,28-30: DBW 13, 372-378; Matthäus 16,13-18: DBW 12, 465-470; Matthäus 18,21-35: DBW 14, 905-911; Matthäus 26,45b-50: DBW 14, 973-979; Markus 9,23-24: DBW 13, 413-418; Lukas 1,46-55: DBW 13, 338-343; Lukas 9,51-56: DBW 9, 603-613; Lukas 9,57-62: DBW 13, 344-346; Lukas 13,15: DBW 13, 365-372; Lukas 17,7-10: DBW 9, 485-491; Lukas 21,28: DBW 13, 332-337; Johannes 8,32: DBW 11, 454-463; Römer 5,15: DBW 15, 470-476; Römer 12,11c: DBW 10, 512-517; Römer 12,16c-21: DBW 15, 463-470; 1. Korinther 2,7-10: DBW 13, 359-363; 1. Korinther 12,27 u.26: DBW 10, 486-492; 1. Korinther 13,13: DBW 13, 378-386; 1. Korinther 13,47: DBW 13, 386-393; 1. Korinther 13,8-12: DBW 13, 393-398; 1 Korinther 13,13: DBW 13, 399-404; 1. Korinther 15,17: DBW 10, 461-466; 2. Korinther 5,10: DBW 13, 319-325; 2. Korinther 5,20: DBW 13, 313-319; 2. Korinther 12,9: DBW 10, 505-511; Kolosser 3,14: DBW 11, 444-453; 1. Petrus 1,7c-9: DBW 12, 455-459; Jakobus 1,21-25: DBW 9, 539-546; Offenbarung 3,20: DBW 10, 529-533; Offenbarung 14,6-13: DBW 14, 911-918.

MIX
Papier aus verantwortungsvollen Quellen
FSC® C014496

Umschlagfoto: Shutterstock
Umschlaggestaltung: Celia Friedland
Satz: DTP Brunnen
Druck: GGP Media GmbH, Pößneck
ISBN Buch 978-3-7655-0742-7
ISBN E-Book 978-3-7655-7556-3
www.brunnenverlag.de

Inhalt

Zu dieser Ausgabe

Dietrich Bonhoeffer wurde am 9. April 1945 von den Nazis hingerichtet. 2015 waren es 70 Jahre, dass dieses Verbrechen geschah. Nach 70 Jahren werden die Bücher und Texte eines Verstorbenen „rechtefrei". Das schien dem Brunnen Verlag und mir eine gute Gelegenheit, zunächst vier Bücher Bonhoeffers neu herauszugeben: „Das Gebetbuch der Bibel", „Gemeinsames Leben", „Nachfolge", „Schöpfung und Fall". Durch sie ist er schon zu Lebzeiten einer größeren Lesergemeinde bekannt geworden.

Die gute Aufnahme der vier Bände, von denen z. T. bereits wieder Neuauflagen nötig wurden, hat uns bewogen, die Reihe fortzusetzen. Den Anfang machte 2018 ein Band unter dem Titel „Aber bei dir ist Licht" mit Gebeten, Gedichten und Gedanken Bonhoeffers aus der Zeit seiner Inhaftierung durch die Nazis. Ein weiterer Band „Du wartest jede Stunde mit mir" mit seinen Briefen aus dem Gefängnis an die Eltern, die Verlobte Maria von Wedemeyer und den Freund und theologischen Gesprächspartner Eberhard Bethge folgte 2019.

Der vorliegende Band enthält eine repräsentative Auswahl der Predigten aus den Jahren 1925 bis 1941. Ein weiterer Band mit Kasualpredigten, Bibelmeditationen und Bibelarbeiten wird folgen. (Die Auslegungen und Predigten aus der Gefängniszeit wurden bereits in den beiden vorausgegangenen Bänden veröffentlicht.) Die Texte sind bewusst nicht in chronologischer Weise, sondern in der Reihenfolge der biblischen Bücher abgedruckt. Auf diese Weise erlauben sie Verkündigerinnen und Verkündigern eine rasche Orientierung und ermöglichen so, bei Bonhoeffer Impulse für die eigene Predigt zu gewinnen.

Der Titel des Bandes „Bleibt der Erde treu" mag verwundern. Er ist der Predigt vom 19.6.1932 über Kol 3,1-4 entnommen. Bonhoeffer setzt sich darin implizit mit dem bekannten Zitat aus Friedrich Nietzsches Buch „Also sprach Zarathustra“ auseinander und zeigt, dass der christliche Glaube keineswegs Opium für das Volk ist. Gerade die Orientierung des Lebens an der Ewigkeit verleiht Menschen den notwendigen langen Atem, um für die Verbesserung der gesellschaftlichen Zustände einzutreten. Aus dem Gefängnis wird Bonhoeffer an seine Braut Maria von Wedemeyer schreiben: „Ich fürchte, daß die Christen, die nur mit einem Bein auf der Erde zu stehen wagen, auch nur mit einem Bein im Himmel stehen.“[1] Eine starke Hoffnung auf das Leben in Gottes Ewigkeit und ein kraftvolles Engagement für den Nächsten bedingen sich gegenseitig.

Die Überschriften für die Predigten stammen nicht von Dietrich Bonhoeffer selbst, sondern sind den beiden Bänden: Dietrich Bonhoeffer, Predigten – Auslegungen – Meditationen 1925-1935, Bd. 1, hg. von Otto Dudzus, Gütersloh [2]1998 und ders., Predigten – Auslegungen – Meditationen 1935–1945, Bd. 2, hg. von Otto Dudzus, Gütersloh [2]1998 entnommen.

Leipzig, im Sommer 2019 *Peter Zimmerling*

Einführung von Peter Zimmerling

1. Hintergrund: Forschungsgeschichte und Quellenlage

Der predigende Bonhoeffer hat nie im Zentrum des Interesses gestanden. Der akademische, der ökumenische, der politische Bonhoeffer steht vielen, die sich seinem Werk zuwenden, näher als der Bonhoeffer, der in seinen Predigten begegnet: der herausfordernd kirchliche, der radikal biblische, der konsequent an der Nachfolge Jesu Christi orientierte.[2] Entsprechend wenig Literatur existiert zu seinen Predigten. Den bisher ausführlichsten Beitrag hat 1985 Ernst Georg Wendel in seinen „Studien zur Homiletik Dietrich Bonhoeffers" vorgelegt.[3] Wendel analysiert darin die Bedeutung von Situation, Hermeneutik und Sprache für Bonhoeffers Predigt.

In der Gesamtausgabe der Werke Dietrich Bonhoeffers[4] sind alle erhaltenen Predigten und Predigtfragmente (insgesamt 63[5]) abgedruckt – auch seine Bibelarbeiten, Andachten und Meditationen. Damit wird deutlicher als vor dem Erscheinen der Gesamtausgabe, dass die Predigten eine wichtige, weil kontinuierliche Quelle für Bonhoeffers Glauben und Denken darstellen. Sie umfassen beinahe die gesamte Zeit vom Studium bis zur Hinrichtung (1925–1944), also eine Zeitspanne von fast zwanzig Jahren. Dass ab Herbst 1940 nur noch wenige öffentliche Ansprachen erhalten sind, hat in der Verhängung des Reichsredeverbots seinen Grund.

Aus Bonhoeffers Studentenzeit (1925–1927) sind vor allem Ansprachen im Kindergottesdienst seiner Heimatkirche in Berlin-Grunewald erhalten. Zu den Themen und Motiven, die sich bereits in diesen frühen Predigten und Ansprachen finden und sich durch alle späteren Reden hindurchziehen, gehören das Eintreten für Gottes Gottsein, die Aufforderung zum Gehorsam gegenüber Gott, die Betonung der Verantwortung des Menschen vor Gott, der Hinweis auf Gottes Ewigkeit und Gottes Gericht, die Aussage, dass Gott dem Menschen im Nächsten begegnet. Von Jesus Christus spricht Bonhoeffer äußerst zurückhaltend, als ob dieser etwas so Großes wäre, dass man es nicht so einfach aussprechen könnte.[6]

Während des Vikariats in Barcelona (März 1928–Februar 1929) hatte Bonhoeffer alle 14 Tage zu predigen, wenn sein Vikarsvater in den Ferien war sogar sonntäglich. Von den ungefähr 25–30 Predigten aus dieser Zeit sind zwölf erhalten geblieben. Bonhoeffer hielt sich zu dieser Zeit an keine vorgegebene Perikopenordnung, sondern fand seine Predigtthemen aufgrund der Begegnungen mit Menschen aus der Gemeinde. Die Situation der Jugendlichen nimmt einen relativ breiten Raum ein, was nicht verwunderlich ist, da Bonhoeffer zu diesem Zeitpunkt erst 22 Jahre alt war. Umso erstaunlicher ist der eschatologische Grundtenor der Predigten. Bonhoeffer hebt immer wieder hervor, dass die Frage nach der Ewigkeit die Grundfrage des Christseins sei.[7] Eindrucksvoll ist seine Predigt über die Kirche,[8] in der er diese – altkirchlich – mit einer Mutter vergleicht. Die Predigt steckt voller Lockungen, da es Überraschendes zu entdecken gibt, sobald ein Mensch sich auf den Weg in die Kirche macht.

Zwischen dem Ende des Vikariats in Barcelona und dem Dienstantritt als Studentenpfarrer in Berlin im Oktober 1931 liegen fast drei Jahre (1931–1933). Aus diesem Zeitraum sind nur wenige Predigten erhalten. Gerne wüsste man, was Bonhoeffer während des halben Jahres seiner Mitarbeit in der Sonntagsschule und den Gottesdiensten der Abessinian

Baptist Church seines schwarzen Freundes Frank Fisher in Harlem gepredigt hat.[9]

Zurück in Berlin beginnt er erst wieder mit seinem Dienstantritt als Studentenpfarrer an der Technischen Hochschule in Charlottenburg zu predigen. Die erste erhaltene Predigt stammt vom 4.10.1931. Bis zu seinem Wechsel auf die Auslandspfarrstelle in London im Oktober 1933 existieren knapp 15 Predigten. Otto Dudzus bezeichnet die Predigt dennoch als den „heimliche[n] Schwerpunkt seiner Arbeit in diesen Jahren".[10] Mitten in der damals pulsierenden Weltstadt Berlin, die gezeichnet war von gewaltsamen Straßenschlachten um die zukünftige politische Gestalt Deutschlands, verantwortet Bonhoeffer seine theologischen Überzeugungen in der Predigt, inspiriert von Karl Barth (1886–1968), seinem wichtigsten theologischen Lehrer, und durch den Studienaufenthalt in New York. Allerdings werden an keiner Stelle der erhalten gebliebenen Predigten politische Fragen direkt thematisiert. Trotzdem gilt für die Predigten vor Hitlers Machtergreifung, was Eberhard Bethge festgestellt hat: „Gleichwohl sind die Bezüge zum Tagesgeschehen […] unverkennbar. Umso mehr fand sich der Zeitgenosse kräftig und überzeugend orientiert."[11]

Von den 70–80 in London (Oktober 1933–April 1935) gehaltenen Predigten sind weniger als 20 noch vorhanden. Der Betonung des Gottseins Gottes und seines Anspruchs an den Menschen korrespondiert auch in diesen Predigten mit Bonhoeffers Ernstnehmen des Menschseins, seiner Fürsorge und Liebe zu den Zuhörern und Zuhörerinnen. Die Predigten zeichnet wiederum eine auffällige Orientierung an der Ewigkeit aus. Schließlich machen gerade die Londoner Predigten deutlich, dass Bonhoeffer mithilfe der Theologie sein Leben bewältigt hat. Im Wort Gottes fand er Orientierung und Halt, woran er seinen Hörerinnen und Hörern Anteil gab. Das belegt besonders deutlich die Predigt über Jer 20,7.[12]

Erstaunlicherweise sind aus der Zeit der illegalen Theologenausbildung als Direktor des Predigerseminars in Finkenwalde bei Stettin (1935–1940) insgesamt weniger als zehn Predigten vorhanden (abgerechnet die Predigten bei Kasualien) – und das, obwohl es, solange Finkenwalde bestand, eine „Notkirche" der Bekennenden Kirche mit sonntäglichem Gottesdienst gab. Der Grund dafür liegt darin, dass Bonhoeffer die Kanzel den Seminaristen und den anderen Mitgliedern des Bruderhauses zur Verfügung stellte.

Wenn wir nach dem Prediger Bonhoeffer in dieser Zeit fragen, sind wir neben den wenigen Predigten auf seine Bibelarbeiten über Esra und Nehemia, über Timotheus, über das Thema Versuchung, über den Morgen und über David verwiesen.[13] Sie sind außer von ihrer Länge und ihrem Ort kaum von Predigten zu unterscheiden. Auf Rüstzeiten für die ehemaligen Finkenwalder Seminaristen gehalten, bilden sie den Nährboden für deren Predigtpraxis. Bei Bonhoeffers Predigten aus dieser Zeit fällt auf, dass Verkündigung und Gebet häufig ohne Bruch ineinander übergehen. Sie erwuchsen aus der gemeinsamen Praxis geistlichen Lebens in Finkenwalde.[14] Thematisch steht in dieser Periode die Rechtfertigungsbotschaft im Zentrum – vielleicht gerade aufgrund der hochgespannten Frömmigkeit, die im Predigerseminar mit dem angeschlossenen Bruderhaus[15] gelebt wurde.

Am Ende der Zeit der illegalen Theologenausbildung verfasste Bonhoeffer eine Reihe homiletischer Auftragsarbeiten: eine Lesepredigt, vier Predigtmeditationen, theologische Ausarbeitungen zu Weihnachten, Epiphanias, Ostern und Himmelfahrt und über die Dankbarkeit des Christen.[16] Es war etwas Neues für Bonhoeffer, Predigten bzw. Predigthilfen zu veröffentlichen. Ursprünglich war er der Überzeugung, dass jeder Prediger ausschließlich das ihm unmittelbar, durch eigene Exegese und Meditation erschlossene Wort Gottes predigen sollte. Aufgrund der besonderen Zeitumstände, gekennzeichnet von Krieg und vielen Vakanzen (viele Pfarrer waren eingezogen), hat er nach anfänglichem Zögern diese Ansicht revidiert und mit großem Engagement die Hilfen zur Predigt erstellt.

Selbst für die Jahre des Krieges und der zunehmenden persönlichen Freiheitseinschränkungen durch die Gestapo (1940–1945) ist eine Reihe von Predigten, Meditationen, Andachtshilfen, Auslegungen erhalten geblieben. Trotz Rede- (September 1940) und Druckverbot (März 1941) hat er im engeren Freundeskreis in Pommern eine Traueransprache gehalten, später im Gefängnis Andachtsvorschläge für Eberhard Bethge und Andachtshilfen zu Herrnhuter Losungen verfasst.[17] Bekannt geworden sind die Traupredigt aus der Zelle für Eberhard Bethge und dessen Frau Renate, geb. Schleicher, Bonhoeffers Nichte, und die „Gedanken zum Tauftag“ seines Großneffen Dietrich Bethge (Aber bei dir ist Licht, S. 43-52).

Spannend ist der Vergleich der Predigten aus dieser Zeit mit der von Bonhoeffer gleichzeitig geforderten nicht-religiösen Interpretation biblischer Begriffe. Dabei wird deutlich, dass dieses Projekt eine radikal auf Christus bezogene, genauer: an dessen Menschwerdung orientierte Interpretation verfolgte, und nicht im Sinn der späteren Gott-ist-tot-Theologie missverstanden werden darf. Darauf hat zuerst Bonhoeffers Finkenwalder Schüler Gerhard Ebeling hingewiesen.[18] Bonhoeffer dachte nie an eine Abschaffung von Gottesdienst und Predigt. Allerdings überlegte er unter dem Stichwort der „Arkandisziplin“, ob der Gottesdienst „in religionsloser Zeit“ nicht allein im Kreis bekennender Christen gefeiert werden müsste.[19]

2. Eigenart

2.1 Die herausragende Bedeutung der Predigt für Bonhoeffer

Die Vernachlässigung Bonhoeffers als Prediger in der Forschung ist umso erstaunlicher, als das Predigen für ihn selber durchgängig eine herausragende Bedeutung besaß. Das gilt sowohl in biografischer als auch in sachlicher Hinsicht. So stellt Eberhard Bethge fest: „Bonhoeffer hat gern gepredigt. Als eine Verwandte erfuhr, dass sie nur noch Monate zu leben habe, schrieb er: ‚Was würde ich tun, wenn ich wüßte, in 4–6 Monaten wäre es zu Ende? [...] Ich glaube, ich würde noch versuchen, Theologie zu unterrichten wie einst und oft zu predigen' (1941)."[20] Noch am Tag vor seiner Hinrichtung hat er vor seinen Mitgefangenen gepredigt.[21] Wichtiger ist jedoch die inhaltliche Erkenntnis, dass Bonhoeffer um der Predigt willen theologisch gedacht und politisch gehandelt hat. Seine ganze Theologie diente der Predigtaufgabe, war auf die Predigt hin ausgerichtet.[22] Bethge meint ganz zu Recht, dass die Predigt „Richtpunkt im Bild Bonhoeffers in seinen drei Stadien" als Theologe, Christ und Zeitgenosse ist: „Im ersten Stadium ging es ihm um die Konkretheit des Wortes, im zweiten um seine Kostbarkeit und im dritten um seine Weltlichkeit."[23] Von hier aus wird auch das Motiv für die „nicht-religiöse Interpretation biblischer Begriffe" verständlich: Sie bedeutet gerade „nicht die Absetzung der Predigt, sondern den ersten Schritt ihrer Wiedergewinnung für die Welt".[24] Bonhoeffer ging es um eine Erneuerung der geistlichen Sprachfähigkeit in Theologie und Kirche.

Es fällt auf, dass Bethges These von der Predigt als „Richtpunkt im Bild Bonhoeffers" in der Folgezeit in der Bonhoeffer-Forschung unberücksichtigt blieb.[25] Dazu hat beigetragen, dass Bethge selbst in seiner 1968 erstmals erschienenen

Bonhoeffer-Biografie diese These nicht weiter entfaltet hat. Vielmehr legt er der Biografie das Periodenschema Theologe, Christ, Zeitgenosse zugrunde.[26] Es gipfelt nach der Überzeugung von Bonhoeffers Biograf in der Zeitgenossenschaft und im Entwurf einer neuen Theologie. In der Folgezeit wird das Periodenschema zur entscheidenden Deutungskategorie von Bonhoeffers Leben und Werk.

Das Schema hat, zugegebenermaßen gegen Bethges Intention, wesentlich dazu beigetragen, dass je nach Interessenlage ausschließlich der Bonhoeffer der einen oder der anderen Periode für die eigenen theologischen oder kirchenpolitischen Überzeugungen reklamiert werden konnte. Demgegenüber kann der Versuch, Bethges These von der Predigt als „Richtpunkt im Bild Bonhoeffers“ zur Geltung zu bringen, zur Korrektur einseitiger Bonhoeffer-Interpretationen führen und helfen, den ganzen Bonhoeffer besser in den Blick zu bekommen. Es zeigt sich nämlich, dass Bethges Periodenschema – Theologe, Christ, Zeitgenosse – durch die Predigten nicht ohne Weiteres bestätigt wird.[27] So lassen sich an Bonhoeffers Predigten theologische Grundanschauungen nachweisen, die in allen Perioden durchgehalten werden. Dazu gehören vor allem sein Verständnis der Bibel, die Christusanschauung, die Lehre von der Kirche, die Forderung nach ethischer Konkretion des Glaubens in der Nachfolge und die Ewigkeitserwartung bzw. der Horizont des Gerichts.[28] Diese Beobachtungen werden durch Bonhoeffers eigene, in den Briefen aus der Haft zum Ausdruck gebrachte Überzeugung bestätigt. Danach erfuhr er keinen „Bruch“ in seinem Leben,[29] sondern sah auch im „Fragment“ des eigenen Lebens [30] die Kontinuität einer polyphonen „Mehrdimensionalität“.[31] Vielleicht sollte das Periodenschema in Zukunft aufgegeben werden und besser von drei Dimensionen der Biografie Bonhoeffers gesprochen werden: dem Aspekt seines Theologeseins, seines Christseins und seiner Zeitgenossenschaft – anders ausgedrückt: der Bedeutung der Glaubensreflexion, der Glaubensübung und der Ethik aus Glauben.

Noch ein weiteres Charakteristikum des predigenden Bonhoeffer lässt sich beobachten: Seine Verkündigung ist von Anfang an von konkreten Gemeinschafts- und Hilfsangeboten begleitet. Zum Christsein gehört für ihn zumindest zeichenhaft das Miteinanderleben. Als Kindergottesdiensthelfer lud Bonhoeffer die Kinder zu sich nach Hause ein und machte mit ihnen Ausflüge. Aus dem Kindergottesdienstkreis entstand ein Jugendkreis, in dem nach Art einer Jugendakademie anspruchsvolle Themen besprochen wurden.[32] Als Versammlungsort stand Bonhoeffer und den Gymnasiasten die elterliche Villa im Grunewald zur Verfügung. Gemeinsam besuchten sie auch Opern und Konzerte – häufig nach einer Einführung in das zur Aufführung kommende Stück durch einen der Teilnehmer.

2.2 Das prophetische Moment

Eine weitere Eigenart der Predigt Bonhoeffers besteht darin, dass sie eine prophetische Dimension erkennen lässt. Das ist insofern nicht überraschend, als auch sein Lehrer Karl Barth und die von ihm maßgeblich geprägte dialektische Theologie die Predigtaufgabe so verstand. Sie knüpfte damit an Überzeugungen Martin Luthers und der anderen Reformatoren an. Darüber hinausgehend hat Bonhoeffer sein gesamtes Geschick im Licht der alttestamentlichen Propheten verstanden. Das lässt sich am deutlichsten an dessen Londoner Predigt über Jer 20,7 zeigen. Erstaunlicherweise hat die biografische Dimension der Predigt in der Bonhoefferforschung bisher kaum die verdiente Beachtung gefunden.[33] Bonhoeffer hat diese Predigt am 21. Januar 1934 in London gehalten, vier Tage vor dem Empfang der Führer der am Kirchenkampf beteiligten Gruppen bei Hitler, in dessen Vorfeld er von London aus durch verschiedene Eingaben unmittelbaren Einfluss auf das Berliner Geschehen zu nehmen versucht hatte.[34] Die Predigt besitzt also einen hochbrisanten zeitgeschichtlichen Hintergrund. Dieser bildet einerseits die Folie, auf der das prophetische Selbstverständnis des predigenden Bonhoeffer Kontur gewinnt; andererseits bietet ihm die besondere zeitgeschichtliche Situation die Möglichkeit, Einblick zu geben in die tiefer liegenden Motive, die ihn zur Teilnahme am Kirchenkampf geführt haben. Dadurch wird die Predigt überdies zu einem klassischen Beleg für den Zusammenhang von Theologie und Biografie bei Bonhoeffer.

Die biografische Betroffenheit lässt schon der Subjektwechsel im Predigtverlauf erkennen: Das Geschick Jeremias wird zunächst in der 3. Person beschrieben, dann findet ein Wechsel in die 1. Person Singular bzw. Plural statt, bevor die Predigt in der 3. Person fortgesetzt wird. Mit dem Wechsel in die 1. Person ist auch sprachlich der Übergang zum Zentrum der Predigt markiert, „nach Form und Inhalt eine Confessio", die in Bonhoeffers Werk einmalig dasteht. Die Confessio hat die Form eines Gebets, das fast eine ganze Druckseite einnimmt. In ihr erfolgt eine geradezu dramatische Identifikation Bonhoeffers mit dem Geschick des Jeremia. Das existenzielle Überwältigtsein Bonhoeffers wirkt sich bis in die Wortwahl der Confessio aus. Gott „schleppt ihn als Beute davon"; „bindet uns an seinen Siegeswagen"; „schleift uns hinter sich her, dass wir geschunden und zermartert an seinem Triumphzug teilnehmen". Auch in der übrigen Predigt verwendet Bonhoeffer gewalttätig anmutende Sprachmetaphern, um das Überwältigende der göttlichen Berufung zum Ausdruck zu bringen. In Aufnahme von Klgl 3,12f sagt er: „Der Pfeil des allmächtigen Gottes hat das gehetzte Wild erlegt."[35] Der Mensch ist „Gottes Gefangener", dem sich „das Lasso" „nur enger und schmerzhafter zusammenzieht";[36] der von Gott Berufene ist „Opfer in Gottes Händen".[37]

Der katholische Theologe Werner Kallen hat zuerst auf die Ähnlichkeit zwischen Bonhoeffers Confessio und Gotteserfahrungen aus dem Bereich der Mystik hingewiesen.[38] Die Gemeinsamkeiten sind bis in den Sprachgebrauch hinein verblüffend. Der entscheidende Unterschied besteht jedoch in der Prägung von Bonhoeffers prophetischem Berufungsverständnis durch das Wort – ein urreformatorischer Ansatz. Bonhoeffer hebt hervor, dass die Berufung nicht durch ein Wort „aus den Tiefen unserer Seele", sondern allein durch Gottes Wort erfolgt, das den Menschen von außen ergreift.[39] Die Berufung hängt am biblischen Wort. Dieses ist einerseits das „fremde, unbekannte, unerwartete, gewalttätige, überwältigende Wort des Herrn", andererseits aber „das uns schon so unheimlich wohlbekannte, unheimlich nahe, überredende, betörende, verführende Wort der Liebe des Herrn".[40] Bonhoeffer knüpft hier an die lutherische Konzeption vom Wirken Gottes durch Gesetz und Evangelium an: Gott beruft den Menschen, indem er ihn richtet und gerade darin begnadigt. Damit hängt ein weiterer Gedanke unmittelbar zusammen: Bonhoeffer geht wie Luther davon aus, dass Gottes Liebe sich – wie sich am Geschick Jesu Christi zeigt – unter ihrem Gegenteil verbirgt. „Konnten wir es wissen, dass deine Liebe so weh tut, dass deine Gnade so hart ist?"[41], heißt es in der Mitte, auf dem Höhepunkt der Confessio.

Erst wenn man die Predigt von Bonhoeffers Ende her liest, wird ihre existenzielle Zuspitzung in ihrer ganzen Tragweite erkennbar. Dann drängt sich der Eindruck auf, als habe er selber in der Predigt prophetisch vorweggenommen, was einmal im Rückblick auf sein Leben zu sagen sein wird.[42] Bonhoeffer sollte tatsächlich wie Jeremia der von Gott „besessene und gefasste", der von allen als „Phantast, Sturkopf, Friedensstörer, Volksfeind gescholtene" werden.[43] Gegenüber Gott würde für ihn nur Unterwerfung und Hingabe bleiben, wie er in „Widerstand und Ergebung“ und in den Brautbriefen geschrieben hat.[44] Aber nicht deshalb, weil Gott ein willkürlich handelnder Despot wäre, sondern weil er der allmächtige Schöpfer ist, der auf sein Geschöpf in sehnsüchtiger, ewiger Liebe wartet.[45]

Dass Bonhoeffer sein Leben vom „Jeremia-Motiv“ her verstanden hat, bestätigen Aussagen in seinem letzten Gespräch mit Bischof George Bell im Mai 1942 in Schweden. Er sieht darin – ähnlich wie Jeremia im Hinblick auf Israel – die einzige Möglichkeit für die Weiterexistenz Deutschlands in der Annahme der bedingungslosen Kapitulation, d. h. im Verzicht auf jede Form von Verständigungsfrieden. Die Niederlage muss von den Vertretern des Widerstands gegen Hitler als Gottes Gericht über Deutschland angenommen werden. Nach den Tagebuchnotizen von Bischof Bell sagte Bonhoeffer damals: „Strafe Gottes muss sein [...]. Wir wollen der Buße nicht entkommen. Unser Handeln soll so sein, dass es verstanden wird als Akt der Buße und als solcher ausgesprochen. Ich habe mit Familien gesprochen, deren Anti-Nazi-Söhne in Polen getötet worden sind und die fragen: warum? Er antwortete: Unsere Unschuldigen leiden, wie die unschuldigen Polen leiden. Christen wünschen nicht der Buße zu entkommen, oder dem Chaos, falls Gott es über uns bringen will. Wir müssen dieses Gericht als Christen annehmen. Wir vollziehen diesen Akt als Bußtat; wichtig das Bekunden von Buße (was ich betone).“[46] Bonhoeffer hat ein solches Schuldbekenntnis übrigens tatsächlich verfasst, und zwar bereits längere Zeit vor dem Gespräch mit Bischof Bell, auf der Höhe von Hitlers militärischen Erfolgen.[47]

3. Inhalt

Es sind vor allem vier inhaltliche Aspekte, allesamt auch für die biblische Prophetie prägend, die sich während Bonhoeffers gesamter Predigttätigkeit nachweisen lassen und für diese konstitutiv sind: das Eintreten für Gottes Gottsein; die Konzentration auf Gottes Wort; die Aufforderung zum Gehorsam gegenüber Gottes konkretem Gebot, die Identifikation der Nachfolge mit Leiden.

3.1 Das Eintreten für Gottes Gottsein

Angesichts des Dritten Reiches mit seinem Führerkult gewann das Eintreten für Gottes Gottsein unmittelbare politische und kirchenpolitische Relevanz. Bereits 1933 hatte Bonhoeffer in einem Vortrag gesagt: „Führer und Amt, die sich selbst vergotten, spotten Gottes.“[48] Die Konzentration auf Gott erinnert besonders an das alttestamentliche Prophetentum, das nicht zuletzt vom Kampf um Gottes Gottsein gegen die heidnischen Götter geprägt war. Der theozentrische Zug von Bonhoeffers Predigt entspricht bis in den Sprachduktus hinein der Theologie Karl Barths. Indem Barth die Majestät und Souveränität Gottes betonte, wollte er die Verharmlosung Gottes durch den theologischen Liberalismus des 19. Jahrhunderts überwinden. Gleichzeitig sollte die reformatorische Rechtfertigungsbotschaft mit ihren Folgen für das Handeln als Christ wiedergewonnen werden. Bonhoefferisch gesprochen: Sie sollte vor dem Missverständnis der „billigen Gnade“ geschützt werden.

Wenn die Predigt Gottes Gottsein betont,[49] kann dieser nicht länger religiös vereinnahmt werden; wenn Gott um seiner selbst willen geliebt und angebetet wird,[50] kann er nicht länger unter der Hand zum Erfüllungsgehilfen oder gar zum frommen Doppelgänger des Menschen werden. Bonhoeffer beklagt, dass die Kirche „zu gemütlich von Gott redet und denkt", anstatt sich von ihm und seiner Gegenwart stören und beunruhigen zu lassen.[51] Er wird nicht müde, den „ewigen Abstand" zwischen Gott und Mensch hervorzuheben,[52] der sich in dessen „absoluter Heiligkeit",[53] Majestät,[54] der Gefährlichkeit Gottes für den Menschen,[55] dem Schauer des Menschen vor der Begegnung mit ihm,[56] dem Überwältigtwerden des Menschen durch ihn:[57] „[...] dass wir an Gott selbst zuschanden werden und zerschellen [...]",[58] dem Sterben des Menschen angesichts von Gottes Wahrheit[59] konkretisiert. Gott ist der „zerstörende" und „unvergleichlich starke Herr",[60] ein „wilder, um seine Ehre eifernder Gott",[61] der „den Menschen anfällt"[62] und ihn „in seine Gewalt nehmen"[63] will. Bonhoeffer spricht von Gott als der „Grenze" des Menschen.[64] Auch die Aussage, dass Gott im Geheimnis lebt, soll die Souveränität Gottes sichern.[65]

Bonhoeffer zeichnet Gott als überlegenen Schachspieler, dessen Züge der Mensch nicht zu kalkulieren vermag, weshalb im Spiel des Lebens Gott der Gewinner und der Mensch der Verlierer ist.[66] In einer anderen Predigt wird die Majestät Gottes mit dem Hinweis auf die Notwendigkeit, in Geduld auf sein Handeln zu warten, hervorgehoben.[67] Demselben Anliegen dient Bonhoeffers Hinweis, dass Gott zu seinem Werk keiner fremden Hilfe bedarf.[68] Auch die Rede von Gottes Ernst offenbart die Theozentrik seiner Predigt: „Gott allein ist ernst, ganz ernst – fürchtet Gottes Ernst – und ‚gebt ihm die Ehre'."[69] Wie wichtig Bonhoeffer diese Gedanken sind, zeigt sich daran, dass er die Betonung von Gottes Gottsein in der Verkündigung trotz ihrer zunehmenden Konzentration auf Jesus Christus auch im Verlauf seiner weiteren Predigttätigkeit nicht aufgibt.[70] Vielmehr lässt sie sich von den Jugendpredigten an bis in die letzten Lebensjahre hinein beobachten.

3.2 Konzentration auf Gottes Wort

Ein zweites durchgängiges Motiv von Bonhoeffers Predigt stellt ihre Konzentration auf das Wort Gottes dar. Es geht im Folgenden darum zu zeigen, welche Eigenschaften Bonhoeffer dem Wort Gottes in seiner Predigt zuspricht. Dabei wird sich herausstellen, dass sie genauso für die prophetische Verkündigung des Alten Testaments charakteristisch sind. Gerade an dieser Stelle ist der Hintergrund des Dritten Reiches und der nationalsozialistischen Ideologie zu beachten. Bonhoeffers Konzentration auf das Wort der Bibel beinhaltet ein starkes antiideologisches Potenzial.

Von grundlegender homiletischer Bedeutung ist für Bonhoeffer die Offenbarungsqualität des Wortes Gottes.[71] Es ist das Medium, durch das Gott zum Menschen spricht[72] und in dem er ihm nahe kommt.[73] Weil es das Wort Gottes ist, hat es auch Anteil an dessen Andersartigkeit gegenüber seinem Geschöpf: Es ist „ewig",[74] „fremd" und „wunderlich",[75] es „stört",[76] „erschreckt"[77] und „ärgert"[78] seine Hörer. Bonhoeffer ist überzeugt, dass es den Menschen über das, was er sich selbst zu sagen vermag, hinausführen will. Gottes Wort bringt den Menschen in Richtung auf Gott in Bewegung. Bonhoeffer spricht davon, dass es das Wort ist, durch das Gott uns antreibt, ihn zu suchen: „Je klarer und tiefer Gottes Wort sich uns zeigt, desto lebendiger wird in uns das Verlangen nach der vollkommenen Klarheit und der unerschöpflichen Tiefe Gottes selbst.[79]

Das Wort Gottes hat Kraft. Stellenweise erweckt Bonhoeffer den Eindruck, dass es ein gewalttätiges Wort ist. Es „überfällt" den Menschen,[80] „gibt seine Hörer nie wieder frei"[81] und „nimmt gefangen",[82] „reißt die Maske vom Gesicht",[83] „tut weh",[84] „richtet auf" und „erschüttert", „zerreißt" und „heilt".[85] Die Analogie zur Erfahrung der alttestamentlichen Propheten mit Gottes Wort wird besonders deutlich, wenn

Bonhoeffer formuliert, dass Gott des Menschen Herz mit seinem Wort „bezaubert und beschwört".[86] Konventioneller spricht er an anderen Stellen davon, dass Gottes Wort „die Sünde einsehen lässt",[87] „Buße und Hoffnung wirkt".[88] Gut reformatorisch stehen für Bonhoeffer Gericht und Gnade als zentrale Wirkungsweisen von Gottes Wort fest. Sie erhalten in seiner Predigt prophetische Dringlichkeit.

3.3 Aufforderung zum Gehorsam

Ständig, fast schon stereotyp, wiederholt Bonhoeffer die Aufforderung zum Gehorsam gegenüber Gott und seinem Wort. Seine Predigten zeigen, dass die wechselseitige Beziehung von Glaube und Gehorsam ein durchgängiges Moment von Bonhoeffers Theologie darstellt, das in der „Nachfolge" seine klassische Formulierung gefunden hat.[89] Die Aufforderung zum Gehorsam gegen Gott lässt sich darum nicht allein aus der Situation des Kampfes gegen den Nationalsozialismus erklären; sie kann aber auch nicht vom pietistischen Heiligungsverständnis her angemessen erfasst[90] oder gar mit dem Hinweis auf einen „Allmachtskomplex" Bonhoeffers abgetan werden.[91] Hinter der Gehorsamsforderung steht vielmehr das prophetische „Muss" des Auftrags, Christus zu verkündigen,[92] und das Glaubensverständnis Luthers, wie es besonders deutlich in seiner Schrift „Vom unfreien Willen"[93] zutage tritt. Der Mensch ist erwählt, um Gott zu dienen. Dabei liefert das prophetische Vorbild Bonhoeffer die Form, in der die Gehorsamsforderung in der Predigt Gestalt gewinnt, während das reformatorische Glaubensverständnis die theologische Begründung bietet. Der Christ ist wie der alttestamentliche Prophet von Gott in seinen Dienst gezwungen worden.[94] Er ist zum „völlig gefangenen Sklaven" Gottes geworden,[95] ein von Gott „Gefangener und Gebundener".[96]

Bonhoeffer hebt hervor, dass das „Muss“ eine seelsorgerliche Dimension hat: Der Auftrag trägt den Beauftragten auch angesichts von Fehlern und Versagen![97]

Wie Luther in seiner Schrift interpretiert Bonhoeffer den Glauben als Herrschaftswechsel. Er geht davon aus, dass Gottes Zorn aller menschlichen Überheblichkeit gilt.[98] Daraus erlöst allein der Glaube an Christus: Denn im Kind in der Krippe ist alles menschliche Großseinwollen gerichtet.[99] Im Glauben „liefert“ der Mensch sein „Leben der Herrschaft Gottes aus“,[100] gibt er ihm „das ganze ungeteilte Herz“[101] und „unterwirft sich willig Jesus“[102]. Bonhoeffer spricht sogar davon, dass ein Christ sein Leben Christus „verschrieben“ hat.[103]

Auffällig ist auch Bonhoeffers Drängen auf entschiedenen Gehorsam. Es geht darum, mit Gott Ernst zu machen.[104] Immer wieder fordert Bonhoeffer zur Entscheidung für Gott bzw. Jesus Christus und sein Gebot gegen die Wünsche des alten Menschen auf.[105] Ziel ist die ganze Hingabe und der ganze Einsatz für Christus,[106] der freie, einfältige Gehorsam.[107] „Wer an Gott glaubt, der glaubt in dieser Welt an nichts [anderes] [...].“[108] Neben den Aussagen, die zum entschiedenen Gehorsam aufrufen, und denen, die die Dringlichkeit des Gehorsams zum Inhalt haben,[109] stehen diejenigen, die den Mut zum Gehorsam thematisieren. Größtes Hindernis, sich ganz für Jesus Christus zu entscheiden, ist in Bonhoeffers Augen die Feigheit des Menschen.[110] Sehr anschaulich beschreibt er, dass Mut nötig ist, gegen die Mehrheit – auch in der Kirche – allein auf Gottes Seite zu stehen. Darum ist beim Dienst für Gott „die Stärke eines eigenen Willens und eigener Gedanken“ unerlässlich.[111]

Dass die Herrschaft Gottes nichts mit abstrakter, blinder Unterwerfung zu tun hat, machen viele Aussagen Bonhoeffers deutlich. Ziel des Herrschaftswechsels ist der Dienst für Gott, der als Zweitakt von Liebe zu Gott und den Brüdern[112] und als Hinwendung zu Gott und der Welt[113] beschrieben wird. Inhaltliches Profil gewinnt die Herrschaft Gottes über einen Menschen durch das Befolgen der Bergpredigt.[114] Erst im Gehorsam gegenüber Gott findet der Mensch Freiheit,[115] erkennt die Wahrheit[116] und gelangt zur Vollendung seines Menschseins,[117] weil alle anderen Mächte dadurch ihr Recht auf ihn verlieren, weil die Wahrheit nur im Tun des Wortes Gottes zu finden ist und weil sich im Tun von Gottes Willen die Bestimmung des Menschen erfüllt. Dass es beim Gehorsam gegenüber Gott um kein despotisches, einseitiges Herrschaftsverhältnis geht, zeigt auch folgender Gedanke Bonhoeffers: Der Glaube vermag das Herrschaftsgefälle zwischen Gott und Mensch umzukehren. Weil Gott sich durch den Glauben des Menschen zum Handeln zwingen lassen will, zwingt nicht mehr Gott den Menschen, sondern kann Gott vom Menschen bezwungen werden.[118]

Ihr spezifisches Profil gewinnt die Gehorsamsforderung auf dem Hintergrund des Dritten Reiches. Der Gehorsam gegenüber Gott führt zur Freiheit vom Führerkult und nationalsozialistischer Indoktrination. Heute wirkt die Forderung nach bedingungslosem Gehorsam gegenüber Gott autoritär, beinahe antidemokratisch; damals enthielt sie jedoch einen demokratischen Sprengsatz. Realistisch nennt Bonhoeffer auch die Schwierigkeiten: In einer gleichgeschalteten Gesellschaft erfordert es großen Mut, zu seiner Überzeugung zu stehen, wenn die Mehrheit eine andere vertritt.

Die Aufforderung zum Gehorsam ist die andere Seite von Bonhoeffers Forderung an die Kirche, das konkrete Gebot zu verkündigen. Den Hörern soll dadurch ein Ausweichen vor Gottes Wort unmöglich gemacht werden. Die Predigt darf nicht im Unverbindlichen verbleiben, indem sie zur zeitlosen Lehre gerinnt.[119] Vielmehr ist das Wort Gottes in die konkrete Situation hinein zu sprechen. „Die Kirche darf also keine Prinzipien verkündigen, die immer wahr sind, sondern nur

Gebote, die heute wahr sind […] wenn die Kirche wirklich ein Gebot Gottes hat, so muss sie es in konkretester Form aus der vollsten Kenntnis der Sache heraus verkündigen und zum Gehorsam aufrufen."[120] Nur wenn die Kirche es wagt, das konkrete Gebot zu sagen, wird ihre Verkündigung Vollmacht gewinnen und sowohl von ihren eigenen Gliedern als auch von der Welt, wenn auch zähneknirschend, wieder gehört werden.[121]

3.4 Identifikation der Nachfolge mit Leiden

Ein vierter durchgängiger inhaltlicher Aspekt in Bonhoeffers Predigt stellt die Identifikation der Nachfolge mit Leiden dar. Der Gedanke, dass Nachfolge mit äußerem und innerem Leiden und Kampf verbunden ist, kommt unterschiedlich variiert in den meisten Predigten vor.[122] Dabei bildet die Gestalt Jeremias das Grundmotiv: Jeremia, der jochtragende Leidensprophet als Typos des Gekreuzigten ist für Bonhoeffer das Vorbild des Nachfolgers Jesu.[123] In seiner Predigt über Jeremia sagt er: „Von Gott nicht mehr loskommen, das bedeutet viel Angst, viel Verzagtheit, viel Trübsal, aber bedeutet doch auch im Guten und im Bösen nie mehr gott-los sein können."[124] Theologisch fußt Bonhoeffer auch an dieser Stelle auf Luther, für den die tentatio, die Anfechtung, bleibend zum Christsein dazugehört. In der Finkenwalder Seelsorgevorlesung zitiert Bonhoeffer das Lutherwort: „Keine Anfechtung haben ist die schwerste Anfechtung."[125]

Prophetischen Erfahrungen entspricht Bonhoeffers Deutung des Leidens als Echtheitszeichen des Glaubens: Die Religion bringt dem Menschen Glück, das Kreuz Christi bringt ihm jedoch Verzicht und Entbehrung.[126] In denselben Zusammenhang gehört die Vorstellung, dass gerade im Gericht über den Menschen Gottes Gnade verborgen liegt.[127]

Aufgabe des Angefochtenen ist es, in Gottes Zorn dessen Liebe erkennen zu lernen.[128] Am Vorbild Davids zeigt Bonhoeffer, dass es darum geht, „die ganze Strafe Gottes aus[zu]-kosten und sich nicht [zu] schonen".[129] Dass solche Gedanken letztlich vom Blick auf das Geschick Jesu Christi her gewonnen sind, zeigen die folgenden Ausführungen: Ein Christ darf dem ihm auferlegten Leiden nicht ausweichen,[130] weil das Kreuz Christi zentraler Ort der Erfahrung Gottes ist.[131] Darum dringt Bonhoeffer auf geduldige Beugung unter Gottes Gericht über die Kirche und polemisiert gegen jeden vorschnellen eigenmächtigen Neuaufbau: „Nur durch seine Gerichte hindurch, nicht aber an ihnen vorbei kommt Gott wieder zu seiner Gemeinde."[132]

Auch die radikale Erkenntnis, dass selbst alle Frömmigkeit vor Gott unrein ist, erinnert an die Botschaft der alttestamentlichen Propheten.[133] Leiden dient der Gleichgestaltung mit Gott: Wir lernen dadurch so zu leiden, wie Gott unter der Welt leidet.[134] Gottes Sache soll uns wichtiger werden als die eigenen Leiden.[135]

Eine äußerste Zuspitzung erfährt die Identifikation von Nachfolge und Leiden in Bonhoeffers Aussagen zum Martyrium. Bereits in einer Anfang 1927 gehaltenen Kindergottesdienstansprache über Jer 27f klingt dieses Motiv an: „Da steht er [Jeremia] neben dem Hohenpriester, dem Beglücker, als der furchtbare Quäler des Volks und schon dringen die ersten groben Worte herauf zu ihm, schon heben sich Fäuste, fliegen Steine."[136] Immer wieder scheint in Bonhoeffers Predigten die Bereitschaft zum Martyrium als Konsequenz der Nachfolge Jesu Christi auf.[137] Bonhoeffer hat seinen Hörern zwar die Möglichkeit des Martyriums vor Augen gestellt, aber weil er um die Schwäche des Menschen wusste, drängte er nie zu ihm. „[...] wer von uns weiß denn, ob er durchhält? Wer weiß denn, wie er in der Stunde der letzten Probe stehen wird [...]." Er ist schon 1932 überzeugt, dass Christen in Zukunft wieder mit ihrem Leben für die Wahrheit des Evangeliums eintreten müssen. Sie werden zu beweisen haben, dass sie, gerade weil sie nach dem trachten, was droben ist, nur umso hartnäckiger und zielbewusster auf dieser Erde gegen staatliches und anderes Unrechtshandeln aufstehen. Von der Kirche wird neues Märtyrerblut gefordert werden. „Aber dieses Blut, wenn wir denn wirklich noch den Mut und die Ehre und die Treue haben, es zu vergießen, wird nicht so unschuldig und leuchtend sein wie jenes der ersten Zeugen."[138] Bonhoeffer nimmt damit sein eigenes Schicksal nach dem Krieg vorweg: Seine Hinrichtung im KZ Flossenbürg unmittelbar vor Kriegsende wurde lange Zeit von vielen nicht als Martyrium anerkannt, sondern lediglich als Konsequenz seiner Mitarbeit im politischen Widerstand interpretiert.

4. *Bedeutung für heute*

Wenn am Ende der Einführung nun noch nach der Bedeutung der Predigt Bonhoeffers für heute gefragt werden soll, sind zwei Klarstellungen nötig: *Zum einen* ist mir bewusst, dass Bonhoeffers Existenz – als Mensch und als Prediger – eine Ausnahme bildete. Sie ist deshalb nicht einfach auf die Situation einer ganzen Kirche, auch nicht auf einen größeren Personenkreis zu übertragen.[139] Bonhoeffer hat aufgrund einer besonderen Lebensführung exemplarisch Erkenntnisse vorweggenommen und durch stellvertretendes Handeln im eigenen Leben bewährt. Genau wie bei den alttestamentlichen Propheten erwies sich seine Berufung erst im Nachhinein als bedeutsam für Theologie und Kirche insgesamt.

Zum anderen stellte die Phase der Bekennenden Kirche als Ganzes eine Ausnahmezeit dar, im Sinne des Ernstfalls für das Evangelium.[140] Eine bloße Imitation von Bonhoeffers Predigtweise unter Vernachlässigung der veränderten Situation heute ginge an seinen eigenen Intentionen vorbei. Trotzdem stellt die Predigt Bonhoeffers für das Ringen um die Predigt heute in mehrfacher Hinsicht eine Bereicherung und Herausforderung dar.

Bonhoeffers Predigt zeigt, dass das Wort der Predigt und die Existenz des Predigers untrennbar verbunden sind. Dass der Prediger persönlich in der Nachfolge Jesu Christi lebt, dient der „Inthronisation" der Predigt.[141] Der Prediger soll Vorbild sein. Er verhält sich kontraproduktiv zu seiner Christusverkündigung, wenn sein Verhalten dieser nicht entspricht.[142] Er ist dann unfähig, „Träger des [der Kirche aufgetragenen] versöhnenden und erlösenden Wortes für die Menschen und für die Welt zu sein".[143] Voraussetzung für eine Erneuerung der Predigt ist eine lebendige Spiritualität. Theologie und Kirche brauchen heute dringend eine neue Spiritualität, damit „wieder Menschen berufen werden, das Wort Gottes so auszusprechen, dass sich die Welt darunter verändert und erneuert".[144]

Dabei müssen die beiden Brennpunkte evangelischer Spiritualität, die Orientierung auf Gott und die Hinwendung zur Welt – in biblischen Begriffen ausgedrückt: die Liebe zu Gott und zum Nächsten – aufeinander bezogen werden. Die Betonung des Gebets in der Predigtarbeit verhindert, dass der notwendige Weltbezug der Predigt zu „platter und banaler Diesseitigkeit"[145] verkommt. Umgekehrt verhindert der notwendige Weltbezug die Preisgabe des Wirklichkeitsbezugs der Predigt und damit ihre Gettoisierung. Damit ist jede spirituelle Fluchtmöglichkeit aus dem Alltag abgeschnitten.

Das Evangelium transzendiert die politische Dimension der Predigt. An der Frage nach der Bedeutung des Politischen in der Predigt haben sich jahrelang die Gemüter entzweit. Bonhoeffers Predigt kann hier zu einer Klärung beitragen. Schon seine Forderung nach einer spirituellen Existenz des

Predigers zeigt, dass die Dimension des Politischen in der Predigt nicht mit alltagspolitischer Parteinahme verwechselt werden darf. Die Verkündigung des konkreten Gebots ersetzt nicht den Entscheidungsprozess demokratisch gewählter politischer Verantwortungsträger.

Motiv und Inhalt der Predigt, die Verkündigung des Evangeliums von Jesus Christus, reicht über sozialethische Stellungnahmen und politische Resolutionen hinaus, weil es die Situation des Menschen coram deo, vor Gott, zur Sprache bringt und dadurch ein vom Handeln des Menschen unabhängiges – ein spirituelles – Moment in die Welt bringt, mithin zu einer Relativierung der politischen Dimension führt. Reformatorisch gesprochen handelt es sich dabei um die Botschaft von der unverdienten Begnadigung des Menschen durch Gott. Sie ist allem verantwortlichen Handeln des Menschen immer schon voraus, umgreift es und übersteigt es. Dadurch wird der Ethisierung der Predigt ein Riegel vorgeschoben. Erst im Horizont des Evangeliums kann der Prediger es wagen, das konkrete Gebot zu verkündigen.

Das Evangelium entlastet die Verkündigung des konkreten Gebotes nämlich in doppelter Hinsicht: Zum einen hält es den Weg zu einem – evtl. notwendigen – „qualifizierten Schweigen“ offen. Besser kein konkretes Wort der Kirche als unverbindliche Resolutionen. Bonhoeffer weist zu Recht darauf hin, dass der Prediger zuerst der Wahrheit verpflichtet ist und bleibt, es also ein Verrat an der Wahrheit ist, wenn die Kirche sich hinter allgemein gehaltenen Resolutionen versteckt, wenn sie das konkrete Gebot nicht weiß, anstatt ihr Nichtwissen einzugestehen: „Es kann nichts Gutes dabei herauskommen, vor der Welt und sich selbst so zu tun, als wüsste man die Wahrheit, während man sie im Grunde nicht weiß […]. Qualifiziertes Schweigen könnte der Kirche heute vielleicht angemessener sein als ein Reden, das möglicherweise sehr unqualifiziert ist. Das bedeutet Protest gegen jedes Kirchentum, das nicht der Frage nach der Wahrheit vor allem die Ehre gibt."[146]

Zum anderen befreit das Evangelium die Verkündigung des konkreten Gebots dazu, irrtumsfähig zu sein. Bonhoeffer weist darauf hin, dass die Gewissheit der Sündenvergebung Grundlage auch des konkreten Gebots bleibt: „Die Kirche kann nicht gebieten, ohne selbst im Glauben an die Sündenvergebung zu stehen und ohne alle, denen sie gebietet, auf diese ihre Verkündigung der Sündenvergebung hinzuweisen."[147] Die Möglichkeit des Schweigens und das Angewiesensein auf die Vergebung bewahrt die Verkündigung des konkreten Gebots in der Predigt davor, politisch im Sinne einer Ideologie zu werden.[148]

Keine Erneuerung der Predigt ohne neues Hören auf Gottes Wort auf Seiten der Predigenden. Dazu müssen Predigerinnen und Prediger, aber auch Predigthörerinnen und -hörer, einen spirituellen Umgang mit der Bibel einüben – d. h. wieder zweckfrei die Bibel als Wort Gottes an sie persönlich hören lernen. Bewährte Hilfsmittel aus Bonhoeffers Homiletik stellen die tägliche Meditation eines Bibeltextes und das regelmäßige Gebet mit den Psalmen dar.

Indem Bonhoeffer die Erneuerung der Predigt an das neue Hören auf Gottes Wort knüpft, wird deutlich, dass sie letztlich nur von Gott selbst kommen kann. Das Bemühen um einen spirituellen Umgang mit der Bibel dispensiert nicht davon, dass Predigerinnen und Prediger sich Kenntnisse aus den Kommunikationswissenschaften, aus dem Bereich der Rhetorik und aus den Theaterwissenschaften aneignen. Nur sollten sie sich der Grenzen dieser Kenntnisse bewusst bleiben. Erneuerung der Predigt geschieht primär auf indirektem Wege, über die Erneuerung des Umgangs der Predigerinnen und Prediger mit der Bibel und der Hinwendung zum Gebet. Gerade auf diesem Hintergrund hat Bonhoeffers Homiletik nichts von ihrer Aktualität verloren.

Für eine weitere Einführung von Peter Zimmerling in das Leben und Werk Dietrich Bonhoeffers finden Sie im Internet:

- *Stationen auf dem Weg zur Freiheit: Dietrich Bonhoeffers Leben*
  www.brunnen-verlag.de/
  peter-zimmerling-dietrich-bonhoeffers-leben
- *Stationen auf dem Weg zur Freiheit: Dietrich Bonhoeffers Werk*
  www.brunnen-verlag.de/
  peter-zimmerling-dietrich-bonhoeffers-werk

In der Gemeinde seine Heimat finden

1. Mose 32,25-32; 33,10

13.3.1932, Berlin

Und Jakob blieb allein. Da rang ein Mann mit ihm, bis die Morgenröte anbrach. Und da er sah, daß er ihn nicht übermochte, rührte er das Gelenk seiner Hüfte an; und das Gelenk der Hüfte Jakobs ward über dem Ringen mit ihm verrenkt. Und er sprach: Laß mich gehen, denn die Morgenröte bricht an. Aber er antwortete: Ich lasse dich nicht, du segnest mich denn. Er sprach: Wie heißest du? Er antwortete: Jakob. Er sprach: Du sollst nicht mehr Jakob heißen, sondern Israel; denn du hast mit Gott und mit Menschen gekämpft, und bist obgelegen. Und Jakob fragte ihn und sprach: Sage doch, wie heißest du? Er aber sprach: Warum fragest du, wie ich heiße? Und er segnete ihn daselbst. Und Jakob hieß die Stätte Pniel; denn ich habe Gott von Angesicht gesehen, und meine Seele ist genesen. Und als er an Pniel vorüber kam, ging ihm die Sonne auf; und er hinkte an seiner Hüfte ... Jakob antwortete: Ach, nicht! Hab' ich Gnade gefunden vor dir, so nimm mein Geschenk von meiner Hand; denn ich sah dein Angesicht, als sähe ich Gottes Angesicht; und laß dir's wohlgefallen von mir.

Liebe Konfirmanden! Als ich in der letzten Zeit vor der Konfirmation euch immer wieder einmal fragte, was ich euch in der Ansprache bei der Konfirmation sagen solle, da kam mehrfach die Antwort: Wir wollen eine ernste Mahnung fürs Leben haben. Und ich kann euch versichern, wer heute gut zuhört, der bekommt manche sehr ernste Mahnung zu hören. Aber seht, ernste Mahnungen gibt uns das Leben heute selbst genug, übergenug. Und darum darf ich euch heute nicht den Blick in die Zukunft noch schwerer und dunkler machen, als er schon ist. Und ich weiß, manche von euch sehen schon eine ganze Menge von den Wirklichkeiten des Lebens. Es soll euch heute nicht Angst gemacht werden vor dem Leben, sondern Mut. Darum werden wir heute in der Kirche mehr denn je von der Hoffnung reden müssen, die wir haben und die euch keiner rauben darf.

Wenn ich euch heute ansehe, so ist es mir, als sähe ich eine Schar von jungen Wanderern vor mir, die nach langer Wanderung vor einem großen verschlossenen Tor angekommen sind und nun anklopfen und Einlass begehren. Sie kennen irgendwoher dies Tor und diese Mauer. Es kommt ihnen irgendwie heimatlich vor. Macht auf! Wir wollen sehen, wie es da drinnen aussieht. Wir wollen hinein! So rufen die Stimmen und klopfen an das Tor. Die einen etwas mutiger, etwas beharrlicher, die anderen etwas schwächer; und darunter auch wohl einige, die sich nur so haben mitschleppen lassen. Aber nun sind sie einmal da und hinein wollen sie alle.

Was ist das für ein sonderbares Tor? Und was ist das für ein sonderbares Land, das dahinter liegt? Es ist allerdings ein sonderbares Land, in das diese jungen Wanderer hinein wollen. Es ist das Land, von dem erzählt wird, dass es Frieden und Liebe und Gerechtigkeit darinnen gibt; das Land, in dem es keine Not und keine Tränen mehr gibt, weil da ein wunderbarer Herr regiert. Es ist das Land der Verheißung, das gelobte Land, das Land, in dem Gott herrscht.

Ja wer hat euch denn – so möchten wir vielleicht fragen – auf diesen tollen Gedanken gebracht, dass es so etwas gäbe wie ein solches Land? Und ihr werdet antworten: Ihr selbst, ihr, die christliche Gemeinde und ihr Pfarrer, und zuletzt der, der uns alle besucht, Jesus Christus. Noch sind wir ratlos, was wir anfangen sollen. Noch wissen wir nicht, wie das ausgehen soll. Wie sollt ihr durch dies Tor hindurchkommen und wie werdet ihr das Land hinter dem Tor finden?

Und nun blicken wir auf die Geschichte, die ich euch vorgelesen habe. Seht, da geht es Jakob ganz genauso, wie es euch heute geht. Er war hier einst aus dem Land Kanaan, aus dem gelobten Land, dem Land, das Gott seinen Vätern und ihm gegeben hatte, geflohen vor dem Zorn seines Bruders. Dann hatte er Jahre seines Lebens in der Fremde zugebracht. Aber nun zieht es ihn zurück. Er will in die Heimat. Er will zurück ins gelobte Land der Verheißung. Er will ins Land, in dem Gott der Herr ist und kein anderer. Und er will zu seinem Bruder und Frieden mit ihm machen. Er will ins Land Gottes. Wollt ihr das nicht auch?

Und nun freilich widerfährt ihm etwas Merkwürdiges. Es ist Abend geworden, der letzte Abend in der Fremde. Er, Jakob, weiß, der Bruder und das gelobte Land ist nah, morgen wird er in der Heimat sein. Nun ist es Nacht. Und er bleibt allein am Fluss. Noch wenige Stunden, dann wird es Morgen, dann wird er hineinziehen in die Heimat. Aber da spürt er, dass er plötzlich überfallen wird. Es tritt ihm einer in den Weg. Ja, er umfasst ihn, er ringt mit ihm, er will ihn nicht loslassen, er will ihn niederzwingen. Jakob soll nicht ins verheißene Land zurückkehren. Er soll nicht den Frieden mit dem Bruder finden. Eine furchtbare, gewaltige Macht tritt dazwischen und verwehrt Jakob den Zutritt, will ihn zurückstoßen in die Nacht, in die Fremde. Bleib dort, wo du herkommst. Du darfst nicht hinein ins Land der Verheißung, du bist ein Fremder, ein Untreuer. Bleib ferne von hier. Und mit Gewalt will der große Unbekannte Jakob von sich stoßen in die Nacht hinein. Aber Jakobs Sehnsucht nach dem gelobten Land gibt ihm unerhörte Kräfte und er lässt sich nicht fortstoßen. Er weicht nicht. Er hält den anderen fest umschlungen und nun im Kampfe muss er erkennen, wer sein Gegner ist. Es ist Gott selbst, der sein Land bewacht, der keinen Eindringling hineinlässt; der sein Land heilig hält, der dem Menschen zeigen will, dass man da nicht so einfach und fröhlich und vergnügt hineinziehen kann, sondern dass nur der Heilige und Gerechte die Grenzen dieses Landes überschreitet. Jeder andere, jeder Fremde, jeder Untreue muss fern bleiben, in der Nacht der Einsamkeit und des Bösen. Hört ihr's und versteht ihr es auch? Man kann nicht so mir nichts, dir nichts ins gelobte Land einziehen. Man kann auch nicht so mir nichts, dir nichts Glied der christlichen Gemeinde werden, das heißt aber zur Konfirmation gehen. Warum denn nicht? Weil da Gott dazwischen tritt und sein Land bewacht und heilig hält und nicht will, dass wir unheilig da hineingehen. Auch euer Weg hier an den Altar heute und übermorgen Abend, wenn ihr zum Heiligen Abendmahl gehen werdet, soll ein Weg ins Heilige Land sein. Habt acht, dass ihr nicht unheilig euch auf den Weg macht.

Aber wie sollen wir denn heilig werden, dass wir ins Land Gottes einziehen können? Lasst uns auf Jakob sehen. Die Nacht geht dem Morgen zu und noch hält Jakob seinem Gegner stand. Noch lässt er sich nicht abweisen. Noch umfasst er ihn. Da kommt ein letzter furchtbarer Schlag des Gegners: Lasse mich gehen, es wird Tag und ich muss davon. Bleib du in der Nacht! Und nun wächst Jakobs Leidenschaft ins Unermessliche. Er wagt, Gott zu widersprechen, zu trotzen: Nein, ich lasse dich nicht, du segnest mich denn. Was heißt das anderes, als dass Jakob es wagt, in Gottes Herz selbst hineinzugreifen: Du darfst nicht von mir gehen. Du darfst mich nicht in der Nacht allein lassen, ich kann nicht ohne dich sein. Ich kann nicht. Ich will dein Land sehen und in deinem Land leben. Gott, du lässt mich nicht in der Nacht, in der Sünde, in der Not. Du kannst mich ja nicht allein lassen. Es geht gegen dein Herz. Nein, ich lasse dich nicht, du segnest mich denn. Nur eines will ich: wissen, dass du nicht mein Feind bist, dass du mir nicht mehr zürnst um all des Bösen Willen, das ich getan habe in der Fremde; wissen, dass du bei mir bist, dass du mir gnädig bist. Ich lasse dich nicht, du segnest mich denn.

Und nun weiß er nicht, wie er Gott halten soll, dass er ihn nicht verlässt. Und so fragt er ihn: Sage mir deinen Namen, damit ich dich immer anrufen kann, damit ich weiß, wer du bist. Aber Gott antwortet: Warum fragst du nach meinem Namen? Der ist zu wunderbar, als dass du ihn verstehst. „Und er segnete ihn daselbst." Das also war die Antwort Gottes, in der er seinen Namen verriet, der kein zorniger, sondern ein gnädiger Name ist – er segnete ihn daselbst. Das heißt, er ließ ihn nicht allein in der Nacht. Er stieß ihn nicht zurück. Er wies ihn nicht ab, sondern er war ihm gnädig. Er ließ sich finden. Er verhieß seine Treue. Er segnete ihn. Das heißt, er ließ ihn hinein ins gelobte Land Gottes. Und Jakob nannte die Stätte Pniel, das heißt: Ich habe Gott von Angesicht gesehen und meine Seele ist genesen. Und in dem Augenblick, da Gott ihn segnete, versank die Nacht, stieg die Morgenröte empor und es ging ihm die Sonne auf. Er hatte gesiegt über die Nacht. Und Gott hatte es Tag werden lassen über ihm. Es ging ihm die Sonne auf, keine andere Sonne als an jedem Tag und sie schien über ein Land, das nicht anders war als anderes Land. Aber es ging *ihm* die Sonne auf. Gott war nun da, der machte es hell um ihn und in ihm. Der Tag der Gnade Gottes war angebrochen und die Nacht war vorüber. Jakob stand im gelobten Land; denn er hatte Gott gefunden und seine Seele war genesen.

Aber freilich, die Zeichen der Nacht, die an immer neue Nächte erinnern, waren noch da. Er hinkte an seiner Hüfte, sagt die Bibel. Das heißt, seine Vergangenheit konnte er nicht vergessen. Es hatte ihn viel gekostet, ins gelobte Land einzugehen, Gottes Segen zu empfangen. Man geht nicht ohne Narben in Gottes Land ein. Habt ihr's verstanden? In der Nacht, dort, wo wir wissen, dass wir vor Gott Sünder sind, wo unsere Not groß wird und Gott sich von uns wenden will, da muss man Gottes Segen erkämpfen. Da sollen wir schreien: Ich lasse dich nicht, du segnest mich denn. Und dann ist der Morgen nah, dann bricht der Tag an. Dann kommt Gott selbst und macht es hell und still in uns und wir ziehen ein ins gelobte Land. Es sieht nicht anders aus als am vergangenen Tag, aber Gott war da und hat seine Gnade und seinen Segen bei uns gelassen und darum sind wir im gelobten Land.

Nun dauert es nicht lange, dass Jakob den Bruder kommen sieht. Und nun, wo Gottes Tag angebrochen ist, sieht er das Angesicht des Bruders nicht als Feind, sondern als „sähe er Gottes Angesicht“. Er sieht in dem Bruder Gott selbst und seine Liebe. Und der Bruder nimmt ihn auf und er ist in der Heimat, denn er hat Gott und den Bruder gefunden. Versteht Ihr's recht? Wer Gott gefunden hat, der findet auch den Bruder. Der sieht des Bruders Angesicht, als sähe er Gottes Angesicht. Und wer den Bruder nicht findet, der findet auch Gott nicht. Dazu ist Gott selbst unser Bruder geworden in Christus, dass wir hinter jedem Bruder ihn wiedersehen.

Und nun soll es auch über euch Tag werden. Nicht so, dass nun von morgen an auf einmal alles glatt und einfach ginge. Sondern so, dass ihr wisst, dass Gott, der euch segnen will, euch nie verlässt. Das ist die Sonne, die Jakob aufgegangen ist, die auch euch aufgeht. Gottes Liebe und Gnade, wie ihr sie in Christus, unserem Bruder und Herrn, seht am Kreuz und in seiner Auferstehung. In der christlichen Gemeinde sollt ihr Gott und den Bruder finden, sollt ihr die Heimat finden, sollt ihr das gelobte Land haben. Hier soll einer der Herr sein und einer dem andern ein Christus werden.

Also ihr müsst wissen, wir alle müssen in unserem Leben immer wieder in die Nacht und durch die Nacht zum Tag. Bei keinem Sterblichen ist's ewig Tag – ja, wir sehen wohl alle mehr Nacht als Tag, auch darüber dürft ihr euch nicht täuschen. Aber keiner soll euch je den Glauben nehmen, dass Gott auch für euch einen Tag und eine Sonne und eine Morgenröte bereitet hat und dass er uns dieser Sonne zuführt, die Christus heißt: dass er uns das gelobte Land sehen lassen will, in dem Gerechtigkeit und Friede und Liebe herrscht, weil Christus herrscht, hier nur von fern, einst aber in Ewigkeit. Warum sollen wir uns fürchten? Nur hinein, hindurch! Gott, Christus ist der Herr, die Gemeinde unsere Heimat.

Ich lasse dich nicht, du segnest mich denn! Ist Gott für uns, wer will wider uns sein?

Mose- und Aaronskirche

2. Mose 32,1-7.15.19-20.30-34

28.5.1933 Exaudi, Berlin

Da aber das Volk sah, daß Mose verzog, von dem Berge zu kommen, sammelte sich's wider Aaron und sprach zu ihm: Auf, und mache uns Götter, die vor uns her gehen! Denn wir wissen nicht, was diesem Mann Mose widerfahren ist, der uns aus Ägyptenland geführet hat. Aaron sprach zu ihnen: Reißet ab die güldnen Ohrenringe … eurer Weiber, eurer Söhne und eurer Töchter und bringt sie zu mir. Da riß alles Volk seine güldnen Ohrenringe … (ab), und brachten sie zu Aaron. Und er nahm sie von ihren Händen und entwarf's mit einem Griffel und machte ein gegossen Kalb. Und sie sprachen: Das sind deine Götter, Israel, die dich aus Ägyptenlande geführet haben! Da das Aaron sah, baute er einen Altar vor ihm und ließ ausrufen und sprach: Morgen ist des Herrn Fest. Und stunden des Morgens frühe auf und opferten Brandopfer und brachten dazu Dankopfer. Darnach setzte sich das Volk, zu essen und zu trinken, und stunden auf, zu spielen. Der Herr sprach aber zu Mose: Gehe, steig hinab; denn dein Volk, das du aus Ägyptenland geführet hast, hat's verderbt. Sie sind schnell von dem Wege getreten, den ich ihnen geboten habe. Sie haben sich ein gegossen Kalb gemacht und haben's angebetet und ihm geopfert und gesagt: Das sind deine Götter, Israel, die dich aus Ägyptenland geführet haben … Mose wandte sich und stieg vom Berge und hatte zwo Tafeln des Zeugnisses in seiner Hand, die waren geschrieben auf beiden Seiten. Und Gott hatte sie selbst gemacht und selber die Schrift dreingegraben … Da sprach Mose: … ich höre ein Geschrei eines Singetanzes. Als er aber nahe zum Lager kam und das Kalb und den Reigen sah, ergrimmte er mit Zorn und warf die Tafeln aus seiner Hand und zerbrach sie unten am Berge und nahm das Kalb, das sie gemacht hatten, und zerschmelzte es mit Feuer und zermalmte es ... Des Morgens sprach Mose zum Volk: Ihr habt eine große Sünde getan; nun will ich hinaufsteigen zu dem Herrn, ob ich vielleicht eure Sünde versöhnen möge. Als nun Mose wieder zum Herrn kam, sprach er: Ach, das Volk hat eine große Sünde getan, und haben sich güldne Götter gemacht. Nun vergib ihnen ihre Sünde; wo nicht, so tilge mich auch aus deinem Buch, das du geschrieben hast. Der Herr sprach zu Mose: Was? Ich will den aus meinem Buch tilgen, der an mir sündiget. So gehe nun hin und führe das Volk, dahin ich dir gesagt habe ... Ich werde ihre Sünde wohl heimsuchen, wenn meine Zeit kommt, heimzusuchen. Also strafte der Herr das Volk, daß sie das Kalb hatten gemacht, welches Aaron gemacht hatte.

Der Priester gegen den Propheten, die Weltkirche gegen die Kirche des Glaubens, Aaronskirche gegen Mosekirche – von diesem ewigen Konflikt in der Kirche Christi und von seiner Lösung wollen wir heute hören.

Mose und Aaron, die beiden Brüder, vom selben Stamm, vom selben Blut, aus derselben Geschichte, ein Stück Weges Seite an Seite gehend – dann auseinander gerissen – Mose, der erste Prophet, Aaron, der erste Priester, Mose, der von Gott Herausgerufene, ohne Ansehen der Person Erwählte, der Mann mit der schweren Zunge, der Knecht Gottes, der allein im Hören auf das Wort seines Herrn lebt – Aaron, der Mann mit dem Purpurrock und der heiligen Krone, der geweihte und geheiligte Priester, der dem Volk seinen Gottesdienst erhalten muss. Und nun in unserer Geschichte Mose, allein hoch oben auf dem Berg des Schreckens bei dem lebendigen Gott, zwischen Leben und Tod in Blitz und Donner, berufen, um das Gesetz des Bundes Gottes mit seinem Volk in Empfang zu nehmen – dort unten im Tal das Volk Israel mit seinem Priester im Purpurrock, opfernd und gottferne.

Warum müssen Mose und Aaron widereinander sein? Warum können sie nicht im selben Dienst neben einander stehen? Warum muss Mosekirche und Aaronskirche, Kirche des Wortes und Weltkirche immer wieder auseinanderbrechen? Die Antwort auf diese Frage steht in unserem Text.

Mose ist von Gott auf den Berg gerufen für sein Volk. Dort oben will Gott mit ihm reden. Die Kinder Israel wissen das, sie wissen, dass Mose für sie dort oben steht, kämpft, betet, leidet. Er trägt keinen Purpurrock, er ist kein Priester, er ist ja nichts, garnichts als der Knecht, der auf das Wort seines Herren wartet, der krank wird, wenn er dies Wort nicht hören darf. Er ist ja nichts – als der Prophet seines Gottes. Aber die Aaronskirche, die Kirche der Welt kann nicht warten, sie ist ungeduldig. Wo ist Mose geblieben? Warum kommt er nicht zurück? Wir sehen ihn nicht mehr. Wo ist er mit seinem Gott? „Wir wissen nicht, was diesem Mose widerfahren ist ..." Mag sein, er ist nicht mehr, er ist tot. So fragt die Aaronskirche zu allen Zeiten nach der Kirche des Wortes. „Wir sehen sie nicht, wo sind ihre Leistungen, ihre Taten ... Gewiss, sie ist tot!" Begreifen wir denn nicht, dass vielleicht Gott selbst den Mose auf dem Berge hält, dass er ihn noch nicht loslässt, weil er ihm noch etwas zu sagen hat, dass er vielleicht auch heute die Kirche des Mose, die Kirche, die aufs Wort Gottes allein hören will, noch nicht loslässt, sondern mit ihr noch in der Stille ein Wort zu reden hat? Auch Gott braucht seine Zeit mit seinem Propheten und mit seiner Kirche. Dürfen wir ungeduldig werden? Gewiss, die Kirche des Wortes ist auch heute wieder auf dem Sinai und hält unter Blitz und Donnern, in Angst und Zittern dem Wort Gottes stand, wartet, glaubt, betet, kämpft – für wen? – für die Kirche Aarons, für die Kirche da unten im Tal, für die Weltkirche. Das Nichtwartenkönnen der Weltkirche, ihre Ungeduld, das ist die erste Stufe ihres Zusammenpralles mit der Kirche des Wortes von jeher gewesen und wird es bleiben.

„Wir wissen nicht, was diesem Mose widerfahren ist. Auf, Aaron, mache du uns Götter, die vor uns hergehen.“ Das ist der zweite Schritt, der dem ersten unmittelbar folgt. Die Weltkirche, die Kirche der Priester, will etwas sehen. Sie will nun nicht mehr warten. Sie will selbst ans Werk gehen, selbst handeln, selbst tun, was Gott und der Prophet nicht tun. Wozu ist der Priester da? Wozu ist die Kirche da, wenn sie aufs Warten gestellt sind? Nein, unsere Kirche soll etwas haben, wir wollen etwas sehen in unserer Kirche. Wir wollen nicht warten. Ihr Priester, ihr Geheiligten, ihr Geweihten, ihr seid uns etwas schuldig. Auf, Priester Aaron, walte deines Amtes, versieh den Gottesdienst. Gott hat uns verlassen – aber wir brauchen Götter! Religion! Kannst du den Lebendigen nicht zwingen, so mach uns selbst Götter!

Es ist wirklich gar kein so übles Anliegen, das hier vorgebracht wird; es ist sogar ein frommes Anliegen. Man sagt ja nicht: fort mit den Göttern, sondern: Wir brauchen Götter, eine Religion, schaff uns welche. Man jagt auch den Priester nicht davon, sondern man sagt ihm: Versieh deinen Dienst. Erhalte dem Volk die Religion, gib ihm Gottesdienste. Sie wollen wirklich eine Kirche mit Göttern und Priestern und Religion bleiben, aber eine Aaronskirche – ohne Gott. Und Aaron beugt sich. Er sieht auf sein Amt, auf seine Weihe; er sieht auf das Volk. Er begreift ihre Ungeduld, ihren Tatendrang, ihr frommes Stürmen nur zu gut – und er beugt sich. Kommt her, ihr von eurem Gott und eurem Propheten Verlassenen, schafft euch selbst einen Gott, der euch nicht mehr verlässt, prächtiger, herrlicher als Gott, der uns verließ. Bringt herbei kostbaren Schmuck, Gold, Geschmeide, bringt es zum Opfer. Und sie kommen alle, ausnahmslos, sie bringen ihr kostbares Opfer zu ihrem eigenen Götterbild. Sie reißen sich den Schmuck vom Leib und werfen ihn in die glühende Masse, aus der nun Aaron das gleißende Monstrum des goldenen Kalbes formt. Wir hören sagen: Die Massen seien nicht so opferbereit. Aber die kennen die Welt nicht, die so sagen! Zu jedem Opfer ist das Menschengeschlecht bereit, in dem es sich selber feiern, sein eigenes Werk anbeten darf. Zu jedem Opfer ist die Weltkirche, die Aaronskirche bereit, wenn sie sich ihren Gott selbst machen darf. Vor dem Gott, den wir machen nach unserem Wohlgefallen, sinkt das Menschengeschlecht und die Weltkirche freudig und lächelnd auf die Knie. Aber Gott findet wenig Opferbereitschaft. Nein, die Kirche Aarons spart nicht, sie ist nicht kleinlich, sie ist verschwenderisch an ihren Gott. Da wird in die Glut des Götzenbildes alles hineingeworfen, was ihr kostbar und wertvoll und heilig ist. Da muss zur Verherrlichung des Götzen alles herhalten, da wirft jeder nach seinem Belieben und Vermögen seine eigenen Ideale in den Schmelztiegel – und dann beginnt der Rausch, die Weltkirche feiert ihren Triumph, der Priester hat seine Macht erwiesen, nun steht er selbst in der Mitte in seinem Purpurrock und seiner heiligen Krone und betet das Geschöpf seiner Hand an ... und um ihn herum fällt das Volk selig nieder und blickt auf den Götzen, den sie aus eigener Kraft, aus eigenem Opfer bereitet haben. Wer wollte da abseits stehen, bei diesem frommen Jubel, Taumel ohnegleichen, bei dieser Großtat menschlichen Wollens und Könnens. Die Weltkirche hat nun ihren Gott ... Kommt opfert ihm, freut euch, spielt, esst, trinkt, tanzt, jubelt, begeistert euch. Ihr habt wieder einen Gott ... Das sind die Götter, Israel, die dich aus der Knechtschaft geführt haben. Kommt, seht, betet an!

Aber auf dem Sinai grollt es. Da zeigt Gott dem Mose sein treuloses Volk. Und Mose zittert für sein Volk und steigt eilends vom Berge. Schon hört er Jubel und Geschrei von Tanz und Taumel und Rausch. Schon sieht er den Bruder im Purpurrock und heiliger Krone und in der Mitte den goldenen

Gott der Weltkirche, den Weltgott, den Abgott, den Priestergott – da steht er unter ihnen, der unerwartete Prophet, hoch schwingt er in den Händen die Tafeln des Gesetzes und sie alle müssen es sehen, die von Gottes Hand eingegrabene Schrift: Ich bin der Herr, dein Gott, du sollst nicht andere Götter haben neben mir! Stumme Angst, Entsetzen ergreift die Weltkirche bei diesem Anblick, der Rausch ist aus – der lebendige Gott ist unter sie getreten, stürmt gegen sie an. Was wird geschehen? Da – ein Anblick ohnegleichen, ein furchtbarer Augenblick – und die Tafeln des Gesetzes liegen zerschmettert an dem Götzenbild und der Götze selbst ist zerschlagen und verbrannt. Das ist das Ende der Weltkirche. Gott hat es angerichtet. Gott ist Herr geblieben. Herr, erbarme dich …

Priesterkirche – Kirche des Wortes, Aaronskirche – Mosekirche – dieser geschichtliche Zusammenstoß am Fuße des Sinai, das Ende der Weltkirche und die Erscheinung des Wortes Gottes wiederholt sich in unserer Kirche Tag für Tag, Sonntag für Sonntag. Als Weltkirche, die nicht warten, die nicht vom Unsichtbaren leben will, als Kirche, die sich selbst ihre Götter macht, als Kirche, die einen Gott haben will, wie er ihr gefällt und die nicht danach fragen will, wie sie Gott gefalle, als Kirche, die selbst tun will, was Gott nicht tut, als Kirche, die zu jedem Opfer bereit ist, wo es um Götzentum, um Vergötzung menschlicher Gedanken und Werte geht – als Kirche, die sich selbst göttliche Vollmacht im Priestertum anmaßt – als solche Kirche kommen wir immer wieder zum Gottesdienst zusammen. Und als Kirche, deren Götze zerschlagen und zertrümmert am Boden liegt, als Kirche, die von Neuem hören muss: Ich bin der Herr dein Gott … als Kirche, die von diesem Wort getroffen zusammenbricht, als Kirche des Mose, Kirche des Wortes – sollten wir dann wieder auseinandergehen. Aus der ungeduldigen Kirche wird die Kirche des stillen Wartens, aus der Kirche des stürmischen

Schauenwollens die Kirche des nüchternen Glaubens, aus der Kirche der Selbstvergötzung die Kirche der Anbetung des alleinigen Gottes. Ob auch diese Kirche solche Hingabe, solche Opfer findet?

Aber es bleibt nicht bei dem Bruch. Noch einmal steigt Mose auf den Berg. Diesmal um für sein Volk zu bitten. Sich selbst bringt er zum Opfer: Verwirf mich mit meinem Volk, wir sind ja doch eines, Herr, ich liebe meine Brüder. Aber dunkel bleibt Gottes Antwort, furchtbar, drohend. Mose konnte die Versöhnung nicht schaffen. Wer schafft hier Versöhnung? Kein anderer als der Priester und Prophet in einem ist der Mann mit dem Purpurmantel und der Dornenkrone, der fürbittend für uns vor Gott steht, der gekreuzigte Sohn des Vaters.

Hier in seinem Kreuz hat alle Vergötzung ein Ende. Hier ist das ganze Menschengeschlecht, hier ist die ganze Kirche, gerichtet und begnadigt. Hier ist der Gott ganz Gott, der keine anderen Götter neben sich duldet, aber nun auch ganz Gott, indem er vergibt ohne Grenzen. Auf das Kreuz zeigen wir als die Kirche, die immer Mose- und Aaronskirche zugleich ist, auf das Kreuz zeigen wir und sagen: Sieh, Israel, das ist dein Gott, der dich aus der Knechtschaft geführt hat und wieder führen wird. Kommt, glaubt, betet an. Amen.

Des Volkes ist zu viel!

Richter 6,15-16; 7,2; 8,23

26.2.1933, Berlin, Estomihi

Er aber sprach zu ihm: Mein Herr, womit soll ich Israel erlösen? Siehe, meine Freundschaft ist die geringste in Manasse, und ich bin der Kleinste in meines Vaters Hause. Der Herr aber sprach zu ihm: Ich will mit dir sein, daß du die Midianiter schlagen sollst wie einen einzelnen Mann … Und der Herr sprach zu Gideon: Des Volkes ist zuviel, das mit dir ist, daß ich sollte Midian in ihre Hände geben; Israel möchte sich rühmen wider mich und sagen: Ich habe mich selbst erlöst … Aber Gideon sprach zu ihnen: Ich will nicht Herr sein über euch, und mein Sohn soll auch nicht Herr über euch sein, sondern der Herr soll Herr über euch sein.

Eine leidenschaftliche Geschichte vom Spotten Gottes über alle Ängstlichen und Kleingläubigen, alle allzu Vorsichtigen, Besorgten, über alle, die vor Gott etwas sein wollen und doch nichts sind, eine Geschichte vom Spotten Gottes über des Menschen Macht, eine Geschichte vom Zweifel und vom Glauben an diesen des Menschen spottenden und ihn in diesem Spott gewinnenden, liebenden Gott. Also keine erhebende Heldenlegende – Gideon ist kein Siegfried – sondern eine recht grobe, derbe, unerbauliche Geschichte, in der wir alle kräftig mitverspottet werden – und wer ließe sich gern verspotten, wer wüsste etwas Demütigenderes, als sich vom Herrn der Welt von Grund auf auslachen zu lassen? Von dem im Himmel des menschlichen Getümmels und Getriebes spottenden Gott, von dem Lachen Gottes über sein eitles Geschöpf redet die Bibel manches Mal. Es ist der Gewaltige, der Souverän, der unvergleichlich starke, der lebendige Herr, der hier so mit seinem Geschöpf umgeht. Vor ihm, der alle Macht in den Händen hat, vor ihm, der spricht, so geschieht's, der atmet und die Welt lebt und der seinen Odem einzieht und die Welt vergeht, vor ihm, der Völker zerschmeißt wie Töpfergeschirr, vor ihm ist der Mensch kein Heros, kein Held, sondern ein Geschöpf, das seinen Willen tun muss, das ihm gehorchen muss, das er mit Spott und Liebe gewaltig in seinen Dienst zwingt.

Also darum Gideon und nicht Siegfried, weil dieser von Gott verspottete Zweifler unter derben Schlägen glauben gelernt hat.

Wir haben in der Kirche nur *einen* Altar, und das ist der Altar des Allerhöchsten, des Einzigen, des Allgewaltigen, des Herrn, dem allein Ehre und Anbetung gebührt, des Schöpfers, vor dem alle Kreatur auf die Knie muss, vor dem der Gewaltigste nichts ist als Staub. Wir haben keine Nebenaltäre für Menschenverehrung. Gottesdienst nicht Menschendienst, das geschieht hier am Altar der Kirche. Wer etwas anderes will als dies, der bleibe fern, der kann nicht mit uns im Hause Gottes sein, wer selbst einen Altar beansprucht oder einem anderen Menschen einen bauen will, der verspottet Gott, und Gott lässt sich nicht spotten. In der Kirche sein, heißt den Mut haben, mit Gott als dem Herrn allein zu sein, heißt nicht Menschendiener, sondern Gottesdiener zu sein. Und dazu gehört Mut. Das größte Hindernis des Menschen, Gott den Herrn sein zu lassen, d. h. zu glauben, ist unsere Feigheit. Also darum Gideon, weil er mit uns an diesem einen Altar des Allerhöchsten und Allmächtigen niederfällt und allein ihm sich beugt.

Wir haben in der Kirche auch nur *eine* Kanzel und von dieser Kanzel aus wird vom Glauben an Gott geredet und sonst von keinem Glauben, und keinem noch so guten Willen. Also darum Gideon – weil er selbst, sein Leben, seine Geschichte eine lebendige Predigt dieses Glaubens ist. Darum Gideon, weil wir nicht immer so abstrakt, so weltfern, so unwirklich, so allgemein vom Glauben reden wollen, dass man es wohl gern anhört, aber eigentlich doch keine rechte Notiz davon nimmt, sondern weil es gut ist, wenn wir einmal etwas vom Glauben wirklich zu sehen bekommen, wenn wir nicht nur hören, was er sein soll, sondern sehen, was er ist, wie er mitten in einem Leben, in der Geschichte eines Menschen einfach geschieht. Hier allein wird der Glaube für jeden aus einem Kinderspiel zu einer allerhöchst bedrohlichen, ja Furcht und Schrecken erregenden Sache. Hier wird mit dem Menschen umgegangen, ohne Rücksicht, ohne Umstand, ohne Maß, hier muss er sich beugen oder zerbrechen. Darum ist das Bild der Männer des Glaubens, der Männer der Bibel so oft ein menschlich unschönes, unharmonisches, zerfetztes Menschenbild, aber dies Bild des Menschen, der glauben gelernt hat, hat dann das Eigentümliche an sich, dass es immer von sich selbst wegweist, hinweist auf den, in dessen Gewalt der Mensch ist, dessen Gefangener und Gebundener er ist, also darum Gideon, weil seine Geschichte eine Geschichte der Verherrlichung Gottes und der Demütigung des Menschen ist.

Da ist Gideon, einer wie tausend andere; aber aus diesen tausend begegnet Gott gerade ihm und ruft ihn in seinen Dienst, ruft ihn zur Tat. Warum gerade ihn, warum gerade dich oder mich? Ist es sein Spott, den er mit mir treibt, dass er mit mir redet, ist es seine allem Begreifen spottende Gnade? Aber was fragen wir da? – Darf Er nicht rufen, wen er will, dich oder mich, hoch oder niedrig, stark oder schwach, arm oder reich, ohne dass wir gleich anfangen dürften darum mit ihm zu rechten? Gibt es hier etwas anderes als hören und gehorchen?

Gideon soll das geknechtete Israel aus der Hand der übermächtigen Feinde, der Midianiter, befreien. Er, der ist wie tausend andere, er ist aufgerufen zu unerhörter Tat. Er sieht auf sich und seine Kraft, und er sieht auf die unüberwindlich starken Widerstände. Nichts hat er in der Hand, alles haben die Feinde. „Und er sprach zu ihm: Herr, womit soll ich Israel erlösen?“ Wie soll ich das vollbringen, wozu du mich rufst? Herr, der Auftrag ist zu groß, sei nicht grausam. Nimm ihn von mir, oder lasse mich Hilfe sehen, gib mir Heere, Waffen, Reichtümer, – Gott, du kennst das Ausmaß unseres Elends nicht, sieh doch das hungernde, geschwächte Volk, sieh, wie sie ohne Heim, ohne Brot an dir verzweifeln, sieh, wie sie sich anderen Göttern beugen und vor dir nicht. „Herr, womit soll ich Israel erlösen?“ Nicht wahr, wir kennen diesen Gideon. Er nimmt auf einmal ganz lebendige Züge an, Gideon, wir kennen deine Stimme nur zu gut, du redest heute noch so wie damals.

Da geht der Ruf an unsere protestantische Kirche, eine unter vielen anderen in der Welt: Du sollst Israel erlösen, du sollst die Menschen befreien von den Ketten der Furcht und der Feigheit und des Bösen, in denen sie gebunden sind. Und dieser Ruf erschreckt und verstört die Kirche aufs Tiefste, sie, die einflusslose, schwache, durch nichts ausgezeichnete Kirche, warum muss dieser lastende Ruf gerade an sie ergehen? Sie sieht die Hoffnungslosigkeit ihrer Verkündigung, die Stumpfheit und den Jammer derer, die sie hören sollen, und erkennt, dass sie dem nicht gewachsen ist, sie sieht ihre eigene innere Leere und Öde und spricht voll Angst und Vorwurf: *Womit* soll ich das Volk erlösen? Wie soll ich das Unerhörte tun? Und da plötzlich trifft uns der Ruf: Mach ein Ende mit der Knechtschaft, in der du lebst, mach ein Ende mit deiner Lebensangst, die an dir zehrt, mit der Macht der Begierde, die dich verbrennt, mit deinem qualvollen und selbstgefälligen Alleinsein, mach ein Ende mit deiner Menschenfurcht und Eitelkeit, mach dich frei. Wer wollte sagen, dass er solchen Ruf nie vernahm und dass er nicht auch schon wie Gideon geantwortet hätte: Herr, *womit* soll *ich* so große Dinge tun?

Jetzt aber wird der Gideon von damals und heute zum Schweigen gebracht, das Maul gestopft, „womit?"... fragst du – hast du nicht begriffen, was es heißt, dass es Gott ist, der dir ruft; ist dir sein Ruf allein nicht genug, versinken dir vor diesem Ruf, wenn du ihn recht hörst, nicht alle Fragen nach dem „Womit?" „Ich will mit dir sein" d. h. du sollst es nicht tun mit irgendeiner anderen Hilfe, sondern ich habe dich gerufen; ich will mit dir sein; ich will es auch tun. Hörst du es, Gideon gestern und heute? Gott hat gerufen, das ist genug. Hörst du es einzelner zweifelnder, fragender zweifelnder Christ? Gott hat etwas mit dir vor, gerade mit dir. Sei bereit und sieh zu. Vergiss nie, auch wenn dich deine eigene Schwachheit zu Boden drücken will, dass Er Unerhörtes, Unermessliches, Großes mit dir vorhat. Ich will mit dir sein.

Was tut Gideon? Er zieht aus, er lässt die Posaunen blasen, ruft sich ein Heer zusammen von allen Stämmen, er versammelt um sich, was er an Streitkräften auftreiben kann. Es ist angesichts der Übermacht der Feinde noch ein kleines Heer und Gideon ist zaghaft, ob er den Kampf aufnehmen soll. Da tritt ihm, als er gerade sein Lager dem Feind gegenüber aufschlägt, wiederum Gott in den Weg. Gideon, was hast du getan? Gideon, wo ist dein Glaube? Sieh auf dein Heer, es ist zu groß; Gideon, aus Angst und Zweifel hast du dieses Heer zusammengerufen. Des Volkes ist zu viel, das mit dir ist. So gebe ich dir den Sieg nicht. Denn ihr möchtet euch rühmen und sagen: Wir haben uns selbst erlöst, wir haben den Sieg errungen. Aber ich will euren Ruhm nicht, fallt nieder vor eurem Gott und lasst ihn den Herrn sein, wisst, dass Er allein euch erlösen kann. Er hat es zugesagt und sein Wort ist mächtiger als alle Heere der Welt.

Hier ist die entscheidende Frage gestellt: Gideon, glaubst du ernstlich an Gott, deinen Herren, auch hier angesichts der furchtbaren Gefahr des Feindes – Gideon, so schicke die Massen deines Heeres zurück, du brauchst sie nicht, Gott ist mit dir, er siegt, nicht dein Heer. Welch unerhörte Zumutung, welch verwirrende Begegnung mit dem lebendigen Gott. Da steht Gideon mit seinem kleinen Heer verzagt der Übermacht des Feindes gegenüber und nun naht Gott und lacht den Gideon derb aus, verspottet ihn, Gideon, des Volkes ist zu viel, das mit dir ist. Statt dass er Waffen und Heere in ungeheuren Mengen brächte, fordert er Entwaffnung, d.h. Glauben, Glauben, laß die Heere umkehren! ... Grausamer Spott Gottes über alle Menschenmacht, bitterste aller Glaubensproben, unbegreiflicher Herr und Despot der Welt. Ist es nicht irrsinnig, musste es den Gideon nicht innerlich zerreißen, hier vor dem Feind seine nach menschlichem Ermessen einzig zuverlässige Kraft noch aufzugeben. Welch ein wilder, um seine Ehre eifernder Gott, der dem Menschen immer wieder Weg und Plan durchkreuzt, wenn er es nicht ahnt. Warum durchkreuzt? Weil er dem Hoffärtigen widersteht, weil der Mensch es immer falsch macht, wie er es auch anstelle? Warum immer wieder falsch macht? Weil er sich immer wieder eigenen Ruhm bereiten will und an Gott nicht glauben will.

Aber Gideon glaubt und gehorcht, er lässt sein Volk ziehen, und mit jedem Mann, der ihn verlässt, wächst sein Glaube an den Gott, der seiner gespottet hat, und als sie alle bis auf einen winzigen Rest gegangen sind, da ist ihm der Sieg in die Hand gegeben. Er hat geglaubt, er hat gehorcht, er hat Gott die Ehre gegeben, er hat auf seinen Ruhm verzichtet und Gott hat sein Wort gehalten.

Ein Märchen wie andere auch? Wer so redet, hat nicht begriffen, dass Gideon lebt und dass die Gideonsgeschichte sich täglich in der Christenheit wiederholt. Ich will mit dir sein vor dem Feind ... Was tut Gideon, was tun wir? Man rafft alle eigene Kraft zusammen, greift nach allen Mitteln der Hilfe, man berechnet, erwägt, zählt, man rüstet sich mit Wehr und Abwehr – bis dann plötzlich unerwartet – niemand weiß wann – der lebendige Gott selbst wieder den Menschen anfällt, hast du Glauben, so leg deine Waffen ab, ich bin deine Waffe, leg deinen Panzer ab, ich bin dein Panzer, leg deinen Stolz ab, ich bin dein Stolz. Hörst du es, Kirche Gideon, lass Gott allein, lass sein Wort, sein Sakrament, sein Gebot deine Waffe sein, suche keine andere Hilfe, erschrick nicht. Er ist mit dir. Lass dir an meiner Gnade genügen. Wolle nicht stark, mächtig, ruhmvoll, geachtet sein, sondern lass Gott allein deine Stärke, dein Ruhm, deine Ehre sein. Oder glaubst du ihm nicht? Welcher Irrsinn scheinbar, nicht wahr, dass die Kirche sich in der furchtbaren Bedrohung, in der sie von allen Seiten drinsteht, nicht mit allen Mitteln wehren sollte. Welcher Irrsinn, den dieser Gideon in die Welt gebracht hat. Aber es ist das alles ja nichts anderes als der Irrsinn des christlichen Glaubens selbst, darauf kommt es doch in dieser Geschichte an, nicht auf den bestimmten Befehl, der da gegeben wurde und der nun für alle Zeiten gälte, sondern auf die Torheit, auf das Ärgernis des lebendigen Glaubens, der bekennt: „Mit unsrer Macht ist nichts getan …"

Und du Einzelner, der du den Ruf vernahmst, dich aus der Knechtschaft zu befreien, aus Ketten und Angst zu lösen, du steckst auch schon wieder mittendrin im Tun des Unglaubens, du meinst, du könntest es mit krampfhafter Anspannung aller Energien selbst schaffen, du bietest auf, was du hast, du willst es selbst in die Hand nehmen – bis dir Gott selbst in den Weg tritt und alle guten Pläne durchkreuzt –, leg deine Waffen ab, ich bin deine Waffe und tausend Waffen von dir sind nicht wie eine von mir, lass mich tun, was du nie vermagst, du willst dich rühmen können: Ich habe mich selbst erlöst, aber du sollst dich nicht rühmen, gib mir den Ruhm und die Ehre, glaube mir. Lass dir an meiner Gnade genügen; meine Kraft ist in den Schwachen mächtig.

Mit Schaudern und Staunen mögen die Krieger Gideons den Befehl zur Umkehr vernommen haben, mit Schaudern und Staunen vernimmt die Kirche immer wieder die Stimme dessen, der ihr gebietet, auf Macht und Ehre zu verzichten, alle Berechnung fahren zu lassen und allein Gott sein Werk tun zu lassen, mit Kopfschütteln und Ärger sehen wir so manchen Gideon unter uns seinen Weg gehen – aber kann *uns* das irre machen, die in der Mitte ihrer Kirche das Kreuz sehen, das Zeichen der Machtlosigkeit, Ehrlosigkeit, Wehrlosigkeit, Hoffnungslosigkeit, Sinnlosigkeit und doch der Ort der göttlichen Kraft, Ehre, Wehr, Hoffnung, Sinn, Herrlichkeit, Leben, Sieg. Sehen wir nun die Linie, die von Gideon bis ans Kreuz führt, begreifen wir, dass diese Linie mit einem Wort heißt – „Glaube"?

Gideon siegt, die Kirche siegt, wir siegen, weil der Glaube allein siegt. Aber nicht Gideon, nicht die Kirche, nicht wir siegen, sondern Gottes ist der Sieg. Und Gottes Sieg heißt unsere Niederlage, heißt unsere Demütigung, heißt Spott und Zorn Gottes über alles menschliche Mächtigtun, sich Aufblasen, selbst etwas sein Wollen, heißt die Welt und ihr Geschrei zum Schweigen bringen, heißt Durchkreuzung aller unserer Gedanken und Pläne, heißt Kreuz. Kreuz über der Welt – das heißt der Mensch, auch der edelste, muss, ob es ihm passt oder nicht, in den Staub und mit ihm alle Götter und Götzen und Herren dieser Welt, Kreuz Jesu Christi – das heißt bitterer Spott Gottes über alle menschlichen Höhen, bitteres Leiden Gottes in allen menschlichen Tiefen, Herrschaft Gottes über alle Welt. Das Volk tritt an den siegreichen Gideon heran, letzte Anfechtung, letzte Versuchung: „Sei du unser Herr …" Aber Gideon vergisst nicht seine Geschichte und nicht die Geschichte seines Volkes … Gott soll Herr über euch sein und keinen anderen Herrn sollt ihr haben. Über diesem Wort stürzen alle Altäre von Göttern und Götzen, stürzt aller Menschendienst, alle Selbstvergötterung des Menschen – gerichtet, verurteilt, durchgestrichen, gekreuzigt sind sie alle, niedergestürzt in den Staub vor ihm, der allein Herr ist, neben uns kniet Gideon, der durch Angst und Zweifel zum Glauben Gebrachte, vor dem Altar des einzigen Gottes, mit uns betet Gideon: Herr am Kreuz, sei du allein unser Herr. Amen.

Gottes Gebot gegen alle christlichen Programme

2. Chronik 20,12

8.5.1932, Berlin, Exaudi

Wir wissen nicht, was wir tun sollen, sondern unsre Augen sehen nach dir.

In den unbeugsamen Geboten Gottes ruht die Welt. Das ist die Treue Gottes zur Welt, dass er seinem Gebot Bestand gibt. Das ist der Zorn Gottes, dass er uns sein Gebot verbirgt. Das ist die Gnade Gottes, dass er uns sein Gebot wissen lässt. Das ist die Verheißung Gottes und unsere Hoffnung, dass wir einst sein Gebot halten werden. Herr, verbirg dein Gebot nicht vor uns. Lehre uns, deine Gebote halten. Exaudi – erhöre uns, Herr, und tu dich uns kund.

Es war ein Mann der Tat, ein israelitischer König, der von Feinden bedroht in den Krieg ziehen sollte, also ein streitbarer Mann, der unser Wort gesprochen hat. Er hatte sein Volk um sich versammelt zum Rat, was zu tun sei. Man braucht Pläne, Programme, Entschlossenheit. Und er spricht zum Volk – und nun geschieht das überaus Seltsame und doch so ganz Biblische: Seine Pläne und Programme zerrinnen, sie werden ihm zu Gebeten, seine Entschlossenheit zu tiefster Verzagtheit und Demut und er schließt seine Rede, seine Programmrede für den Krieg mit den Worten: „Wir wissen nicht, was wir tun sollen, sondern unsere Augen sehen nach dir." Wahrhaftig, eine herrliche Programmrede, nicht wahr?! Wir würden nicht hingerissen sein, wenn in einer entscheidenden Stunde unseres Volkes sich ein führender Mann hinstellte und dies zu sagen wagte: Wir wissen nicht, was wir tun sollen. Mit Schimpf und Schande würden wir ihn davonjagen unter Hohn und Spott. Das soll eine Programmrede sein? Da sind wir anderes, Besseres gewohnt, da wissen wir besser Bescheid, wie man bei solcher Gelegenheit redet. Da zerrinnen die Programme und Pläne nicht zu Gebeten, sondern da werden sie über den Flammen der Begeisterung zu leuchtenden Wahrzeichen und Bannern der eigenen guten und gerechten Sache. Da wird Entschlossenheit nicht zu verzagter Demut, sondern zum unwiderstehlichen Bekenntnis zur eigenen Kraft und zum eigenen Mut. Ja, da werden umgekehrt die Gebete noch zu Programmen, die Bitten zu Befehlen. Da muss am Ende des Programms auch noch der Name Gottes genannt werden. Da wird auch Er noch in den Dienst des Programms, des klugen Planes, der eigenen Entschlossenheit gestellt und dann, ja dann ist die christliche Programmrede fertig, wie wir sie gern hören und tausend Mal schon besser und schlechter gehört haben.

Wie jämmerlich, wie ärmlich, wie schmählich und feig, wie wenig verantwortungsfreudig, ja wie vaterlandslos muss demgegenüber der erscheinen, dessen ganzes Programm in der Erkenntnis besteht: Wir wissen nicht, was wir tun sollen, sondern unsere Augen sehen nach dir. Wie unschön wie unerbaulich dieser Mann der Bibel und wie sympathisch, herrlich, wie erhebend unser christlicher Programmredner. Und wenn wir nun geradewegs so fortfahren würden, so würden wir drauf und dran sein, unsern Text nur ein klein wenig zu verändern und dann über den Text zu predigen: Wir wissen, was wir tun sollen, aber unsere Augen sehen auch noch nach dir. Und dies würde allerdings einen Fortschritt bedeuten über unseren biblischen Text hinaus, so wie unser christlicher Programmredner wirklich einen Fortschritt bedeuten würde über den Mann der Bibel.

Es fragt sich nur, wie teuer dieser Fortschritt erkauft ist.

Denn der Preis der Wahrheit ist zu teuer, zu hoch für irgendeinen Fortschritt. Und eben diesen Preis der Wahrheit müssen wir zu zahlen bereit sein, wenn wir von der Erkenntnis des Mannes der Bibel zu der unseres christlichen Programmredners fortschreiten wollen. Weil es wahr ist, wie der Mann der Bibel redet und weil es unwahr ist, wie der andere redet, darum dürfen wir diesen Fortschritt nicht mitmachen. Er ist ein Schritt fort von der Wahrheit. Also es ist wahr, d. h. es entspricht unserer Lage als Menschen in der Welt Gott gegenüber, dass wir sagen müssen: Wir wissen nicht, was wir tun sollen, sondern unsere Augen sehen nach dir. Wir könnten das heute besser wissen denn je, obwohl wir's immer wissen sollten. Die große Zerrissenheit unserer Ideale, unserer menschlichen Ordnungen und Gefüge stellt uns täglich neu vor die Frage: Was sollen wir tun? Wir müssen täglich entscheiden zwischen diesem und jenem Ideal, sei es politischer oder sei es erzieherischer Natur, sei es in Fragen der persönlichen Lebensführung. Die programmatischen Behauptungen sämtlicher Ideale sind im tiefsten Grund erschüttert. Soll die Erziehung unserer Kinder individualistisch oder kollektivistisch geartet sein? Ist der Nationalstaat oder sind die überstaatlichen Einheiten erstrebenswerter? Soll die Form der Ehe bleiben, wie sie war, oder bedarf sie der Neugestaltung? D. h.: Wie soll ich erziehen, wie soll ich mich als Staatsbürger verhalten, wie soll ich meine Ehe gestalten? All diese Fragen sind durch die scharfe weltanschauliche Zerspaltung für uns offene Fragen geworden. Weil wir uns aber alle irgendwie entscheiden müssen, so sind wir dauernd durch die Frage beunruhigt: Was sollen wir denn tun? Wir wissen nicht, was wir tun sollen.

Aber auch hier ist unser christlicher Programmredner rasch zur Stelle und ist klüger als wir. Er will uns auf unserem eigenen Feld schlagen. Er sagt: Seht doch in die Bibel und lest nach. Da steht doch ganz deutlich: Du sollst deinen

Nächsten lieben wie dich selbst. Das Gebot der Nächstenliebe kennen wir doch (und um der Nächstenliebe willen tun wir all dies). Aber nun muss auch hierauf die sehr nüchterne Frage gestellt werden. Das Gebot der Nächstenliebe kenne ich wohl. Aber wissen wir wirklich, was es besagt? Was heißt denn den „Nächsten lieben"? Was heißt denn das für den Politiker, der über Krieg und Frieden entscheiden soll? Was heißt das in der Erziehung? In der Ehe? Für den wirtschaftlichen Unternehmer? Was soll er denn tun und wie zeigt er denn die Liebe zum Nächsten? Indem er sein Unternehmen vergrößert, seinen Leuten Arbeit gibt und sie hundert andern nimmt? Indem er hundert reichlich zahlt und fünfhundert knapp? Was aber heißt es für uns? Heißt es, dass wir die Kinder wachsen lassen, heißt es, dass wir sie hier und dort mit Gewalt in vorgeschriebene Bahnen zwingen? Und warum soll es gerade dies und kann es nicht gerade ebenso gut genau das Gegenteil heißen? Ja, das Wort: Liebe deinen Nächsten, hat keinen klaren eindeutigen Sinn, sagt uns nicht eindeutig: Dies sollst du tun! Sondern gerade im Gegenteil, indem wir uns unter dieses Gebot stellen, erkennen wir umso tiefer die Verborgenheit des göttlichen Gebotes vor uns, geraten wir desto tiefer in unsere Ratlosigkeit, in unser Nichtwissen hinein. Und es ergreift uns die furchtbare Angst der Entscheidung, von der wir wissen, dass sie unter Gottes Augen vollzogen werden muss und in der wir nicht wissen, was wir tun sollen. Wir erkennen mit Beben, dass Gott uns sein Gebot verborgen hat. Und wir wissen in all unserm Nichtwissen, dass das Gottes Zorn ist, der über uns gekommen ist. Wir kennen Gottes Gebot nicht mehr, wir sind im Dunkel. Wir wissen nicht, was wir tun sollen. Er hat uns sein Gebot verborgen – denn wir haben sein Gebot, aus dem die Welt und wir leben sollten, verletzt, übertreten, verlästert und nun tritt es uns entgegen in tausendfachem Menschengesetz und ist doch nicht Gottes Gebot.

Und wir wollen nun einmal einen Augenblick wirklich hierbei stehen bleiben. Es ist uns, als wenn in einer schönen Landschaft mit herrlichem Ausblick auf einmal ein kalter Nebel gekommen wäre, der uns völlig einhüllt, dass wir keinen Schritt mehr sehen können und der uns frieren macht. Es ist uns, als wenn uns auf einmal die Sonne verfinstert würde und wir in Nacht und Kälte allein dastehen. Wir wissen nicht, was wir tun sollen. Wir sind ratlos. Und wenn wir nun umso verzweifelter dies oder jenes tun, so zeigt das unsere Ratlosigkeit nur umso offensichtlicher.

Und nun wollen wir zurück und der Weg ist uns verlegt und wir wollen vorwärts und der Weg ist uns ebenso verlegt. Und so leben wir von Augenblick zu Augenblick unter dem Fluche unserer Tat und dem Zorn des heiligen Gottes. Und so vernehmen wir aufs Neue als Christen die Botschaft, dass Gott die Welt zum zweiten Mal geschaffen hat. Freilich, die Werke dieser zweiten Schöpfung sehen anders aus als die der ersten – sie heißen Kreuz Christi und Auferstehung. Im Kreuze Christi ist die gefallene Welt zu ihrem Ende gebracht und gerichtet, mit ihrem Wissen und ihrem Tun. Der Mensch, jeder Mensch stirbt mit Christus diesen Tod am Kreuz, ob er's weiß oder nicht. Über ihn geht das Urteil des Gerichtes, das alles Tun und Wissen des Menschen richtet. Der ganze Mensch, mit allem, was er Göttliches zu wissen und zu tun meint, muss mit allen christlichen Programmen unter Gottes Urteil sterben. Aber Christus ist auferstanden und mit ihm die neue Menschheit. Gott hat selbst getan, was kein Mensch tun konnte. Er hat den Menschen durch den Tod zum Leben gebracht. Er hat sein Gebot, das zum Leben führen sollte, aufs Neue kundgetan und selbst erfüllt. Er spricht: Ich tue es, ich ganz allein und kein anderer. Glaubt an das Evangelium. Das ist sein neues Gebot, dass wir auf ihn sehen sollen, wie er im Tode das Leben, im Kreuz die Auferstehung schafft. Wir sind ins Leben gebracht. Wir sind in Gnade. Wir sind geheiligt und gereinigt. Wir sind gerecht. Wir sind mit Christus auferstanden, aber wir wissen das doch immer nur, wenn wir aufs Kreuz sehen, d. h., wenn wir wissen, dass wir tot und unterm Zorn, dass wir unheilig und unrein sind, dass wir nicht wissen, was wir tun sollen. Wir *sehen* in dieser Welt nur das Kreuz. Wir sehen uns auch nur als solche, die unter dem Kreuz verurteilt stehen, als solche, die nicht wissen, was sie tun sollen. Aber wir glauben im Kreuz an das Leben, in der Sünde an Gott, in der Verborgenheit an das Offenbare, in dem verborgenen Gebot an das offenbare Gebot. Wir wissen nicht, was wir tun sollen, aber unsere Augen sehen nach dir, nach dem Herrn, nach dem auferstandenen Herrn. Wir wissen nicht, was wir tun sollen, – denn wir stehen verdammt unterm Kreuz und unsere Wege sind am Ende. Aber wir sehen nach dir, der du in Gericht und Gnade, in Kreuz und Auferstehung Gott bleibst und deinem Gebot Bestand gibst und ob die Welt darüber zerbräche. Wir sehen nach dir nicht als solche, die nun schließlich doch wüssten, was sie tun sollen, sondern als solche, die gar nicht wissen, was sie tun sollen, aber die wissen, dass du Sünden vergibst und gnädig bist; als solche, die keinen festen Stand mehr unter den Füßen haben, die aber gefasst und gehalten sind über dem Abgrund der Bodenlosigkeit von oben, von dir; die wissen, dass deine Wege und dein Gebot in dieser Welt verborgen sind unter dem Kreuz, dass sie aber offenbar werden sollen in deinem Reich.

Und nun gehen wir heim in unsere Arbeit, Arbeiter, Beamte, Kaufleute, Studenten, Pfarrer; in unsere Arbeit, in der wir nicht wissen, was wir tun sollen. Aber wir wissen nun, dass unsere Arbeit unter dem Kreuz, unter dem Gericht Christi geschieht; dass der Boden, auf dem wir stehen, unsicher geworden ist; dass wir auf diesem Boden nicht stehen bleiben können, ohne zu versinken. Und darum gilt es vorwärts zu gehen und gerade nur wissend, dass wir nicht wissen, was wir tun sollen, nicht die Hände in den Schoß zu legen, auszuruhen, bis Gott das Seine tut. Sondern es geht uns wie dem, der über ein Meer von schwimmenden Eisschollen laufen will. Nirgends darf er ruhen, nicht zu lange Fuß fassen, sonst versinkt er im Bodenlosen, im Abgrund. Kaum hat er einen Sprung getan, so muss er bedacht sein auf den nächsten und so fort und so fort; unter ihm der Abgrund und vor ihm – das weiß er – das Land. Noch sieht er's nicht. Aber er weiß, es ist da. Unsere Augen sehen nach dir, nach dem Boden der Heimat, nach dem Land deiner unbeugsamen Gebote, nach dem Reich der neuen offenbaren Schöpfung, nach deiner Klarheit. Lasse uns nicht versinken auf den Schollen, auf denen wir treiben. Lasse es nicht ewig neblig und kalt um uns sein. Zeig uns in aller Dunkelheit des Kreuzes das Licht deiner Auferstehung, deiner Verheißung, dass dein Gebot unbeugsam ist. Lasse uns dein verborgenes Gebot lieben. Und gib uns die Hoffnung, dass wir es dermaleinst halten sollen. Wir Kinder der Welt, Männer und Frauen der Arbeit, des Tuns, wir treten vor dich, Gott, und beten: Wir wissen nicht, was wir tun sollen, aber unsere Augen sehen nach dir. Verbirg dein Gebot nicht ewig vor uns (Psalm 119,19). Wir wissen, deine Treue ist groß. Exaudi – erhöre uns, Herr.

Schrei der Seele nach Gott

Psalm 42

2.6.1935, Zingst, Exaudi

Eine Unterweisung der Kinder Korah, vorzusingen.
Wie der Hirsch schreit nach frischem Wasser,
so schreit meine Seele, Gott, zu dir.
Meine Seele dürstet nach Gott,
nach dem lebendigen Gott.
Wann werde ich dahin kommen,
daß ich Gottes Angesicht schaue?
Meine Tränen sind meine Speise Tag und Nacht,
weil man täglich zu mir sagt: Wo ist nun dein Gott?
Wenn ich denn des innewerde,
so schütte ich mein Herz aus bei mir selbst;
denn ich wollte gerne hingehen mit dem Haufen
und mit ihnen wallen zum Hause Gottes,
mit Frohlocken und Danken
unter dem Haufen derer, die da feiern.
Was betrübst du dich, meine Seele,
und bist so unruhig in mir?
Harre auf Gott; denn ich werde ihm noch danken,
daß er mir hilft mit seinem Angesicht.
Mein Gott, betrübt ist meine Seele in mir; darum gedenke ich an dich
im Lande am Jordan und Hermonim, auf dem kleinen Berg.
Deine Fluten rauschen daher, daß hier eine Tiefe und da eine Tiefe brausen;
alle deine Wasserwogen und Wellen gehen über mich.
Der Herr hat des Tages verheißen seine Güte,

und des Nachts singe ich ihm und bete zu dem Gott meines Lebens.
Ich sage zu Gott, meinem Fels:
Warum hast du mein vergessen?
Warum muß ich so traurig gehen,
wenn mein Feind mich drängt?
Es ist als ein Mord in meinen Gebeinen, daß mich meine Feinde schmähen,
wenn sie täglich zu mir sagen: Wo ist nun dein Gott?
Was betrübst du dich, meine Seele,
und bist so unruhig in mir?
Harre auf Gott; denn ich werde ihm noch danken,
daß er meines Angesichts Hilfe und mein Gott ist.

Wie der Hirsch schreit nach frischem Wasser, so schreit meine Seele, Gott, zu dir.

Hast du in einer kalten Herbstnacht im Walde einmal das durchdringende Schreien eines Hirsches gehört? Der ganze Wald erschauert unter diesem Schrei des Verlangens. So schreit hier eine menschliche Seele, nicht nach einem irdischen Gut, sondern nach Gott. Ein Frommer, dem Gott ferne gerückt ist, verlangt nach dem Gott des Heils und der Gnade. Er kennt den Gott, zu dem er schreit. Er ist nicht der Sucher nach dem unbekannten Gott, der nie etwas finden wird. Er hat Gottes Hilfe und Nähe einst erfahren. Darum braucht er nicht ins Leere zu rufen. Er ruft seinen Gott an. Wir können Gott nur recht suchen, wenn er sich uns schon offenbart hat, wenn wir schon einmal gefunden haben.

Herr Gott, erwecke in meiner Seele das große Verlangen nach dir. Du kennst mich und ich kenne dich. Hilf mir, dich suchen und finden. Amen.

Hilf, Helfer, hilf in Angst und Not,
erbarm dich mein, du treuer Gott!

Ich bin ja doch dein liebes Kind
trotz Teufel, Welt und aller Sünd.[149]

Meine Seele dürstet nach Gott, nach dem lebendigen Gott. Wann werde ich dahin kommen, dass ich Gottes Angesicht schaue?

Durst nach Gott. Wir kennen den leiblichen Durst, wenn kein Wasser da ist, wir kennen den Durst der Leidenschaft nach Glück und Leben. Kennen wir auch den Durst der Seele nach Gott? Ein Gott, der nur ein Gedanke oder ein Ideal ist, kann diesen Durst niemals stillen. Nach dem lebendigen Gott, dem Gott und Ursprung allen wahren Lebens, dürstet unsere Seele. Wann wird er unseren Durst stillen? Wenn wir dahin kommen, dass wir sein Angesicht schauen. Gottes Angesicht schauen, das ist das Ziel allen Lebens und das ewige Leben. Wir sehen es in Jesus Christus, dem Gekreuzigten. Haben wir es hier gefunden, dann dürsten wir danach, es in aller Klarheit in Ewigkeit zu schauen. Jesus spricht: „Wen da dürstet, der komme zu mir und trinke“ (Joh. 7,37).

Herr, uns verlangt, dich zu schauen von Angesicht zu Angesicht. Amen.

Süßes Licht, süßes Licht,
Sonne, die durch Wolken bricht!
O wann werd' ich dahin kommen,
dass ich dort mit allen Frommen
schau dein holdes Angesicht?[150]

Meine Tränen sind meine Speise Tag und Nacht, weil man täglich zu mir sagt: Wo ist nun dein Gott?

„Wo ist dein Gott?“ so fragt man uns unruhig, zweifelnd oder höhnisch. Tod, Sünde, Not und Krieg, auch Tapferkeit, Macht und Ehre – das sieht man. Aber wo ist dein Gott? Der Tränen, die darüber fließen, dass wir Gott noch nicht sehen, dass wir ihn unsern Brüdern nicht beweisen können, braucht sich keiner zu schämen. Es sind Tränen, die um Gottes willen geweint werden und die er zählt (Psalm 56,9). Wo ist dein Gott? Was können wir antworten als auf den Mann zeigen, der sich in Leben, Sterben und Auferstehen als Gottes echter Sohn erwies, Jesus Christus. Er ist im Tode unser Leben, in Sünde unsere Vergebung, in Not unser Helfer, in Krieg unser Friede. „Auf diesen Menschen sollst du zeigen und sprechen: das ist Gott“ (Luther).

Herr Jesus, wenn ich angefochten bin, weil ich Gott und seine Macht und Liebe nicht sehen kann in dieser Welt, so lass mich fest auf dich blicken, denn du bist mein Herr und mein Gott. Amen.

Such, wer da will, ein ander Ziel,
die Seligkeit zu finden;
mein Herz allein bedacht soll sein,
auf Christum sich zu gründen;
sein Wort ist wahr, sein Werk sind klar,
sein heilger Mund hat Kraft und Grund,
all Feind zu überwinden.[151]

Wenn ich denn des innewerde, so schütte ich mein Herz aus bei mir selbst; denn ich wollte gerne hingehen mit dem Haufen und mit ihnen wallen zum Hause Gottes mit Frohlocken und Danken unter dem Haufen derer, die da feiern.

Ich bin allein. Da ist keiner, dem ich mein Herz ausschütten kann. So tue ich es vor mir selbst und vor dem Gott, zu dem ich schreie. Es ist gut, sein Herz auszuschütten in der Einsamkeit und den Kummer nicht in sich hineinzufressen. Aber je einsamer ich bin, desto größer wird in mir das Verlangen nach der Gemeinschaft mit anderen Christen, nach gemeinsamem Gottesdienst, gemeinsamem Beten und Singen, Loben, Danken und Feiern. Ich sehne mich wieder nach der Kirche. Ich erinnere mich an sie, und die Liebe zu ihr wird groß in mir. Wer nach Gott ruft, ruft nach Jesus Christus, wer nach Jesus Christus ruft, ruft nach der Kirche.

Gott Heiliger Geist, schenke mir Brüder, mit denen ich im Glauben und Gebet Gemeinschaft habe, mit denen ich alles tragen kann, was mir auferlegt ist. Führe mich zurück in deine Kirche, zu deinem Wort und zum Heiligen Abendmahl. Amen.

Herz und Herz vereint zusammen
sucht in Gottes Herzen Ruh.
Lasset eure Liebesflammen
lodern auf den Heiland zu.
Er das Haupt, wir seine Glieder,
er das Licht und wir der Schein,
er der Meister, wir die Brüder,
er ist unser, wir sind sein.[152]

Was betrübst du dich, meine Seele, und bist so unruhig in mir? Harre auf Gott! Denn ich werde ihm noch danken, dass er mir hilft mit seinem Angesicht.

Betrübnis und Unruhe währen nur eine kurze Zeit. Sie sollen mein Herz nicht gefangen nehmen. Sprich auch du zu deiner Seele, lasse es ihr nicht zu, dass sie sich quält und Sorgen macht. Sag zu ihr: Harre auf Gott! Harre nicht von einem Tag zum andern auf mehr Not, mehr Unheil, harre auch nicht auf plötzliche glückliche Wendungen aller Dinge, sondern harre auf Gott! Sein Angesicht, das ist Jesus Christus, wird mir gewiss helfen, und ich werde ihm gewiss dafür danken. Ist Jesus bei dir, dann kannst du nur noch danken.

Dreieiniger Gott, mache mein Herz fest und gründe es allein auf dich und deine Hilfe. Dann ist mir geholfen und ich will dir in Ewigkeit danken. Amen.

Warum sollt ich mich denn grämen?

Hab ich doch Christum noch,
wer will mir den nehmen?
Wer will mir den Himmel rauben,
den mir schon Gottes Sohn
beigelegt im Glauben?[153]

Mein Gott, betrübt ist meine Seele in mir; darum gedenke ich an dich im Lande am Jordan und Hermonim, auf dem kleinen Berge.

Warum dieser Rückfall? Muss denn auf Trost immer wieder Traurigkeit folgen? Das ist das menschliche Herz, das sich nicht trösten lassen will, das von einer Betrübnis in die andere fällt und nur durch Gott festgehalten werden kann. Fern vom Tempel in Jerusalem, fern von der Kirche und der Gemeinschaft der Gläubigen bleibt die Sehnsucht ungestillt und wach. Die Gedanken gehen zu der geistlichen Heimat, in der Friede und Freude sein wird und das Herz bei Gott einkehrt. Wann werde ich sie wiedersehen?

Vater, wenn du mich in die Fremde schickst, dann erhalte mir die heilsame Sehnsucht nach meiner geistlichen Heimat, und richte meine Gedanken auf die ewige Heimat, in der du uns trösten wirst. Amen.

Jerusalem, du hochgebaute Stadt,
wollt Gott, ich wär in dir!
Mein sehnlich Herz so groß Verlangen hat
und ist nicht mehr bei mir;
weit über Berg und Tale,
weit über blaches Feld
schwingt es sich über alle
und eilt aus dieser Welt.[154]

Deine Fluten rauschen daher, dass hier eine Tiefe und da eine Tiefe brausen; alle deine Wasserwogen und Wellen gehen über mich.

Fluten, Wogen und Wellen – hörst du, wie das Meer der Welt hier über den Frommen hereinbricht? Es will ihn verschlingen, er ist wie ein Ertrinkender, der keinen Grund mehr findet und dessen Kräfte versagen. So kann die Welt Macht über uns gewinnen. Kennen wir aber auch den, dem Wind und Meer gehorsam sind (Mt 8,23-27), der zu seiner Zeit aufsteht und das Meer bedroht, und es wird ganz stille?

Herr Jesus Christus, lasse mich nicht versinken! Sprich dein starkes Wort und errette mich! Du allein kannst es. Amen.

Einst in meiner letzten Not
lass mich nicht versinken.
Soll ich von dem bittern Tod
Well auf Welle trinken,
reiche mir dann liebentbrannt,
Herr, Herr, deine Glaubenshand!
Christ Kyrie, komm zu uns auf die See![155]

Der Herr hat des Tages verheißen seine Güte, und des Nachts singe ich ihm und bete zu dem Gott meines Lebens.

Tag und Nacht, wie endlos lang und trostlos sind sie, wenn wir ohne Gott sind. Aber wie fröhlich wird der böseste Tag, wenn ich Gottes Güte darin festhalte und glaube, wenn ich weiß, dass denen, die Gott lieben, alle Dinge zum Besten dienen müssen; und wie still und erlösend wird die tiefste Nacht, wenn ich in ihr zu Gott singe und bete, zu dem Gott, der nicht meinen Tod, sondern mein Leben will, zu dem Gott meines Lebens. Gottes Verheißungen gelten und erfüllen Tag und Nacht, Woche um Woche, Jahr um Jahr. Wenn ich sie nur ergreife!

Gott, Heiliger Geist, mache alle deine Verheißungen wahr an mir. Ich bin bereit, Tag und Nacht. Erfülle du mich ganz. Amen.

Sollt ich meinem Gott nicht singen?
Sollt ich ihm nicht dankbar sein?
Denn ich seh in allen Dingen,
wie so gut er's mit mir mein.
Ist's doch nichts als lauter Lieben,
das sein treues Herze regt,
das ohn Ende hebt und trägt,
die in seinem Dienst sich üben.
Alles Ding währt seine Zeit,
Gottes Lieb in Ewigkeit.[156]

Ich sage zu Gott, meinem Fels: Warum hast du mein vergessen? Warum muß ich so traurig gehen, wenn mein Feind mich drängt?

Warum hast du mein vergessen? Jedem Christen kommt einmal diese Frage über die Lippen, wenn alles gegen ihn steht, wenn ihm alle irdische Hoffnung zerbricht, wenn er sich in dem Lauf der großen Weltereignisse gänzlich verloren fühlt, wenn alle Lebensziele scheitern und alles sinnlos scheint. Dann aber kommt es darauf an, an wen er diese Frage richtet. Nicht an ein dunkles Schicksal, sondern an den Gott, der mein Fels ist und bleibt, der ewige Grund, auf dem mein Leben ruht. Ich gerate in Zweifel, Gott bleibt fest wie ein Fels; ich schwanke, Gott steht unerschütterlich; ich werde untreu, Gott bleibt treu, Gott mein Fels.

Herr, mein Gott, sei mir ein fester Grund, auf den ich in dieser und in jener Zeit bauen kann. Amen.

Lass mich dein sein und bleiben,
du treuer Gott und Herr,
von dir lass mich nichts treiben,

halt mich bei deiner Lehr.
Herr, lass mich nur nicht wanken,
gib mir Beständigkeit;
dafür will ich dir danken
in alle Ewigkeit.[157]

Es ist wie ein Mord in meinen Gebeinen, dass mich meine Feinde schmähen, wenn sie täglich zu mir sagen: Wo ist nun dein Gott?

Schmach dulden und zum Gespött werden um des Glaubens willen, das ist eine Auszeichnung der Frommen seit Jahrtausenden. Es tut Leib und Seele weh, wenn kein Tag vergeht, ohne dass der Name Gottes angezweifelt und gelästert wird. Wo ist nun dein Gott? Ich bekenne ihn vor der Welt und vor allen Feinden Gottes, wenn ich in tiefster Not an Gottes Güte, in Schuld an die Vergebung, im Tod an das Leben, in der Niederlage an den Sieg, in der Verlassenheit an Gottes gnädige Gegenwart glaube. Wer Gott im Kreuze Jesu Christi gefunden hat, weiß, wie wunderlich sich Gott in dieser Welt verbirgt und wie er gerade dort am nächsten ist, wo wir ihn am fernsten glauben. Wer Gott im Kreuz gefunden hat, der vergibt auch allen seinen Feinden, weil Gott ihm vergeben hat.

Gott, verlass mich nicht, wenn ich Schmach leiden muss; vergib allen Gottlosen, wie du mir vergeben hast, und bringe uns alle endlich durch das Kreuz deines lieben Sohnes zu dir. Amen.

Herr, unser Gott, lass nicht zuschanden werden
die, so in ihren Nöten und Beschwerden
bei Tag und Nacht auf deine Güte hoffen
und zu dir rufen.[158]

Was betrübst du dich, meine Seele, und bist so unruhig in mir? Harre auf Gott; denn ich werde ihm noch danken, dass er meines Angesichts Hilfe und mein Gott ist.

So lass nun allen Kummer fahren und warte! Gott weiß die Stunde der Hilfe und die wird kommen, so wahr Gott Gott ist. Er wird deines Angesichts Hilfe sein; denn er kennt dich und hat dich geliebt, ehe er dich schuf. Er will dich nicht fallen lassen. Du bist in seinen Händen. Zuletzt wirst du für alles, was dir widerfuhr, nur danken können, denn du hast gelernt, dass der allmächtige Gott dein Gott ist. Dein Heil heißt Jesus Christus.

Dreieiniger Gott, ich danke dir, dass du mich erwählt und geliebt hast. Ich danke dir für alle Wege, die du mich führst. Ich danke dir, dass du mein Gott bist. Amen.

Weicht, ihr Trauergeister,
denn mein Freudenmeister,
Jesus, tritt herein.
Denen, die Gott lieben,
muss auch ihr Betrüben
lauter Freude sein.
Duld ich schon
hier Spott und Hohn,
dennoch bleibst du auch im Leide,
Jesu, meine Freude.[159]

Mut zur Stille

Psalm 62,2

15.7.1928, Barcelona, 6. Sonntag nach Trinitatis

Meine Seele ist stille zu Gott, der mir hilft.

Vor Tausenden von Jahren an fernem Orte weit im Osten ist ein frommer Mann, der in den Stürmen des Lebens stand, in die Knie gesunken vor seinem Gott in der Einsamkeit und Stille des heiligen jüdischen Tempels, er hat sie tief eingeschlürft, hat sie getrunken mit seiner tiefsten Seele, diese heilige Stille und hat die Worte sprechen können: Meine Seele ist stille zu Gott, der mir hilft. O, du alter Sänger unseres Psalms, du hast die Seligkeit und die Süßigkeit der Ruhe Gottes auf dieser Erde gespürt; wie ein Bild freundlichen Träumens bist du uns, so ersehnt und so fern, ach so fern; wir lieben dein Bild, aber wir verstehen's nicht mehr, wir wollen's nicht mehr verstehen. Ach komm uns nahe, ganz nahe in dieser heiligen Stunde und erzähl uns etwas von der Stille der Seele, von der Stille vor Gott. Drück dein Bild in unser Herz tief hinein und zeig uns etwas von dem, was deine Seligkeit war; denn wir wissen es, du hast uns viel zu sagen.

Meine Seele ist stille zu Gott. Wie ein Lied aus alten Zeiten, wie ein mittelalterliches Bild, auf Goldgrund gemalt, wie Erinnerung an Kindertage klingt zu uns hinüber ins 20. Jahrhundert das wunderliche, uns so fremd gewordene Wort von der Seele. Gibts denn auch für unsere Tage noch so etwas wie Seele, in der Zeit der Maschinen, des Wirtschaftskampfes, der Herrschaft der Mode und des Sports; ist's nicht nur eine liebe Kindererinnerung, wie so manches andere. Es klingt halt so wunderlich und absonderlich zu dem Gewirr und Geschrei der Stimmen, die sich anpreisen, das Wörtchen Seele; es hat so eine leise, stille Sprache, dass wir's kaum mehr hören über dem Toben und Tosen in unserem Inneren. Aber es hat eine Sprache voll größter Verantwortung und tiefsten Ernstes: Du, Mensch, hast eine Seele; schau, dass du sie nicht verlierst, dass du nicht eines Tages vom Taumel des Lebens – des Berufslebens und des Privatlebens – erwachst – und sehen musst, dass du innerlich hohl geworden bist, ein Spielball der Ereignisse, ein Blatt vom Winde hin- und hergetrieben und verweht – dass du ohne Seele bist. Mensch hab acht auf deine Seele; was sollen wir sagen von jener Seele: Sie ist das Leben, das Gott uns gegeben hat; sie ist das, was Gott an uns geliebt hat, was er aus seiner Ewigkeit heraus angerührt hat, sie ist die Liebe in uns und die Sehnsucht und die heilige Unruhe und die Verantwortung und die Fröhlichkeit und der Schmerz, sie ist göttlicher Odem, gehaucht in vergängliches Wesen. Mensch, du hast eine Seele. Das ist kein Wort süßer Kindererinnerung, kein Traum, sondern treue Wirklichkeit, und damit zugleich schwere, ernste Verantwortung, die uns auferlegt ist und für die wir dereinst in der Ewigkeit eintreten müssen.

Nun ist es aber vielleicht bei dem einen oder andern so, dass er wohl weiß, dass er eine Seele hat; aber ach – was ist im Laufe der Jahre daraus geworden! Ein unruhiges, zerfahrenes, geplagtes, verzagtes Ding, hin- und hergeschüttelt von den Ereignissen des Tages, das nicht aus noch ein weiß. Dem tritt nun gegenüber das Wort: Meine Seele ist *stille* zu Gott. Denn die Stille der Seele, das ist es, wovon wir heute hauptsächlich reden wollen.

Wir können es wohl sagen, nicht viele gibt es, die überhaupt noch eine Ahnung haben, was Stille der Seele bedeutet, gezählt aber sind die, die etwas wissen, von der Stille der Seele zu Gott. Eingespannt in des Tages Arbeit, reißt einen, kaum dass man ruhig Atem schöpfen kann, die Gesellschaft – das sogenannte Vergnügen – in ihre Arme und saugt noch die Kraft des Gemütes weg, die die Arbeit übrig ließ. Was Wunder, wenn man, allein gelassen – nur noch seiner körperlichen Kräftigung leben kann. Und doch lechzt unser ganzes Wesen nach Einsamkeit, nach Stille; denn schließlich haben wir es doch alle irgendwann einmal gekostet, was Stille ist; und haben die Frucht solcher Stunden nicht vergessen. Nun heißt's aber heute nicht nur still werden irgendwie über einem Buch oder einem Lied, sondern still werden vor Gott.

… zur Stille der Seele vor Gott. Was heißt aber das? Ach es ist damit etwas so Großes und Heiliges, dass man nur in menschlichen Bildern davon reden kann. Meine Seele ist stille vor Gott. Wie das unmündige Kind an der Mutter Brust gestillt und stille wird und hier die Erfüllung aller seiner Wünsche findet, wie der Knabe stille wird im Aufblick zu seinem Helden und Führer, wie das weinende Kind sich sehnt nach der Mutter weicher Hand, die sich ihm auf die Stirn legt und allen Kummer verscheucht und stillt, wie das Mädchen still wird vor dem Gedanken der einstmaligen Mutterschaft, wie der Mann all seine Leidenschaft und Unruhe gestillt findet im Anblick der geliebten Frau, wie der Freund stille wird vor den Augen des treuen Freundes, wie ein Kranker vor dem Arzt ruhig wird, wie die Alten stille werden vor dem Angesicht des Todes, wie wir alle vor Ehrfurcht und Schauer verstummen am Herzen der Natur, unterm Sternenhimmel – so soll unsere Seele gestillt werden von aller Unruhe und Wildheit und Hast, vor dem Auge Gottes, hier soll sie ihren Durst stillen, hier soll ihre Lust Seligkeit werden, soll sie die Erfüllung ihrer Sehnsucht finden, soll aus der Hitze des Tages Ruhe finden im schützenden Schatten der Hand Gottes, soll sie abwerfen alle Last und Beschwerde und frei und ruhig werden im Anblick Gottes, soll sie verstummen und schweigen in Anbetung und Ehrfurcht. Meine Seele ist stille vor Gott. Stille werden heißt wirklich nichts mehr sagen können, heißt das Gefühl, als ob eine fremde, liebe Hand sich auf unsere Lippen legt und sie uns bedeutet zu schweigen. Stille sein heißt selig sein im Anblick des Ersehnten und Geliebten, heißt sich ganz hingeben, heißt kapitulieren vor der Übermacht des anderen, ganz anderen, heißt einen Augenblick lang gar nicht mehr sich selbst, sondern nur noch den anderen sehen, heißt aber auch warten, nämlich darauf, dass der andere uns etwas zu sagen hat. Stille sein vor Gott heißt Gott das Recht einräumen das erste und letzte Wort über uns zu sprechen und das Wort hinzunehmen, sei es wie es sei, für alle Ewigkeit; heißt nicht sich selbst rechtfertigen wollen, sondern hören wollen, ob Gott etwas zu unserer Rechtfertigung sagen will; still sein heißt nicht untätig sein, sondern heißt einatmen den Willen Gottes, heißt angespannt horchen und zu gehorchen bereit sein. Die Stunde der Stille ist eine Stunde der schweren Verantwortung, wirklichen Ernstmachens mit Gott und mit uns selbst, aber doch immer eine Stunde der Seligkeit, denn eine Stunde, die in der Ruhe Gottes gelebt wird. Meine Seele ist stille zu Gott; das heißt: Herr, rede du, dein Knecht hört.

Meine Seele ist stille zu Gott, *der mir hilft.* Gottes Stunden sind Stunden der Hilfe und des Trostes, Gott hat auf jede Not unserer Seele eine Antwort bereit; und diese Antwort ist ein und dieselbe, wem sie auch gegeben wird; zum Mann, der aus des Alltags Hast und Unruhe sich rettet, zum Kranken, der in seinem Jammer vor Gott kommt, zu dem, der den Tod eines Lieben beweint, und zum Schuldbeladenen, zu Mann und Frau, Greis und Kind spricht Gott sein lockendes: Ich hab dich lieb. Freilich im Feuer der Liebe Gottes verbrennt all das Unechte und Schlechte im Menschen und das schmerzt tief. Stille werden vor Gott heißt klein werden vor ihm, schafft Schmerzen der Reue, aber über alle Maßen mehr Freude der Liebe und Gnade. Meine Seele ist stille zu Gott, *der mir hilft.* Hat unsere Seele erst den Weg zu ihm gefunden, dann hilft er, so gewiss er Gott ist. Still lausche ich auf sein Wort und trinke es tief in mich hinein, das Wort: Ich hab dich lieb, du Menschenkind, bleib bei mir, ich bin dein rechter Vater.

Ja, werden manche vielleicht sagen, du erzählst wieder einmal von schönen Dingen, aber woran liegt es denn, dass nur so wenige dahin kommen? Es muss wohl etwas sein, was eine ganz besondere Kraft oder Gnade voraussetzt.

Zwei ganz einfache Gründe hat das: Zum Ersten – wir haben Angst vor der Stille, wir sind an Unruhe und Lärm so gewöhnt, dass es uns unheimlich vorkommt in der Stille, dass wir die Stille fliehen, dass wir selbst von Ereignis zu Ereignis jagen, um ja nicht einen Augenblick uns selbst allein gegenüberstehen zu müssen, um uns nicht selbst im Spiegel anschauen zu müssen; wir langweilen uns mit uns selbst und es sind oft die trostlosesten, unfruchtbarsten Stunden, die wir genötigt sind allein zuzubringen. Wir haben aber nicht nur Angst vor uns selbst, uns selbst zu entdecken und zu entlarven, sondern noch viel mehr haben wir Angst vor Gott, dass er unsere Alleinigkeit stört und er uns entdeckt und entlarvt; dass er uns mit sich in seine Zweisamkeit hineinführt und mit uns schaltet nach seinem Willen. Wir fürchten uns vor solchen unheimlichen einsamen Begegnungen mit Gott und meiden sie darum, meiden schon den Gedanken an Gott, damit er uns nur nicht plötzlich zu nahe kommt. Zu entsetzlich wäre es, Gott auf einmal ins Auge schauen zu müssen, sich vor ihm verantworten zu müssen; da könnte einem das dauernde Lächeln vergehen, da könnte einmal etwas ganz ernst genommen werden, wie wir es sonst gar nicht mehr gewohnt sind. Diese Angst ist ein Kennzeichen unserer ganzen Zeit; wir leben in der dauernden Befürchtung plötzlich vom Unendlichen gepackt und gestellt zu werden und gehen nur lieber in Gesellschaft und Kino und Theater, bis wir zu Grabe getragen, als dass wir eine Minute Gott standhielten. Prüfen wir uns doch nur einmal darauf, wer davon nicht etwas an sich hätte. Das ist der eine Grund. Der andere ist, dass wir zu träg und faul sind in unserem religiösen Leben. Vielleicht haben wir einmal den Anfang gemacht, aber ach wie bald ist daran alles wieder eingeschlafen. Wir sagen, wir hätten keine Stimmung, Religion aber sei Stimmungssache, man müsse warten, bis es einen überkäme; und dann warten wir und warten oft Jahre lang, vielleicht bis zu unserem Lebensende, bis wir wieder einmal Stimmung haben religiös zu sein. Dahinter verbirgt sich eine große Täuschung. Gut, lasst die Religion Stimmungssache sein, aber Gott ist doch nicht Stimmungssache, ist doch wohl auch da, wenn wir keine Stimmung haben mit ihm zusammenzustoßen. Beunruhigt uns denn der Gedanke gar nicht? Wer sich auf seine Stimmungen verlassen will, der verarmt; wollte der Maler nur malen, wenn er Stimmung hat, so würde er es nicht weit bringen. In der Religion gibt es, wie in der Kunst und Wissenschaft, neben den Zeiten der Hochspannung Zeit der nüchternen Arbeit und Übung. Der Verkehr mit Gott muss geübt werden, sonst finden wir nicht den rechten Ton, das rechte Wort, die rechte Sprache, wenn er uns überrascht. Wir müssen die Sprache Gottes lernen, mühsam lernen, müssen arbeiten daran, dass auch wir zu ihm reden können; auch das Gebet muss geübt werden, in ernster Arbeit. Ein schwerer, verhängnisvoller Irrtum ist es, wenn man Religion mit Gefühlsduselei verwechselt. Religion ist Arbeit, und vielleicht die schwerste und gewiss die heiligste Arbeit, die ein Mensch tun kann. Es ist jämmerlich, sich zufriedenzugeben mit den Worten, ich bin nicht religiös veranlagt, – wenn es doch einen Gott gibt, der uns haben will. Es ist Ausrede; gewiss hat es der schwerer als der andere. Aber keiner, das können wir glauben, hat es ohne Arbeit erreicht. Und hier liegt der Grund dafür, dass auch die Stille vor Gott der Arbeit und der Übung bedarf. Sie bedarf des täglichen Mutes sich Gottes Wort auszusetzen und von ihm richten zu lassen, bedarf der täglichen Frische sich an Gottes Liebe zu freuen. Damit sind wir aber schon auf die Frage geführt: Was sollen wir denn tun, um zu dieser Stille Gottes durchzudringen? Nun, da kann ich Euch nur aus ganz bescheidener Erfahrung ein wenig sagen. Keiner von uns lebt so gehetzt, dass es ihm nicht möglich wäre auch nur 10 Minuten am Tage am Morgen oder Abend es stille werden zu lassen um sich herum, und nur der Ewigkeit sich zu stellen, sie reden zu lassen, sie zu befragen über uns selbst, dabei ganz tief in sich hinein und ganz weit über sich hinaus zu schauen, sei es indem er ein paar Verse der Bibel zur Hand nimmt, am besten aber indem er ganz frei wird und seine Seele den Weg ziehen lässt zum väterlichen Haus, zur Heimat, in der sie Ruhe findet. Und wer das versucht in ernster Arbeit Tag um Tag, den wird der goldene Überfluss der Früchte solcher Stunden überschütten. Gewiss, aller Anfang ist schwer: Und wer mit solchem Unternehmen beginnt, dem wird die ersten Male ganz sonderbar – ja vielleicht ganz leer zu Mute sein. Aber es kann nicht lange dauern, da füllt sich die Seele, da fängt sie an aufzuleben und Kraft zu bekommen, da erfährt sie die ewige Stille, die in der Liebe Gottes ruht, da schweigen in ihr Nöte und Sorgen, Unruhe und Hast, Lärm und Geschrei, Tränen und Angst, sie ist stille geworden zu Gott, der ihr hilft. Meine Seele ist stille zu Gott, der mir hilft.

Es ist ein Gesetz der Welt, dass es Ruhe und Befriedigung in ihr nicht geben kann. Keine Leidenschaft findet hier ihre volle Stillung. In Befriedigung selbst steckt schon immer der Drang über das Erreichte hinaus. Der Reiche will reicher werden, der Mächtige mächtiger. Der Grund dafür liegt darin, dass es in der Welt nie etwas Ganzes gibt, dass jeder noch so große Erfolg, Teilerfolg ist. Soll es also überhaupt irgendwo Ruhe und Stille geben, dann ist dies nur dort möglich, wo das Ganze erreicht ist, das heißt aber in Gott. Alles menschliche Treiben und Drängen ist letztlich auf Gott hin gerichtet und findet nur bei ihm seine letzte Befriedigung. Nur in Gott gibt es richtige Stille und Ruhe. Das hat der große Kirchenvater Augustin unübertrefflich schön in Worte gebracht: Herr Gott, zu dir hin hast du uns geschaffen und unsere Seele ist unruhig, bis sie Ruhe findet in dir. Gott schenke uns allen von dieser Ruhe, ziehe uns hinein in seine Stille und Einsamkeit und wir werdens ihm danken. Amen.

Kirche und Völkerwelt

Psalm 85,9

28.8.1934, Rede auf der Fanø-Konferenz

Ach daß ich hören sollte, was der Herr redet, daß er Frieden zusagte seinem Volk und seinen Heiligen.

Zwischen den Klippen des Nationalismus und des Internationalismus ruft die ökumenische Christenheit nach ihrem Herrn und nach seiner Weisung. Nationalismus und Internationalismus sind Fragen der politischen Notwendigkeiten und Möglichkeiten. Aber die Ökumene fragt nicht nach diesen, sondern nach den Geboten Gottes und ruft diese Gebote Gottes ohne Rücksicht mitten hinein in die Welt. Als Glied der Ökumene hat der Weltbund für Freundschaftsarbeit der Kirchen Gottes Ruf zum Frieden vernommen und richtet diesen Befehl an die Völkerwelt aus. Unsere theologische Aufgabe besteht darum hier allein darin, dieses Gebot als bindendes Gebot zu vernehmen und nicht als offene Frage zu diskutieren. „Friede auf Erden", das ist kein Problem, sondern ein mit der Erscheinung Christi selbst gegebenes Gebot. Zum Gebot gibt es ein doppeltes Verhalten: den unbedingten, blinden Gehorsam der Tat oder die scheinheilige Frage der Schlange: Sollte Gott gesagt haben? Diese Frage ist der Todfeind des Gehorsams, ist darum der Todfeind jeden echten Friedens. Sollte Gott nicht die menschliche Natur besser gekannt haben und wissen, dass Kriege in dieser Welt kommen müssen wie Naturgesetze? Sollte Gott nicht gemeint haben, wir sollten wohl von Frieden reden, aber so wörtlich sei das nicht in die Tat umzusetzen? Sollte Gott nicht doch gesagt haben, wir sollten wohl für den Frieden arbeiten, aber zur Sicherung sollten wir doch Tanks und Giftgase bereitstellen? Und dann das scheinbar Ernsteste: Sollte Gott gesagt haben, du sollst dein Volk nicht schützen? Sollte Gott gesagt haben, du sollst deinen Nächsten dem Feind preisgeben? Nein, das alles hat Gott nicht gesagt, sondern gesagt hat er, dass Friede sein soll unter den Menschen, dass wir ihm vor allen weiteren Fragen gehorchen sollen, das hat er gemeint. Wer Gottes Gebot infrage zieht, bevor er gehorcht, der hat ihn schon verleugnet.

Friede soll sein, weil Christus in der Welt ist, d. h. Friede soll sein, weil es eine Kirche Christi gibt, um deretwillen allein die ganze Welt noch lebt. Und diese Kirche Christi lebt zugleich in allen Völkern und doch jenseits aller Grenzen völkischer, politischer, sozialer, rassischer Art, und die Brüder dieser Kirche sind durch das Gebot des einen Herrn Christus, auf das sie hören, unzertrennlicher verbunden als alle Bande der Geschichte, des Blutes, der Klassen und der Sprachen Menschen binden können. Alle diese Bindungen innerweltlicher Art sind wohl gültige, nicht gleichgültige, aber vor Christus auch nicht endgültige Bindungen. Darum ist den Gliedern der Ökumene, sofern sie an Christus bleiben, sein Wort und Gebot des Friedens heiliger, unverbrüchlicher als die heiligsten Worte und Werke der natürlichen Welt es zu sein vermögen; denn sie wissen: Wer nicht Vater und Mutter hassen kann um seinetwillen, der ist sein nicht wert, der lügt, wenn er sich Christ nennt. Diese Brüder durch Christus gehorchen seinem Wort und zweifeln und fragen nicht, sondern halten sein Gebot des Friedens und schämen sich nicht, der Welt zum Trotz sogar vom ewigen Frieden zu reden. Sie können nicht die Waffen gegeneinander richten, weil sie wissen, dass sie damit die Waffen auf Christus selbst richteten. Es gibt für sie in aller Angst und Bedrängnis des Gewissens keine Ausflucht vor dem Gebot Christi, dass Friede sein soll.

Wie wird Friede? Durch ein System von politischen Verträgen? Durch Investierung internationalen Kapitals in den verschiedenen Ländern? D. h. durch die Großbanken, durch das Geld? Oder gar durch eine allseitige friedliche Aufrüstung zum Zweck der Sicherstellung des Friedens? Nein, durch dieses alles aus dem einen Grunde nicht, weil hier überall *Friede* und *Sicherheit* verwechselt wird. Es gibt keinen Weg zum Frieden auf dem Weg der Sicherheit. Denn Friede muss gewagt werden, ist das eine große Wagnis, und lässt sich nie und nimmer sichern. Friede ist das Gegenteil von Sicherung. Sicherheiten fordern heißt Misstrauen haben, und dieses Misstrauen gebiert wiederum Krieg. Sicherheiten suchen heißt sich selber schützen wollen. Friede heißt sich gänzlich ausliefern dem Gebot Gottes, keine Sicherung wollen, sondern in Glaube und Gehorsam dem allmächtigen Gott die Geschichte der Völker in die Hand legen und nicht selbstsüchtig über sie verfügen wollen. Kämpfe werden nicht mit Waffen gewonnen, sondern mit Gott. Sie werden auch dort noch gewonnen, wo der Weg ans Kreuz führt. Wer von uns darf denn sagen, dass er wüsste, was es für die Welt bedeuten könnte, wenn ein Volk – statt mit der Waffe in der Hand – betend und wehrlos und darum gerade bewaffnet mit der allein guten Wehr und Waffen den Angreifer empfinge? (Gideon: ... des Volkes ist zu viel, das mit dir ist ... Gott vollzieht hier selbst die Abrüstung!)

Noch einmal darum: Wie wird Friede? Wer ruft zum Frieden, dass die Welt es hört, zu hören gezwungen ist? Dass alle Völker darüber froh werden müssen? Der einzelne Christ kann das nicht – er kann wohl, wo alle schweigen, die Stimme erheben und Zeugnis ablegen, aber die Mächte der Welt können wortlos über ihn hinwegschreiten. Die einzelne Kirche kann auch wohl zeugen und leiden – ach, wenn sie es nur täte – aber auch sie wird erdrückt von der Gewalt des Hasses. Nur das eine *große ökumenische Konzil* der *Heiligen Kirche*

Christi aus aller Welt kann es so sagen, dass die Welt zähneknirschend das Wort vom Frieden vernehmen muss und dass die Völker froh werden, weil diese Kirche Christi ihren Söhnen im Namen Christi die Waffen aus der Hand nimmt und ihnen den Krieg verbietet und den Frieden Christi ausruft über die rasende Welt. Warum fürchten wir das Wutgeheul der Weltmächte? Warum rauben wir ihnen nicht die Macht und geben sie Christus zurück? Wir können es heute noch tun. Das ökumenische Konzil ist versammelt, es kann diesen radikalen Ruf zum Frieden an die Christusgläubigen ausgehen lassen. Die Völker warten darauf im Osten und Westen. Müssen wir uns von den Heiden im Osten beschämen lassen? Sollten wir die einzelnen, die ihr Leben an diese Botschaft wagen, allein lassen? Die Stunde eilt – die Welt starrt in Waffen und furchtbar schaut das Misstrauen aus allen Augen, die Kriegsfanfare kann morgen geblasen werden – worauf warten wir noch? Wollen wir selbst mitschuldig werden, wie nie zuvor? M. Claudius: „Was nützt mir Kron und Land und Volk und Ehr, die können mich nicht freun – s' ist leider Krieg im Land und ich begehr, nicht schuld daran zu sein."

Wir wollen reden zu dieser Welt, kein halbes, sondern ein ganzes Wort, ein mutiges Wort, ein christliches Wort. Wir wollen beten, dass uns dieses Wort gegeben werde, – heute noch – wer weiß, ob wir uns im nächsten Jahr noch wiederfinden?

Bauen mit Verheißung

Psalm 127,1

20.5.1926

Wo der Herr nicht das Haus bauet, so arbeiten umsonst, die daran bauen. Wo der Herr nicht die Stadt behütet, so wacht der Wächter umsonst.

Wir leben heute in einer Zeit, in der wir mehr denn je von Aufbau, Neubau sprechen und sprechen müssen. Wir reden davon, wie unsre Wirtschaft wieder emporkommen müsse und welche Handelsverträge heute oder morgen uns am schnellsten zu diesem Ziele führen. Wir denken über die beste Regelung der Arbeitslöhne nach und wie man Arbeitsnehmer und Arbeitsgeber für die eine große Sache interessieren könne. Wie fangen wir es nur an, so fragen wir, wieder ein reiches, sorgenfreies, glückliches, angesehenes Volk zu werden? Wir arbeiten heute, wie vielleicht nie gearbeitet worden ist, um recht bald zum Ziel zu kommen. Wir wollen alle wirklich unser Bestes dransetzen, einen Stein zum Bau selbst beizutragen.

Weiß Gott es gibt auch andre. Lasst uns Gott für sie um Einsicht bitten! Aber wir reden hier nur von denen, die es wirklich ernst meinen mit dem Worte ‚Aufbau'; die wirklich ihr Leben dransetzen und ihre Arbeitskraft. Und wahrhaftig, es gibt deren viele, sehr viele. Und weh uns, gehörten wir nicht zu ihnen!

Mit der Frage nach der Wirtschaft hängt nun die andre, so brennende, die soziale Frage ganz eng zusammen. Wie viel ist hier schon gesagt, wie viel auch schon getan worden! Und wir danken den Männern und Frauen, die sich hier einsetzten und fruchtbare Arbeit taten. Und jeder von uns will ja auch zu den Männern und Frauen gehören, die an der Liebe zum Bruder mit Ernst arbeiten. Weh über unser Christentum, täten wir es nicht! – Das Volk soll reich, gesund, stark werden. Dafür sitzen von Morgen bis Abend die Männer der Wissenschaft an ihren Tischen, in ihren Instituten, an ihren Apparaten. Die Wissenschaft, die Technik, sie alle arbeiten am Bau der kommenden Jahre. – Nehmt irgendeine Zeitung zur Hand, in Worten oder doch zwischen den Zeilen steht es zu lesen, ja ruft es oft eindringlich laut, das eine Wort: Aufbau, Aufbau.

Soweit wir uns unter die wirklich ernsthaften Menschen zählen, wollen wir nicht zuerst oder allein ein reiches, angesehenes Volk werden, sondern eins, das an Leib und Seele gesund ist. Wir schaffen der Großstadtjugend Gelegenheit zum Wandern, zum Turnen und Spielen und freuen uns daran, dass sie in die Natur hinauszieht, statt dass sie in schmutzigen und zweifelhaften Orten der Großstadt ihre Freuden sucht. Wir sprechen dann viel von sittlichem Neubau, ohne den nichts werden kann; und wissen, dass ein solcher Bau bestimmt nichts wird, wenn nicht jeder an seiner eigenen Person anfängt mit dem Bauen. Viele Männer und Frauen sehen ihren Beruf darin, der sittlichen Ertüchtigung der Jugend sich hinzugeben, und sie arbeiten sich daran ihre Kräfte ab und klagen nie, sondern sind stolz auf ihren Beruf. Wohl uns, dass wir solche Männer und Frauen haben! Und wollen wir nicht alle auch zu einem kleinen Teil, soweit wir eben können, zu ihnen gehören? Weh uns, wollten wir's nicht! Wahrhaftig; umsonst nennten wir uns Christen, die wir es nur am Sonntag von 9 bis 10 nur sein wollen!

Und nicht zuletzt: Männer aus dem ganzen Volk, aus Kirche und Schule, sehen das ganze Unglück unsrer Zeit in dem Fehlen der religiösen Erziehung. Und sie klagen Schule und Kirche, weiß Gott nur allzu sehr mit Recht, an, ihren Pflichten allzu gemächlich und gelinde nachgekommen zu sein. Mit erneuter Kraft geht man nun ans Werk, schon den Kindern etwas von dem großen, heiligen Gott und seinen Geboten wissen zu lassen. Die Schule ist an der Arbeit, die Kirche arbeitet an einer Neugestaltung und Neubelebung ihres Gottesdienstes, ihrer Seelsorge. Wohl uns, dass wir Männer und Frauen haben, die hier ihren Beruf gefunden haben! Und weh uns, wenn wir nicht alle in unserm Beruf einen Teil von dem ihren sehen!

Viele Kräfte sind an der Arbeit, guter und starker Wille ist am Werk. Alles, alles arbeitet an der Aufrichtung eines zusammengebrochenen Baues und jeder trägt einen Stein herzu und setzt sich so ein Denkmal für die Geschichte: Der Arbeiter, der Bauer, der Professor, der Schulmann, der Industrielle, der Pfarrer, alle sind sie am selben Bau beschäftigt. Nun ist aber jeder Bau vielen Angriffen ausgesetzt. Wie ein schweres Ungewitter, ein Erdbeben, ein mächtiger kriegerischer Überfall über Nacht eine ganze Stadt vernichten kann, so sind dauernd Mächte am Werk, die das Umstürzen wollen, was andre mit Mühe gebaut haben. Sie drohen über Nacht zu nichts zu machen, was in Jahrzehnten entstand. Es sind die Mächte der Zerstörung, die mit jedem Werk gleichsam mitwachsen und es dauernd bedrohen, die gleichsam in jeden Bau mit hineingebaut werden. Also Aufbau und Zerstörung, das ist der dauernde Kampf, die große Not, in der sich menschliches Wollen befindet.

Nun hören wir noch cinmal das Wort des Psalms: „Wo der Herr nicht das Haus baut …" Wer diese Worte recht hört, der sieht, dass in ihnen das Gericht ergeht über alle Zeiten des Aufbauens wie über alle Zeiten des gesicherten Besitzes. Da, wo Menschenhände bauen und nicht der Herr baut, da ist es umsonst. Die zwei Dinge wollen wir uns recht eindringlich machen: „Wo *der Herr* nicht baut" und: „Da ist es wirklich *umsonst.*" Ja, aber was heißt es denn nur, dass Gott bauen soll?

Ist auf Erden schon je ein Bau, ein Haus, eine Stadt vom Himmel gefallen, die nicht von Menschen gebaut worden wäre? Und will uns etwa unser Wort dazu auffordern, zu warten, bis ein solches Wunder geschieht? Wenn all unser Bauen umsonst, wirklich umsonst, d. h. gar nichts wert ist, warum fangen wir dann erst wieder an, das Eingestürzte wieder aufzubauen und warten nicht, bis Gott baut? Warum arbeiten wir dann noch an der Kirche, sie wieder dahin zu stellen, wo sie hingehört? Warum kämpfen wir für sittliche und religiöse Erziehung der Kinder, wenn doch all *unser* Tun umsonst ist?

So werden vielleicht jetzt viele fragen, die es mit dem ‚Umsonst' sehr ernst meinen. Doch eine andre Stimme erhebt sich und will trösten: Gewiss ist unser Tun umsonst, wenn wir nur tun, was wir wollen. Hier können wir nichts erhoffen. Aber wenn wir uns recht bemühen, das zu tun, was Gott will und nicht, was wir wollen, so ist das doch ebenso, als wenn der Herr selbst baut. Denn wie soll denn der Herr anders bauen als durch uns? Also: Nur wenn wir nicht im Sinne des Herrn mit unserm besten Willen bauen, dann ist's umsonst! Gewiss, die Leute, die so reden, haben in einem sehr recht. Weh uns, wenn wir nicht mit vollen Kräften und gutem Willen ans Werk gehen! Aber wollen wir wirklich mit ihnen sagen, es sei dasselbe, wenn wir mit unserm durchaus rechten Bemühen bauen, als wenn der Herr baut? Muss es nicht mit diesem Bauen des Herrn noch irgend eine andre Bewandtnis haben als mit unserm frommen und guten Willen? Keiner von uns wird doch bezweifeln, dass viele mit wirklich bestem Willen an sich und dem Ganzen arbeiten. Wollen wir aber deshalb schon sagen, dass hier Gott am Werke sei, wo es doch nur Menschen sind? Wollen wir wirklich den Anspruch erheben, mit unserm guten Willen Gottes Tat zu erübrigen? Sind wir denn so blind, dass wir nicht sehen, dass *all* unser Tun *immer* das Zeichen der Vergänglichkeit tragen wird und mit ihm das Zeichen der Sündhaftigkeit? Sehen wir wirklich nicht mehr, dass wir in der Welt sind und bleiben mit *allen unsern* Gedanken, auch mit den allerfrömmsten? Dass wir nicht Gottes Willen tun können, wenn nicht Gott es will? Dass wir *nicht* zu Gottes Willen Ja sagen können, wenn nicht Gott vorher zu uns Ja gesagt hat?

Ja, es ist so: Wir sehen die Gefahr gar nicht, immer von neuem einen Turm zu Babel zu errichten, von dem wir sagen, dass wir auf ihm von selbst zum Himmel gelangen; dass wir nun die Tat Gottes gar nicht mehr brauchen, sondern sie durch unsern eignen Willen ersetzen. Wir glauben wirklich, mit dem Wort von der religiösen und sittlichen Erneuerung genug und alles getan zu haben. Und denken gar nicht daran, dass noch ein andrer dazu sagen muss: „Es ist sehr gut", als wir selbst. Wir wollen's nur sagen: Wir alle wollen viel lieber ein reiches, glückliches Volk und ein glücklicher guter Mensch sein als einen gnädigen Gott haben. Ach, es wird keiner von sich zugeben oder auch nur von sich selbst glauben. Aber prüfen wir uns nur einmal selbst ganz ernsthaft. Wer müsste da nicht vor sich erschrecken?! Ein zweifelhaftes Lob für den, der nichts zum Erschrecken hat! Familie, Volk, Staat, Kirche, Verein und nicht zuletzt die Bildung unsrer eignen ‚Persönlichkeit', das sind die Götzen, um die wir tanzen! Wer denkt da noch an den, der dem allen erst Sinn gibt, der Gericht und Gnade über dies alles spricht? Wer denkt noch, dass unser Gott ein Gott ist, der Völker zerschmeißt wie Töpfergeschirr? Und dass es an ihm liegt, ob unser Bau umsonst ist oder nicht? Dass es nicht an jemands Wollen oder Laufen, sondern allein an Gottes Erbarmen liegt, ob er Licht der Ewigkeit, Licht göttlicher Gnade in aller seiner Sünde empfängt?

Und warum haben wir das alle vergessen? Weil der gnädige Gott regnen lässt über Gerechte und Ungerechte; weil auch ein Bau, den er nicht gebaut hat, Dauer haben kann in der Zeit, und weil er einen Bau, den er gebaut, vielleicht nur kurze Zeit währen lässt. Wir Menschen meinen mit dem 'umsonst' die Welt. Gott meint die Ewigkeit. Wahrhaftig, jener Psalmensänger wusste es so gut wie wir, dass auch die Gottlosen Häuser und Städte bauen, die Bestand in dieser Welt haben, die für diese Welt nicht umsonst gebaut sind. Und dass die Stadt der Erwählten Gottes oft genug gar bald dahinmusste. Und doch sprach er: „Wo der Herr nicht das Haus bauet, da arbeiten *umsonst* …" Umsonst nicht für diese Welt. Der Turm von Babel wurde höher als alle andern Türme. Umsonst nicht für die wirtschaftliche und 'sittliche' Gesundung eines Volkes. Umsonst nicht für den rasenden Konkurrenzkampf des Weltmarktes. Umsonst aber für die Ewigkeit, umsonst! Denn auf sie fällt nicht das Licht der Herrlichkeit Gottes, umsonst! Denn Gottes Gnade ist fern von ihr, umsonst! Denn Gottes Liebe hat ihre Schäden nicht zugedeckt! Weiter spricht der Psalmist: „Wo der Herr nicht die Stadt behütet …" Umsonst vielleicht nicht für diese Welt, umsonst nicht vor den Augen der Menschen, umsonst aber für die Ewigkeit, umsonst vor Gottes Auge, umsonst! Denn ihr Bestand steht unter dem Gericht Gottes, umsonst! Denn ihr Bestand in der Zeit ist ihr Tod in der Ewigkeit.

Wie von selbst tritt an uns die Versuchung heran: So lasst uns doch die Hände in den Schoß legen, beten und auf Gottes Eingriff warten. Aber täuschen wir uns nicht. Gott lässt keine Stadt vom Himmel fallen und Gottes heilige Gebote harren der Erfüllung. Wir müssen arbeiten mit unsern befleckten Händen. Wir müssen schaffen, auch wenn nur Gott für die Ewigkeit schafft. Wir müssen bauen an uns selbst, an Familie, Volk und Kirche und doch wissen, dass alles umsonst ist, wenn nur *wir* bauen. D. h. aber, wir müssen arbeiten mit dem Blick nach oben, mit dem Gebet, dass Gott die Sündhaftigkeit unsers Werkes nicht ansehe. Verstehen wir nun, was der Psalm meint, dass der Herr bauen muss und nicht wir? Gewiss, der Herr kann auch für die Zeit bauen, wenn er will. Wir denken an die Worte des weisen Gamaliel über die ersten Christen:

„Ist das Werk aus den Menschen, so wird's untergehen; ist's aber aus Gott, so könnt ihr's nicht dämpfen."

Aber immer baut der Herr auch für die Ewigkeit, auch wenn er nicht für die Zeit baut. Gott baut, indem er uns Gnade gibt; indem er Ja zu uns und zu unserm Tun sagt, zu unsrer Arbeit an uns selbst, zu unserm Bemühen, Wirtschaft, Gesundheit, Sittlichkeit und Religion in die Höhe zu bringen; indem er Gnade leuchten lassen will auch über die Sünde der Großstädte, Vergebung über den Konkurrenzkampf der Gewaltigen dieser Welt. Der Herr behütet, indem er durch das Hin und Her der Zeiten hindurch das, was ihm gefällt, für die Ewigkeit bewahrt. Nur wo Gott unsre Person und ihr Tun ansehen will, da bauen wir nicht umsonst. Nur wo Gott auf uns und unser Werk Licht der Ewigkeit fallen lässt, da wacht der Wächter nicht umsonst. Gott baut, indem er aus dem alten Menschen den neuen Menschen schafft, den Menschen für sein ewiges Reich. Wo aber Gott zu uns in unsrer Sünde Ja sagt, da sind wir schon gerecht und blieben wir gleich in allem sündig. Denn Gott sieht nicht das Zeitliche, sondern das Vollendete. So ist auch auf unser sündiges Tun Licht zur Vollendung hingefallen. Gottes Bau für die Ewigkeit ist Vergebung, übermächtige göttliche Liebe. So lange wir auf dieser Erde sind, bleiben wir und bleibt unser Werk voll Sünde, es ist vergänglich, wie alles andre auch. Aber Gott hat es gesehen, Gott hat es gebaut, Gott hat vergeben!

So lange *wir* handeln, werden wir Gottes Reich nicht bauen. Aber so wahr Gott uns und unser Werk angesehen und sich über die Gottlosigkeit erbarmt hat, so wahr wird er dereinst selbst sein Haus, das ewige Reich, bauen, wo der Geist alles ist. Gott der Vater wird seine Herrschaft offenbaren, uns, die wir durch Jesus Christus, seinen Sohn, Zugang zu ihm und Vergebung aller Sünden bekamen. Und der Heilige Geist wird in uns sein. Und Gott wird sein alles in allem. Dein Reich komme! Maranatha, ja komm, Herr Jesus!

Der verwandelte Tod

Weisheit 3,3

26.11.1933, London, Totensonntag

... aber sie sind im Frieden.

Zwei Fragen haben uns heute in die Kirche geführt, unersättliche Fragen, die den Menschen von einem Ort zum anderen treiben, die ihn unstet auf dieser Erde machen, weil sie ungestillt auf seiner Seele brennen, und nun begehren sie hier in der Kirche Antwort, Wahrheit, Lösung; die Fragen heißen: Wo sind unsere Toten? Wo werden wir nach unserem eigenen Tode sein? Und nun erhebt die Kirche den Anspruch, auf diese letzte, auf diese unmöglichste Frage des Menschen Antwort zu geben. Ja, nur weil die Kirche auf diese letzte Frage Antwort weiß, darum besteht sie. Wüsste sie hier nicht mit aller Demut, aber auch mit aller Bestimmtheit zu sprechen, so wäre sie nichts als ein jämmerlicher Verein von Hoffnungslosen und Verzweifelten, die sich gegenseitig mit ihren Leiden interessant machen und zur Last fallen. Aber eben das ist die Kirche Christi nicht. Nicht vom Leiden, sondern vom Heil, nicht von der Skepsis, sondern von der getrosten Hoffnung wird hier geredet. Skepsis ist uninteressant – auch was einer alles nicht glaubt, ist uninteressant –, sondern was und dass einer glaubt und hofft, das allein ist wichtig. Kirche ist der Ort der unerschütterlichen Hoffnung.

Wo sind unsere Toten? Wir stehen heute in der Erinnerung an Totenbetten, wir sehen sie wieder vor uns – die wir lieb hatten – in jenem letzten Bild, das sich uns so einprägt wie kein anderes. Wir fühlen wieder, wie wir uns bei diesem Anblick selbst gänzlich vergaßen, wie unendlich nichtig uns in solchen Stunden unser eigenes Leben erschien, wie unser Blick wie im Bann gerichtet war auf diesen rätselhaften, stummen, lieben Menschen, der von dem Geheimnis, das er jetzt gesehen hat, nur noch schweigen konnte. Er ist hindurch, er ist auf dem Weg, von dem keiner zurückkehrt; über ihm liegt die Weihe eines Wissens und Schauens, das kein Lebendiger empfängt. Er ist so sehr Mensch dieser Erde wie nie zuvor, einer, der regungslos der Erde entgegenschläft – und er ist doch auch so sehr fern von dieser Erde und von einer anderen Welt gezeichnet wie nie im Leben. Wir müssen vielleicht heute an lange, qualvolle Stunden denken, an Krankheit und Kampf und Unruhe – bis dann der Tod kam und alles ganz still und leise wurde, wie wir dann dumpf und ganz benommen an diesem Bett saßen, noch ohne zu begreifen, was eigentlich geschehen war, und immer nur ganz eintönig dieselbe Frage stellen mussten: Was ist nun geschehen? Wo bist du? Und vielleicht haben wir noch mit eben dieser selben Frage den Toten zu Grabe getragen und vielleicht ist es noch heute dieselbe Frage, die wir ihm nachrufen: Wo bist du? Wo bist du?

Vielleicht haben wir uns auch längst abgefunden damit, dass es mit ihnen zu Ende sei, dass sie ins Nichts zurückgesunken seien, aus dem sie einst kamen. Und doch kann unsere Liebe nicht lassen, sie zu suchen, sie fragt allerorten nach, ob denn keiner es wisse, wo der geliebte Mensch hingegangen sei. Ein tiefer, lauter Schmerzensruf geht durch die Welt, die Mutter ruft ihr Kind, das Kind ruft die Mutter, der Mann die Frau, der Freund den Freund, der Bruder ruft den Bruder, die Liebe weint um das Verlorene: Wo bist du? Wo seid ihr, ihr Toten, unsere Lieben?

Schweigend seid ihr von uns gegangen, habt uns allein gelassen, seid in ein fremdes Land gegangen, das niemand kennt. Warum sprecht ihr nicht? Wo seid ihr? Musstet ihr die ewige Wanderung antreten von einem Leben zum anderen? Seid ihr in der kalten Nacht des Grabes verlassen und einsam, oder müsst ihr umherirren in qualvoller Rastlosigkeit? Seid ihr um uns? Müsst ihr leiden wie wir? Vielleicht viel furchtbarer als wir? Sehnt ihr euch nach einer Heimat, nach Wärme, nach Liebe, nach uns? Oder ist euer Tod ein Schlaf, ein ewiges Träumen und Dämmern, ein müder Schlaf? So sprecht doch, warum seid ihr so fern?

Aber sie sprechen nicht. Und wenn die Menschen meinen, in okkulter Stunde Geister Verstorbener beschwören zu können, so mag da zwar allerlei zwischen Himmel und Erde sein, was wir nicht wissen und begreifen können – aber eines ist gewiss, unsere Toten sind das nicht, die hier erscheinen, sie sind uns entnommen, denn sie sind in Gottes Hand, und keine Qual rührt sie an. Wir können sie nicht quälen mit Tränen und Bitten und Beschwörung. Sie sprechen nicht. Sie bleiben stumm.

Wer antwortet unserer Frage? Wer antwortet der fragenden Liebe? Auch die Kirche vermag nicht die Toten zum Reden zu bringen, auch sie vermag nicht Geister zu beschwören. Aber was sagt sie der Mutter, die zu ihr flieht und sie nach ihrem Kinde fragt? Was sagt sie dem Kinde über seine Mutter? Was sagt sie der Frau, dem Kameraden? Sie weist nicht auf die Toten hin, sie sagt nicht dies oder jenes über sie, sie weist auch nicht in okkulte Welten, in die Welt der Toten hinein, sondern sie weist allein – auf Gott selbst. Okkulte Welten sind immer noch menschliche Welten, erreichbare, durch allerlei Zauberei zugängliche Welten. – Gottes Welt ist jenseits von allen Menschenwelten, von ihr kann kein anderer reden als Gott selbst und der, den er gesandt hat, Christus. Und in dieser Welt müssen wir unsere Toten suchen. Also wer mit der brennenden Frage zur Kirche kommt, wo seine Toten seien, der wird zuallererst auf Gott selbst gewiesen. Es gibt kein Wissen über die Toten ohne Gottesglauben. Gott ist der Herr der Toten, und er hat ihr Schicksal in der Hand, und nur wer von ihm weiß, weiß um seine Toten. Das heißt nun aber, es darf kein selbstsüchtiges Fragen nach den Toten geben. Denn nicht wir sind die Herren der Toten. Wer nach den Toten fragen will und wirklich Antwort haben, wer sich nicht mit halbem Trost begnügen will, der muss den Weg zu Gott wagen und ihn selbst fragen – und er wird antworten. Denn das ist sein Wille, dass er sich dem Menschen, der ihn fragt, der sich nach seinem Wort, nach seiner Antwort, nach seiner Wahrheit sehnt, der ihm glaubt, sich zeigt und ihm sein Geheimnis ausspricht.

Und nun spricht der Gott des Friedens und der ewigen Liebe es heute neu seiner Gemeinde aus, und nur seiner Gemeinde. Denen, die ihm glauben, gilt es, er sagt es seiner Gemeinde aufs Gewisseste zu: Sie sind bei mir, sie sind im Frieden. Gottes Welt ist Friede, letzter Friede nach letztem Kampf; Gottes Friede heißt Ausruhen für die, die das Leben müde gemacht hat; es heißt Geborgensein für die, die unbehütet und unbewacht wanderten; Heimat für die Heimatlosen, Stille für die Abgekämpften, Linderung für die gequälten, wunden Herzen, Tröstung für die Bekümmerten und Weinenden; Schlafendürfen für die Bebenden und Erschöpften … Gottes Friede ist, wie wenn eine Mutter ihrem weinenden Kind mit ihrer Hand über die Stirn streicht und es tröstet. Ich will euch trösten, wie einen seine Mutter tröstet … eure Toten sind getröstet mit Gottes Trost, er hat ihre Tränen abgewischt, er hat dem rastlosen Treiben ein Ende gemacht – sie sind im Frieden.

Über den Sterbebetten, auf denen sich ein starkes, rastloses Leben mit großer Angst zum Tode durchkämpft, bis es mit einem schweren Seufzer zu Ende geht … geht das Wort auf: „Aber er ist im Frieden."

Über der letzten Not eines großen Sünders, dem der Tod die grässlichen Schrecken der Verdammnis vorhält und der an ihnen verzweifelt und verzagt in großer Reue und Buße, erscheint Christus, drückt dem Sterbenden selbst die Augen zu und spricht: „Aber er ist im Frieden."

Über den Särgen der Kinder und der Alten, über den Särgen der Frommen, die in einfältigem Glauben in ihrer letzten Stunde allein auf Christus hofften, singen die Engel: „Aber sie sind im Frieden."

Wo wir Zurückgelassenen nichts sehen als Not und Angst und Pein und Selbstvorwurf und Reue, wo wir nichts sehen als Hoffnungslosigkeit und das Nichts, da sagt Gott: „Aber sie sind im Frieden."

Gottes „Aber" ist es, das gegen all unser Denken und Suchen geht. Gottes „Aber" ist es, das die Toten nicht sterben lässt, das sie auferweckt und zu sich führt. Gottes „Aber" ist es, das den Tod zum Schlaf macht, der uns in einer neuen Welt aufwachen lässt. Gottes „Aber" ist es, das die Toten ins Paradies bringt. „Wahrlich, ich sage dir, heute noch wirst du mit mir im Paradiese sein", so sagt Christus zu dem Räuber, der neben ihm am Kreuz hängt und Buße tut. „Aber" sie sind im Frieden, – das heißt eben, dass es wahrhaftig nicht das Selbstverständliche ist, sondern das ganz und gar Neue, das ganz und gar Letzte, das von Gott her Geschehende. Nicht unser Friede, sondern Gottes Friede.

Aber noch einmal sei es gesagt: Es gibt hier kein selbstsüchtiges Fragen, sondern all unser Wissen und all unsere Hoffnung kommt allein vom Blick auf Gott, dem wir alles anheimstellen und dem wir glauben, weil er sagt: Ich bin die Auferstehung und das Leben. Ich lebe, und ihr sollt auch leben. Und nun können wir doch von dieser Welt Gottes, die nicht unsere Welt ist, von dem Reich des Friedens, und dass unsere Toten uns vorausgegangen sind, gar nicht hören, ohne dass uns selbst eine unermessliche Sehnsucht, ein unbeschreibliches Heimweh beschleicht nach jener Welt, wie es die Kinder beschleicht vor der Weihnachtsstube, in der Freude die Fülle und seliger Friede sein wird. Der hat noch nie an Gott und an sein Reich geglaubt, der hat noch nichts vom Reich der Auferstehung vernommen, der von Stund' an nicht selbst Heimweh hat und wartet, freudig wartet auf des Leibes Erlösung.

Ob wir jung sind oder alt, das ist hier kein Unterschied. Was sind die zwanzig oder dreißig oder fünfzig Jahre vor Gott? Und wer weiß denn, wie nahe er vielleicht schon vor dem Ziel ist? Dass das Leben erst anfängt, wenn es hier aufhört, dass alles nur Vorspiel ist vor dem geschlossenen Vorhang – das sollen Junge und Alte bedenken. Warum haben wir denn solche Angst, an den Tod zu denken? Warum wird uns so bange, wenn wir uns vorstellen, wie wir auf dem Sterbebett liegen werden? Der Tod ist ja furchtbar nur für den, der Angst hat, der ihn fürchtet. Der Tod ist nicht wild und schrecklich, wenn wir nur still sind und an uns Gottes Wort halten. Der Tod ist nicht bitter, wenn wir nicht verbittert sind. Der Tod ist Gnade, Gottes größte Gnade, die er den Menschen, die ihm glauben, schenkt. Der Tod ist mild, der Tod ist süß, der Tod ist sanft, der Tod lockt mit himmlischer Gewalt, wenn wir nur wissen, dass es das Tor in die Heimat, in das Freudenzelt, in das ewige Reich des Friedens ist.

Vielleicht sagen wir: Ich habe nicht Angst vor dem Tod, ich habe aber Angst vor dem Sterben. Wer weiß es denn, dass das Sterben etwas Schreckliches ist? Wer weiß es denn, ob nicht die Ängste und Nöte des Menschen nur das Zittern und Schaudern vor dem Herrlichsten, Himmlischsten, seligsten Ereignis der Welt ist? Dass es das Zappeln des neugeborenen Kindes ist, das das Licht der Welt erblickt? Was sind all die merkwürdigen Dinge, die wir an Sterbebetten erleben können, anderes als ein Hinweis gerade darauf? Was bedeutet es, wenn einer, der lange gekämpft und gerungen und sich geängstigt, im letzten Augenblick sein Auge groß auftut, als ob er etwas Herrliches sah, und ruft: Gott, ist das schön! Wir fragen: Was bedeutet das?

Jawohl, der Tod ist schrecklich, ist der Knochenmann mit der Sense, der einen nach dem anderen zum Totentanz fordert, ob er will oder nicht – wenn der Mensch nicht glaubt, wenn er nicht zu den Gerechten gehört, von denen unser Wort gilt: Aber sie sind im Frieden.

Der Tod ist die Hölle und die Nacht und die Kälte, wenn ihn unser Glaube nicht verwandelt. Aber das ist ja das Wunderbare, dass wir den Tod verwandeln können. Wenn ihn unser Glaube an Gott berührt, da wird aus dem wilden Knochenmann, der uns Angst macht, der Freund, der Bote Gottes, da wird aus dem Tod Christus selbst. Ja, das sind sehr verborgene Dinge. Aber wir dürfen sie wissen. Und unser Leben hängt daran. Die Glaubenden werden Frieden haben und der Tod wird sie nicht schrecken, er kann sie nicht mehr anrühren, denn sie sind in der Hand Gottes, und keine Qual rührt sie an.

Es hat mancher versucht, sich den Tod zum Freund zu machen; und er ist ihm doch in letzter Stunde untreu geworden, er wurde sein Feind. Es gibt nur einen Weg, den Tod zum Freund zu haben, und der heißt Glaube. Und dann, dann wird der Tod der beste Freund. Dann wird auch einmal über unserem Sterbebett Gottes Wort klingen: „Sie sind im Frieden." Und unsere Augen werden übergehen vor Freude, wenn wir das Reich und diesen Frieden sehen werden.

Vielleicht kommt es euch kindlich vor, dass wir so reden. Aber können wir denn angesichts solcher Dinge anders als so kindlich reden? Sind wir denn angesichts solcher Dinge wirklich etwas anderes als Kinder, ahnungslose Kinder? Und wollen wir denn wirklich etwas anderes sein? Wollen wir etwas anderes sein, wenn wir in sein Reich kommen und den Freudentag sehen dürfen? Seht euch Kinder an, wenn sie sich freuen, und sagt selbst, ob ihr etwas Besseres sein wollt, und ob wir uns dessen zu schämen hätten? „Ich will euch trösten, wie einen seine Mutter tröstet."

Kinder der Auferstehung hat uns Christus genannt. Kinder, die Heimweh haben, das sind wir, wenn es recht mit uns steht.

„So will ich vor nun treiben mein Leben durch die Welt,
Doch denk ich nicht zu bleiben in diesem dunklen Zelt.
Ich wand're meine Straßen, die zu der Heimat führt,
Da mich ohn alle Maßen mein Vater trösten wird."[160]

Amen.

Konnten wir wissen, dass deine Liebe so weh tut?

Jeremia 20,7

21.1.1934, London, 3. Sonntag nach Epiphanias

Herr, du hast mich überredet und ich habe mich überreden lassen. Du bist mir zu stark gewesen und hast gewonnen.

Jeremia hat sich nicht dazu gedrängt, Prophet Gottes zu werden. Er ist zurückgeschaudert, als ihn plötzlich der Ruf traf, er hat sich gewehrt, er wollte ausweichen – nein, er wollte dieses Gottes Prophet und Zeuge nicht sein – aber auf der Flucht packt ihn, ergreift ihn das Wort, der Ruf; er kann sich nicht mehr entziehen, es ist um ihn geschehen, oder, wie es einmal heißt, der Pfeil des allmächtigen Gottes hat das gehetzte Wild erlegt. Jeremia ist sein Prophet.

Von außen her kommt es über den Menschen, nicht aus der Sehnsucht seines Herzens, nicht aus seinen verborgensten Wünschen und Hoffnungen steigt es herauf; das Wort, das den Menschen stellt, packt, gefangen nimmt, bindet, kommt nicht aus den Tiefen unserer Seele, sondern es ist das fremde, unbekannte, unerwartete, gewalttätige, überwältigende Wort des Herrn, der in seinen Dienst ruft, wen und wann er will. Da hilft kein Widerstreben, sondern da heißt Gottes Antwort: Ich kannte dich, ehe ich dich im Mutterleib bereitete. Du bist mein. Fürchte nicht! Ich bin dein Gott, der dich hält. Und dann ist dies fremde, ferne, unbekannte, gewalttätige Wort auf einmal das uns schon so unheimlich wohlbekannte, unheimlich nahe, überredende, betörende, verführende Wort der Liebe des Herrn, den es nach seinem Geschöpf verlangt. Dem Menschen ist ein Lasso über den Kopf geworfen und nun kommt er nicht mehr los. Versucht er zu widerstreben, so spürt er erst recht, wie unmöglich das ist; denn das Lasso zieht sich nur enger und schmerzhafter zusammen und erinnert ihn daran, dass er ein Gefangener ist. Er ist Gefangener, er muss folgen. Der Weg ist vorgeschrieben. Es ist der Weg des Menschen, den Gott nicht mehr loslässt, der Gott nicht mehr loswird. Das heißt aber auch, der Weg des Menschen, der nie mehr – im Guten oder Bösen – gott-los wird.

Und dieser Weg führt mitten in die tiefste menschliche Schwachheit hinein. Ein verlachter, verachteter, für verrückt erklärter, aber für Ruhe und Frieden der Menschen äußerst gefährlicher Narr – den man schlägt, einsperrt, foltert und am liebsten gleich umbringt – das ist dieser Jeremia, eben weil er Gott nicht mehr loswerden kann. Phantast, Sturkopf, Friedensstörer, Volksfeind hat man ihn gescholten, hat man zu allen Zeiten bis heute die gescholten, die von Gott besessen und gefasst waren, denen Gott zu stark geworden war. Wie gern hätte Jeremia anders geredet. Wie gern hätte er mit den anderen Friede und Heil geschrien, wo doch Unfriede und Unheil war. Wie gern hätte er geschwiegen, den anderen recht gegeben – aber er konnte einfach nicht, es lag wie ein Zwang, wie ein Druck auf ihm, es war, als säße ihm einer im Nacken und triebe ihn von einer Wahrheit zur anderen, von einem Leiden zum anderen. Er war nicht mehr sein eigener Herr, er war sciner selbst nicht mehr mächtig, ein anderer war seiner mächtig geworden, ein anderer besaß ihn, von einem anderen war er besessen. Und Jeremia war von unserem Fleisch und Blut, er war ein Mensch wie wir. Er leidet unter den dauernden Erniedrigungen, dem Spott, der Gewalt, der Brutalität der anderen, und so bricht er dann nach einer qualvollen Folterung, die eine ganze Nacht gewährt hatte, in dieses Gebet aus: „Herr, du hast mich überredet und ich habe mich überreden lassen. Du bist mir zu stark geworden und hast gewonnen."

Gott, du hast es mit mir angefangen. Du hast mir nachgestellt, hast mich nicht loslassen wollen, bist mir immer wieder hier oder dort plötzlich in den Weg getreten, hast mich verlockt und betört, hast dir mein Herz gefügig und willig gemacht, hast zu mir geredet von deiner Sehnsucht und ewigen Liebe, von deiner Treue und Stärke; als ich Kraft suchte, stärktest du mich, als ich Halt suchte, hieltest du mich, als ich Vergebung suchte, vergabst du mir die Schuld. Ich hatte nicht gewollt, aber du überwandest meinen Willen, meinen Widerstand, mein Herz, Gott, du verführtest mich unwiderstehlich, dass ich mich dir hingab. Herr, du hast mich überredet und ich habe mich überreden lassen. Wie einen Ahnungslosen hast du mich gefasst – und nun kann ich nicht mehr von dir los, nun schleppst du mich davon als deine Beute, bindest uns an deinen Siegeswagen und schleifst uns hinter dir her, dass wir geschunden und zermartert an deinem Triumphzug teilnehmen. Konnten wir es wissen, dass deine Liebe so wehtut, dass deine Gnade so hart ist? Du bist mir zu stark geworden und hast gewonnen. Als der Gedanke an dich in mir stark wurde, da wurde ich schwach. Als du über mich gewannst, da war ich verloren; da war mein Wille gebrochen, da war meine Kraft zu gering, da musste ich den Weg des Leidens gehen, da konnte ich dir nicht mehr widerstreben, da konnte ich nicht mehr zurück, da war die Entscheidung über mein Leben gefallen. Nicht ich habe entschieden, du hast entschieden. Du hast mich an dich gebunden auf Gedeih und Verderb. Gott, warum bist du uns so furchtbar nahe?

Tausende von Gemeindegliedern und Pfarrern sind heute in unserer Heimatkirche in der Gefahr der Unterdrückung und Verfolgung um ihres Zeugnisses für die Wahrheit willen. Sie haben sich diesen Weg nicht aus Trotz und Willkür ausgesucht, sondern sie wurden diesen Weg geführt, sie mussten ihn gehen – oft gegen ihren Willen, gegen ihr Fleisch und Blut –, weil Gott in ihnen zu stark geworden war, weil sie Gott nicht mehr widerstehen konnten, weil hinter ihnen ein Schloss zugefallen war, weil sie nicht mehr zurück konnten hinter Gottes Wort, Gottes Ruf, Gottes Befehl. Wie wünschten sie es oft, dass endlich Friede und Ruhe und Stille käme, wie wünschten sie oft, sie brauchten nicht immer wieder zu drohen, zu warnen, zu protestieren, die Wahrheit zu bezeugen. Aber ein Zwang liegt auf ihnen. „Weh uns, wenn wir das Evangelium nicht predigten". Gott, warum bist du uns so nah?

Von Gott nicht mehr loskommen können, das ist die dauernde Beunruhigung jedes christlichen Lebens. Wer sich einmal auf ihn einließ, wer sich einmal von ihm überreden ließ, der kommt nicht mehr los. Wie ein Kind nicht mehr loskommt von seiner Mutter, wie ein Mann nicht mehr loskommt von der Frau, die er liebt. Zu wem er einmal geredet hat, der kann ihn nicht mehr ganz vergessen, den begleitet er immerfort, im Guten und im Bösen, den verfolgt er – wie der Schatten den Menschen. Und diese dauernde Nähe Gottes wird dem Menschen zu viel, zu groß, geht ihm über seine Kraft, und er denkt wohl manchmal: O, hätte ich es nie mit Gott angefangen. Es ist zu schwer für mich. Es zerstört mir den Frieden meiner Seele und mein Glück. Aber das nützt ihm alles nichts mehr. Er kann nicht mehr los, und nun muss er hindurch – mit Gott – es komme, was da wolle. Und wenn er meint, er könne es nicht mehr ertragen, er müsse sich selbst ein Ende machen – dann weiß er doch auch wieder, dass er auch so nicht mehr loskommt von dem Gott, auf den er sich einließ, von dem er sich hat überreden lassen, er bleibt sein Opfer, in seinen Händen.

Aber eben hier, wo einer meint, den Weg mit Gott nicht mehr länger gehen zu können, weil er zu schwer ist – und solche Stunden kommen über jeden zu seiner Zeit – wo uns

Gott zu stark geworden ist – wo ein Christ unter Gott zusammenbricht und verzagt – da wird uns Gottes Nähe, Gottes Treue, Gottes Stärke zum Trost und zur Hilfe, da erst erkennen wir Gott und den Sinn unseres christlichen Lebens. Von Gott nicht mehr loskommen, das bedeutet viel Angst, viel Verzagtheit, viel Trübsal, aber bedeutet doch auch im Guten und im Bösen nie mehr gott-los sein können. Es bedeutet: Gott mit uns auf allen unseren Wegen, im Glauben und in der Sünde, in Verfolgung, Verspottung und Tod. Was liegt an uns, an unserem Leben, an unserem Glück, an unserem Frieden, an unserer Schwachheit, an unserer Sünde? Wenn nur das Wort und der Wille und die Kraft Gottes an unserem schwachen, sterblichen, sündigen Leben verherrlicht wird, wenn nur unsere Schwachheit ein Gefäß der göttlichen Macht ist. Gefangene tragen keine stolzen Kleider, sondern Ketten. Aber diese Ketten verherrlichen den, der als der Sieger durch die Welt und die Menschheit zieht. Unsere Ketten und die Fetzen unserer Kleider und die Narben, die wir tragen müssen, sind der Lobpreis auf den, der die Wahrheit und die Liebe und die Gnade an uns verherrlichte ... Der Siegeszug der Wahrheit und der Gerechtigkeit, der Siegeszug Gottes und seines Evangeliums durch diese Welt schleift hinter dem Siegeswagen die Gebundenen und Gefangenen hinter sich her.

Dass er uns endlich an seinen Siegeswagen bände, dass wir doch, wenn auch gebunden und geschunden, an seinem Siege teilhätten! Er hat uns überredet, er ist uns zu stark geworden, er lässt uns nicht mehr los. Was kümmerten uns die Fesseln und die Bürde, was kümmerte Sünde und Leiden und Tod? Er hält uns fest. Er lässt uns nicht mehr. Herr, überrede uns immer neu und werde stark über uns, damit wir dir allein glauben, leben und sterben, damit wir deinen Sieg schauen.

Kirchenerneuerung unter Anklage und Freispruch

Sacharja 3,1-5

21.7.1935, Finkenwalde, 5. Sonntag nach Trinitatis

[Und mir ward gezeigt der Hohepriester Josua, stehend vor dem Engel des Herrn; und der Satan stund zu seiner Rechten, daß er ihm widerstünde. Und der Herr sprach zu dem Satan: Der Herr schelte dich, du Satan! ja, der Herr schelte dich, der Jerusalem erwählet hat! Ist dieser nicht ein Brand, der aus dem Feuer errettet ist? Und Josua hatte unreine Kleider an und stand vor dem Engel, welcher antwortete und sprach zu denen, die vor ihm stunden: Tut die unreinen Kleider von ihm! Und er sprach zu ihm: Siehe, ich habe deine Sünde von dir genommen und habe dich mit Feierkleidern angezogen. Und er sprach: Setzt einen reinen Hut auf sein Haupt! Und sie setzten einen reinen Hut auf sein Haupt und zogen ihm Kleider an, und der Engel des Herrn stund da.]

„– und mir ward gezeigt" – wem etwas gezeigt wird, der bekommt etwas zu sehen mit seinen Augen. Der Prophet hat Augen – seht euch all die alten Prophetenbilder an, die zu einer Zeit gemalt wurden, als man noch etwas verstand von der Bibel – auf die Augen kommt's an, die Augen machen den Propheten. Es ist ein dunkles Rätsel über uns, dass wir in göttlichen Dingen keine Augen haben, auf die Ohren kommt's bei uns an, das Hören macht den Christen und den Glaubenden. „Nur die Decke vor den Augen kann nicht taugen, seine Klarheit kann nicht ein …", „denn das ist die größte Plage, wenn am Tage man das Licht nicht sehen kann." Das sind wir – *sagen* können wir's wohl, verkündigen, schreien, dass einem die Ohren davon gellen und hören können wir's täglich in unserer verfallenen Welt, über unser von der Sünde zerfressenes Leben es uns sagen lassen – es ist eine neue Welt, es ist ein neues Leben, so hört doch – aber sehen können wir es nicht. Denn „die Decke vor den Augen kann nicht taugen". Tod sehen wir und langsame Verwesung und Zersetzung, Krankheit und Leid sehen wir, Kampf und Mord und Trotz und Verzweiflung sehen wir – und wir hören gegen all das, was wir sehen, das wunderliche Geschrei – glaubt dem nicht, was ihr seht – glaubt aber dem, was ihr hört – es ist alles schon zu Ende gegangen, was ihr seht – der Tod ist tot, der Kampf ist geschlagen, die Sünde ist selbst zur Sünde geworden – die Welt eurer Augen lebt nicht mehr – werdet Menschen des Hörens, Menschen, die Ohren haben, denn Gott redet zu euch durch eure Ohren.

„– und mir ward gezeigt" – sagt der Prophet, abermals: Wir hören nur, dass er es sagt, *er* hat es gesehen. Nicht mit frechen, vorwitzigen Augen, die zu sehen begehren, was sie nicht sehen dürfen, sondern mit geöffneten Augen, vom Herrn geöffnet und erleuchtet, mit gehorsamen Augen. Die Decke vor den Augen ist hier einen Augenblick fortgetan, die Hülle der Welt und der Zeit fällt für einen Augenblick – und die Augen tun sich weit und staunend auf – „und mir ward gezeigt" – von Gott gezeigt.

„Der Hohepriester Josua" – seltsam! Täglich konnte der Prophet ihn sehen im Tempel, in der Gemeinde. Jeder kannte ihn, das Haupt der jüdischen Gemeinde, die aus der Verbannung zurückgekehrt war; jeder wusste, dass er es war, der ans Werk ging, den vom Feind zerstörten Tempel, die verwüstete Gemeinde Gottes und die alten Gottesdienste wieder aufzurichten. Wenn irgend einer so war er es, auf dessen Frömmigkeit und Gerechtigkeit, auf dessen Eifer um den Tempel Gottes, auf dessen unerschütterlichen Glauben an die Verheißung jeder Jude ehrfurchtsvoll sah und sich vor ihm beugte, auf den man alle Hoffnung setzte, der jedem ein frommes Vorbild war in jenen Tagen der Erneuerung der Kirche Gottes. „Der Hohepriester Josua" – der erwählte Mann Gottes – vor dem Volk stehend, für es opfernd und im Gebet eintretend, warnend und tröstend und aufrufend – so hatte ihn jeder schon gesehen.

„Der Hohepriester Josua, stehend vor dem Engel des Herrn" – nicht vor dem Altar, nicht vor dem Volk, sondern nun gegenüberstehend dem Engel des Herrn. Dort wo jeder Mensch einmal stehen muss, nein, wo er eigentlich jeden Augenblick steht, ob er es weiß oder nicht, dort wo alles Licht ist und alles ans Licht kommt, dort wo der Mensch im Gebet täglich selbst hintritt – Wie sollte dort nicht auch der Hohepriester Josua stehen? wie sollte der fromme und heilige Priester dort nicht gerade am rechten Ort sein? Was für ein herrlicheres und verheißungsvolleres Gesicht konnte einem Propheten gezeigt werden?

„– und der Satan stund zu seiner Rechten, dass er ihm widerstünde" – der Satan neben Josua, dem Hohenpriester! Was hat der Satan hier verloren? wer hat ihm den Eingang erlaubt? was hat der Satan an diesem Mann? Nicht scheu und enttäuscht und geprellt um eine kostbare Beute steht er da, sondern als der Ankläger, als der Feind, „dass er ihm widerstünde", dass er furchtbare Dinge gegen ihn sagte, dass er ans Licht brächte, was verborgen blieb in der Welt, dass er ihn enthüllte, dass er ihn zum Sünder machte, zum Ungerechten – ihn, den Hohenpriester Josua! – „der Satan stund zu seiner Rechten" – Josua hat das Heil nicht verdient, er ist ein Heilloser, wie alle anderen Menschen, sein Priesterkleid hat ihn nicht zu retten vermocht, er ist nicht der erste Priester und Papst und Pfarrer und Heilige, der mir gehört – so sagt Satan. Der Satan hat Freude daran, den Heiligen zu verklagen – kommt da ein armer elender Sünder vor den Thron

Gottes, so hat der Satan wenig Freude dran, kommt da aber einer mit dem Glanz der Frömmigkeit und der Gerechtigkeit, kommt da ein Kirchenmann, kommt da ein Kirchenreformer, einer, der vor der Welt ein Mann Gottes war, so fährt er herzu, so muss der Teufel dabei sein, so ist er unwiderstehlich selbst auf dem Plan, hier ist er grade am rechten Ort. Hier in Josua stand ja die ganze erneuerte Kirche Gottes vor dem Richterstuhl, die nach Zerstörung und Verwüstung im Glauben an die Verheißung neugebaute Kirche, da muss der Teufel herzu. Der Satan neben Josua dem Hohenpriester – ein furchtbares Gesicht.

Wird Josua sich verteidigen? Darf er etwas sagen gegen seinen Ankläger? Nein, in dieser Stunde hat kein Mensch mehr ein Wort zu sagen, hier gibt es keine Selbstverteidigung mehr, hier reden nur zwei – an ihrem Reden hängt das Urteil – Satan und der ewige Fürsprecher, Christus. Josua muss stumm bleiben. Aber Christus, der Herr, redet.

„Und der Herr sprach zu dem Satan: Der Herr schelte dich, du Satan, ja der Herr schelte dich, der Jerusalem erwählt hat. Ist dieser nicht ein Brand, der aus dem Feuer gerettet ist?" Christus verteidigt Josua, seinen Hohenpriester. Der Herr schelte dich, Satan – weißt du nicht, dass du an diesem Mann kein Recht hast? Kennst du die Regeln deines Spieles so schlecht, dass du dich an diesem Hohenpriester vergreifst? Der Satan wird gescholten – seltsam, nicht wahr, *den Satan zu schelten*! – wie soll der Satan das begreifen, der doch nichts anderes will als von Gott gescholten sein? Der Herr schelte dich, du Satan – auch deine Satanei hat ihre Grenzen, die du respektieren solltest – hier ist Gottes Hoherpriester – die Finger weg, Satan, – hier ist Gottes Eigentum – „der Jerusalem erwählt hat" – Jerusalem ist erwählt! Es soll neu errichtet werden, der Tempel und die Mauern und die Gottesdienste, dieses Jerusalem, in dem Josua der Hohepriester ist, ist Gottes Stadt und Kirche, aller Untreue, aller Schwäche, aller Sünde zum Trotz. Wo Gott erwählt hat, da hat der Satan kein Recht, wo Gott sich zu einer Kirche bekennt, da darf der Satan aller Sünde dieser Kirche zum Trotz nicht mehr anklagen – Gottes Erwählung ist stärker als die Anklage des Teufels, der Herr schelte dich, der Jerusalem *erwählt hat.* „Ist dieser nicht ein Holzscheit, das aus dem Feuer errettet ist" – herausgerissen aus dem Brand, aus dem Feuer, dass es nicht mitverbrenne, herausgerissen und errettet, von Gott lieb und heilig gehalten, nicht der Verdammung anheimgegeben – wo Gott von einem Menschen sagt: errettet, da hat der Satan sein Recht verloren – erwählt, errettet, sagt der Herr – als Josua, sein Hohepriester, vom Satan angeklagt wird.

Aber *Josua hatte unreine Kleider an und stund vor dem Engel*" – der Hohepriester in unreinen Kleidern; den der Prophet täglich in den weißen glänzenden Kleidern und in dem heiligen Schmuck seines Amtes im Tempel vor dem Volk sah, er steht mit befleckten, unreinen Kleidern vor Gott. Was ist das für ein furchtbares Bild? Ist Josua, der Hohepriester, ein verborgener, heimlicher Sünder? Ist er einer von jenen, die ihr heiliges Kleid zur Decke ihrer Schande und Bosheit tragen, ist er ein Heuchler und Schauspieler, ist er in all seiner Frömmigkeit selbst verwerflich geworden und nun bringt es das Gesicht des Propheten an den Tag? Josua, der Hohepriester, vor dem Engel des Herrn, der Satan ihm zur Seite, um ihn anzuklagen, der Herr für ihn eintretend – aber Josua hatte unreine und befleckte Kleider an.

Hat der Satan nicht recht mit seiner Anklage, hat er nicht ein Recht an diesem Mann, der da in unreinen Kleidern da steht? Was nützt es, wenn der Herr den Satan schilt – wenn er sagt: erwählt, errettet – Josua hatte *unreine* Kleider an – die Erwählung ist verloren, die Errettung hat nichts geholfen – der Satan hat seine Freude und zeigt auf sein Werk, siehe da „die unreinen Kleider"! – und Josua, der Hohepriester, steht vor Gott in unreinen Kleidern und darf kein Wort sagen.

Eine furchtbare Botschaft, die der Prophet seiner Gemeinde und dem Hohenpriester Josua selbst durch sein Gesicht bringen musste – wenn Josua unreine Kleider anhatte an jenem Tage, wer sollte denn dann bestehen können, wer sollte dann hoffen dürfen, in reinen Kleidern vor Gott hinzutreten? Wenn Josua unreine Kleider hat, so hat ja die ganze Gemeinde selbst unreine Kleider, dann ist es ja mit aller Treue, mit allem Glauben, mit allem Bekenntnis vor der Welt nichts, dann ist ja auch diese heilige Stadt, diese gereinigte Kirche nichts, dann ist alle Heiligkeit vor Gott nur wie ein unreines Kleid.

„Josua hatte unreine Kleider an" – nein, nicht weil er ein heimlicher Heuchler war, weil er verwerflich wurde hinter der Decke seiner Frömmigkeit – *Josua hatte unreine Kleider, weil er vor Gott stand.* Weil vor Gott alle unsre Heiligkeit, Frömmigkeit und Gerechtigkeit, all unsere Arbeit an der Kirche, an dem Bau der Stadt, die Gott erwählt hat – ist wie ein unreines Kleid. Wer will es denn wagen, zu sagen, aus welcherlei verschiedenen unreinen Fäden das Kleid gewirkt ist, das wir uns und unserer Kirche zu arbeiten am Werk sind, wieviel menschlich fatale Unklarheiten dabei im Spiel sind, wie oft uns gerade in unserem kirchlichen Verhalten unser Fleisch und Blut einen bösen Streich spielen – kurz, wir verstehen schon – es gibt keinen Grund zu glauben, dass wir mit reinen Kleidern da stehen würden, wo Josua, der Hohepriester, mit unreinen Kleidern steht. Wo bleibt angesichts solchen Bildes die Hoffnung?

Allein dort, wo sie für Josua stand – er hatte nichts zu sagen, kein Wort der Verteidigung, er trug unreine Kleider, er hatte sein Recht verloren – seine Hoffnung ist der Gott, der ihn vertritt, der für ihn eintritt, der den Satan schilt und verwirft, seine Hoffnung ist der Gott, der den Unreinen rein macht – Christus. Gott spricht zum zweiten Mal, er selbst muss nun reden und sein Wort ist Tat:

„– tut die unreinen Kleider von ihm" – reißt sie ab von ihm; Gott will seinen Hohenpriester, den Brand, den er aus dem Feuer gerettet, nicht so vor sich sehen. Josua soll rein sein – das ist Gottes Machtwort. Gott will es so, der Jerusalem erwählt hat, – und Gott allein kann es tun – „tut die unreinen Kleider von ihm!" – dieses Werk des Satans, diese Erinnerung an seine Macht und Gewalt und List – Josua soll rein vor Gott stehen – etwa weil er im Grunde doch rein war, weil die Anklage des Satans ihn nicht treffen konnte? Nein – nur aus einem einzigen Grunde:

„– siehe, ich habe deine Sünde von dir genommen" – das ist das rettende Wort, das ist das schöpferische Wort, das ist Gnade und Vergebung – „ich habe deine Sünde von dir genommen" – *ich* habe sie genommen, *Gott* hat es getan, *er* hat sie getragen und wir sind frei, er tritt für uns ein und spricht uns frei – „siehe, ich habe deine Sünde von dir genommen" – Josua soll rein sein, frei sein, Josua soll nicht gerichtet werden, Josua soll leben. Von diesem Wort lebt Josua, von dem Wort der Vergebung – er hat unreine Kleider – tut die unreinen Kleider von ihm, sagt Gott, der Allmächtige – siehe, ich habe deine Sünde von dir genommen, sagt Gott, der Gnädige. Wo Gott die Sünde und Unreinheit von uns nimmt, da ist Vergebung und neues Leben.

„– ich habe dich mit Feierkleidern angezogen" – was ist dies Feierkleid? Es ist das Wort der Vergebung, das die Sünde und Unreinheit zudeckt, es ist die Gnade, mit der bekleidet wir vor Gott treten können. Das Wort Gottes selbst, uns gegeben, uns gesagt, ist das rechte und einzige Feierkleid.

„Und er sprach: Setzt einen reinen Hut auf sein Haupt! Und sie setzten einen reinen Hut auf sein Haupt und zogen ihm Kleider an und der Engel des Herrn stund da" – das ist die sichtbare Beglaubigung, das Siegel, das Gott unter sein Wort setzt – das Kleid der neuen Heiligung und Gerechtigkeit. Das ist das Ja Gottes zu Jerusalem, das er erwählt, zu seinem Hohenpriester, den er errettet hat. Jerusalem ist gereinigt von seiner Sünde, Josua ist geheiligt zu neuem Dienst; nicht aus der eigenen Heiligkeit und Gerechtigkeit, sondern aus der Tat Gottes, der seine Kirche, die er erwählt hat, täglich reinigt und heiligt, der seine Erwählung hält aller Unreinheit zum Trotz. Und der Engel des Herrn stund da: Der Satan ist verschwunden, der Engel des Herrn behielt das Feld und tritt schützend zu Josua, dem Hohenpriester.

Dieses Bild und diese Geschichte des Josua ist das Bild und die Geschichte unserer Kirche – merken wir uns diese drei Bilder – ich sah Josua, den Hohenpriester stehend vor dem Engel des Herrn und der Satan stund zu seiner Rechten – die Kirche – in jedem Augenblick und in der letzten Zeit – stehend vor Gott und der Satan verklagt sie – Josua hatte unreine Kleider, die Kirche, unsere Bekennende Kirche steht in unreinen Kleidern vor Gott – Tut die unreinen Kleider von ihr, ich habe ihr Feierkleider angezogen – Gott, sprich so auch zu uns und zu dieser Gemeinde, dieses Wort ist unser Leben, mach uns recht fertig vor dir in reinen Kleidern zu stehen. Amen.

Siegesgeschrei wider die Furcht

Matthäus 8,23-27

15.1.1933, Berlin, 2. Sonntag nach Epiphanias

Und er trat in das Schiff, und seine Jünger folgeten ihm. Und siehe, da erhub sich ein groß Ungestüm im Meer, also daß auch das Schifflein mit Wellen bedeckt ward; und er schlief. Und die Jünger traten zu ihm und weckten ihn auf und sprachen: Herr, hilf uns, wir verderben! Da sagt er zu ihnen: Ihr Kleingläubigen, warum seid ihr so furchtsam? Und stund auf und bedräuete den Wind und das Meer; da ward es ganz stille. Die Menschen aber verwunderten sich und sprachen: Was ist das für ein Mann, daß ihm Wind und Meer gehorsam ist?

Überwindung der Furcht – das wird hier verkündigt. Die Bibel, das Evangelium, Christus, die Kirche, der Glaube – sie alle sind ja das eine große Kriegsgeschrei gegen die Furcht im Leben der Menschen. Die Furcht – das ist irgendwie der Urfeind selbst. Die Furcht sitzt dem Menschen im Herzen. Sie höhlt ihn innerlich aus, bis er plötzlich widerstandslos und machtlos zusammenbricht. Sie zerfrisst und zernagt heimlich alle Fäden, die den Menschen mit Gott und den anderen verbinden, und wenn der Mensch in seiner Not sich an sie klammern will, dann zerreißen sie und hilflos und verzweifelt sinkt der Mensch unter dem Gelächter der Hölle in sich selbst zurück. Und nun grinst ihn die Furcht unverhohlen an und sagt zu ihm: Jetzt sind wir beide allein, du und ich, nun zeige ich dir erst mein wahres Gesicht. Und wem sich einmal die nackte Furcht enthüllt hat, wer ihr einmal in schauriger Einsamkeit verfallen war – der Furcht vor einer großen Entscheidung, der Furcht vor einem schweren Schicksal, einer

Berufsnot, einer Krankheit, der Furcht vor einem Laster, dem der Mensch keinen Widerstand mehr leisten kann, das ihn knechtet, der Furcht vor Schande, der Furcht vor einem anderen Menschen, der Furcht vorm Sterben – der weiß, dass die Furcht nur eine Larve des Bösen selbst ist, dass sie eine Gestalt ist, in der die gottfeindliche Welt nach ihm greift. Nichts vermag dem Menschen die Wirklichkeit gottfeindlicher Mächte in unserem Leben so spürbar zu machen wie diese Einsamkeit, diese Hilflosigkeit, dieser Nebel, der sich über alles verbreitet, die Ausweglosigkeit und diese rasende Erregung, in der man aus dieser höllischen Hoffnungslosigkeit herauswill. Habt ihr einmal einen Menschen gesehen, den die Furcht gepackt hatte? Grauenvoll beim Kind, grauenhafter noch beim Erwachsenen: diese Starre des Blicks, dieses tierische Erbeben, diese flehentliche Abwehr. Der Mensch wird durch die Furcht entmenscht. So sieht nicht ein Geschöpf Gottes aus, so sieht der Teufelsmensch, die geknechtete, zerstörte, kranke Kreatur aus. Aber der Mensch soll sich nicht fürchten, wir sollen uns nicht fürchten! Das ist der Unterschied des Menschen von aller Kreatur, dass er in aller Ausweglosigkeit, Unklarheit und Schuld um eine Hoffnung weiß und diese Hoffnung heißt: Dein Wille geschehe, ja, dein Wille geschieht. „Alles vergehet, Gott aber stehet ohn alles Wanken, seine Gedanken, sein Wort und Wille hat ewigen Grund." Und fragst du: Woher weißt du das?, so nennen wir den Namen dessen, vor dem der Böse in uns zusammenzuckt, vor dem Furcht und Angst sich fürchten müssen, vor dem sie zittern und die Flucht ergreifen, den Namen dessen, der allein die Furcht überwand und sie im Triumphzug gefangen führte und ans Kreuz schlug und der Nichtigkeit anheimgab, den Namen dessen, der das Siegesgeschrei der von der Furcht des Todes erlösten Menschheit ist – Jesus Christus, der Gekreuzigte und Lebendige. Er allein ist der Herr der Furcht, sie kennt ihn als ihren Herrn, ihm allein weicht sie. Darum seht auf ihn in eurer Furcht, denkt an ihn, stellt ihn euch vor Augen, ruft ihn, betet zu ihm, glaubt, dass er jetzt bei euch ist und hilft … Dann wird die Furcht verblassen und weichen und ihr werdet frei sein im Glauben an den starken und lebendigen Heiland Jesus Christus.

Da geht ein Schiff durch die Wellen. Es ist ein harter Kampf. Der Sturmwind wird immer heftiger. Das Boot ist klein, ein Spielzeug der Wellen, der Himmel ist schwarz, die Kräfte versagen. Da packt es den ersten … Wer? Was? … Er weiß es selbst nicht. Aber es ist einer ins Boot gekommen, der vorher nicht drin war. Nun tritt er ganz nah an ihn heran und er legt seine kalten Hände auf seine wild am Ruder ziehenden Arme – und er spürt, die Muskeln sind ihm wie gelähmt, die Kräfte verlassen ihn, und jetzt greift der Unbekannte ihm nach seinem Herzen, nach seinem Gehirn und entzaubert ihm die seltsamsten Bilder, da sieht er seine Familie, seine weinenden Kinder. Was soll aus ihnen werden, wenn er nicht mehr ist? Plötzlich ist es ihm, als wäre er wieder an jenem Orte, an den ihn einst der Böse getrieben hatte, an dem er dem Bösen in langer Fron gedient hatte und er sieht all die Gesichter seiner damaligen Genossen im Bösen, er sieht den Nachbarn, den er noch gestern mit einem bösen Wort tief verletzt hatte. Plötzlich sieht und hört er gar nichts mehr, er kann nicht mehr rudern, es packt ihn eine Welle und wie im letzten Hilfeschrei stößt er es aus: Wer bist du, Unbekannter im Schiff? Und der antwortet: Ich bin die Furcht. Und nun dringt der Schrei durch das ganze Boot: Die Furcht ist im Schiff, und alle Arme sinken gebannt und gelähmt, es ist alle Hoffnung dahin, die Furcht ist im Schiff. Da ist es, als ob alle Himmel zerrissen, als ob die himmlischen Heerscharen selbst das Siegesgeschrei anstimmten, in all die Hoffnungslosigkeit hinein: Christus ist im Schiff, Christus ist im Schiff und kaum, dass dies Wort gerufen und vernommen ist, da weicht die Furcht, die Wellen beben zurück. Das Meer wird ganz still und das Boot liegt auf ruhiger See. Christus war im Schiff!

Waren nicht auch wir mit auf jener Fahrt und war nicht der Ruf: Christus ist im Schiff, auch einmal unsere Rettung? Und sind wir nun nicht doch – eigentümlicherweise – alle schon wieder auf der Fahrt, auf jener Fahrt ohne Glauben, ohne Hoffnung, erdrückt, gefesselt, geknechtet, gelähmt von der Furcht, mutlos, freudlos, bleierne Schwere in den Gliedern – jeder kennt und weiß das Seine? Vielleicht, oder sogar wahrscheinlich, wissen wir schon gar nicht mehr recht, was mit uns geschehen ist, wir haben uns schon so an diesen Zustand gewöhnt, dass wir ihn wie etwas Selbstverständliches hinnehmen, ja dass wir all den Jammer um uns herum und bei uns fast liebgewonnen haben. Was hätten wir dann noch zu tun, wenn wir nicht einmal mehr jammern könnten? Und dies eben ist das Schlimmste an allem, dass wir schon gar nicht mehr da heraus wollen. Das ist der letzte Triumph der Furcht über uns, dass wir uns fürchten, ihr zu entfliehen, dass wir uns ihr sklavisch unterwerfen. Die Furcht hat über uns gesiegt und sie geht unter uns um in verschiedensten Gestalten; da sind die einen, die stumpf und unempfindlich geworden sind, die nur noch dumpf und verbissen vor sich hinbrüten und von einem Tag zum anderen leben, weil sie selbst zum Selbstmord zu stumpf geworden sind. Da sind die andern, die sich laut fürchten, die ihre Furcht vor jedem Menschen in Gestalt eines Jammergeheuls ausschütten, da sind wieder ganz andere, die meinen, sie könnten sich ihre Furcht durch große Worte und kühne Phantasien vertreiben und das mag, wenn diese Worte laut genug geschrien werden, ja auch für einige Zeit zu gelingen scheinen. Aber der Wissende erkennt in solchen Tönen nur wieder die grässliche Macht der Furcht. Die Furcht ist im Schiff, in Deutschland, in unserem eigenen Leben und in diesem Kirchenschiff – die nackte Furcht vor der nächsten Stunde, vor dem Morgen und

Übermorgen, darum werden wir stumpf, darum jammern wir, darum berauschen wir uns an dem und jedem – was ist denn der Silvesterspuk und Rausch anderes als die große Furcht vor dem Neuen, Zukünftigen? Die Furcht sitzt dem Menschen im Nacken.

Wer wollte hier hochmütig sein, als ob ihn dies alles nichts anginge, als ob er das alles nicht begreifen könne, das müsste kein Mensch sein, der nicht begriffe, warum sich die Menschheit der Welt heute fürchten muss.

Aber seht, nun ist mitten in dieser Welt der Furcht ein Ort für alle Zeiten bestimmt, der die ganz eigentümliche und der Welt unbegreifliche Aufgabe hat, den Menschen immer neu, immer wieder, ganz monoton das eine zuzurufen: Die Furcht ist überwunden, fürchtet euch nicht; in der Welt habt ihr Angst, aber seid getrost; ich habe die Welt überwunden. Ihr Kleingläubigen, warum seid ihr so furchtsam? Christus ist im Schiff! Und dieser Ort, an dem so geredet wird und werden soll, das ist die Kanzel in der Kirche. Von der Kanzel aus will der lebendige Christus selbst zu der Welt reden, dass für den, bei dem er einkehrt, die Furcht versinkt, dass er in ihm die Furcht überwindet. Ihr Kleingläubigen, warum seid ihr so furchtsam? Wir müssen die ganze Enttäuschung und die ganze Liebe Jesu Christi zu seinen Jüngern aus diesen Worten heraushören. Wisst ihr es immer noch nicht, dass ihr in Gottes Hand seid, dass, wo ich bin, Gott ist. Warum seid ihr so furchtsam, seid mutig, stark, fest, mannhaft, sicher, gewiss, zittert nicht. Lasst den Kopf nicht hängen, klagt nicht über die schlechten Zeiten … Ich bin im Schiff. Er ist auch in diesem Kirchenschiff. So hört ihn doch und glaubt ihm doch.

Und nun sind wir doch wohl hierher gekommen, weil wir nun doch irgendwie wissen, dass etwas in unserem Leben anders werden muss, und weil wir meinen, die Kirche könne uns da vielleicht irgendwie helfen. Wir spüren, wie gering, wie ärmlich, wie kleinlich, wie kurzsichtig unser Leben gegenwärtig ist. Wir sehen alle nur unsere eigenen Sorgen und Schwierigkeiten und sehen die tausendmal größeren des andern nicht mehr. Unsere Dinge kommen uns so riesengroß und unendlich wichtig vor und wir sind stumpf gegen alles andre. Und das hat die Furcht in uns angerichtet. Und nun spüren wir, wir können diese Enge nicht länger ertragen, wir ersticken darin und in dieses Ahnen und Fragen hinein dringt der Ruf der Kirche: Uns fehlt nur eines. Das ist der Glaube, dass Gott der Allmächtige unser Vater und unser Herr ist. Dass vor ihm unsere größten Sorgen wie die Sorgen der kleinen Kinder vor ihren Eltern sind, dass er die Dinge fügen kann und herumwerfen in einem Nu – dass sie leicht sind für ihn und gar nicht schwer, aber dass für ihn tausend Jahre ein Tag sind, dass seine Gedanken höher sind als unsere Gedanken, dass er trotz allem bei uns ist. Lassen wir uns wieder einmal zurufen von der Kirche: Ihr Kleingläubigen, warum seid ihr so furchtsam? Mitten im Sturm ist Christus im Schiff. Weiche, Furcht! Erscheine, Herr Jesus, starker Helfer, Heiland!

Aber nun kommt das Heer der Einwände und Ausflüchte. Wir sagen: Wir wollten ja gern glauben, aber wir können es einfach nicht mehr. Das Elend ist zu groß. Ach, lasst uns diese Rede nicht zu ernst nehmen. Ihr könnt nicht glauben? Nun, wir können es auch nicht. Ihr wollt glauben? – nun dann glaubt ihr ja schon, in einer Weise, vielleicht noch schwach, noch im Anfang, vielleicht aber tausendmal stärker als mancher andere, der glauben zu können meint. Seht doch gar nicht auf euren starken oder schwachen Glauben, sondern allein auf ihn, dem ihr glaubt, und sprecht zu ihm: Herr, stärke uns den Glauben!

Wir sagen: Es ist nicht das Elend, das uns schreckt, es ist unsere eigene Sünde, vor der wir Angst haben; und vor ihr müssen wir doch Angst haben, sonst überfällt sie uns! Das klingt wieder einmal so richtig und ist doch nichts als eine

Finte der Furcht selbst. Nein, es ist ja nicht wahr, dass wir Angst haben müssen vor der Sünde, sondern wer Angst hat, ist schon mitten drin. Die Angst ist das Fangnetz des Bösen. Erst macht er uns Angst, verwirrt und dann gehören wir ihm. Nicht Angst, sondern Mut, Mut … Wie kann man auch dem Feind mit Angst im Herzen begegnen. Ihr Kleingläubigen, warum seid ihr so furchtsam? Ist Gott nicht größer als eure Sünde? Lasst ihn stark werden in euch, dann ist die Sünde gefällt. Glaubt ihm … Herr, stärke uns den Glauben!

Und nun schließlich kommen die ganz Betrübten, die ganz Verzagten mit der Frage: Ist nicht unsere Zeit vorüber, sind die Jahre der Katastrophen und des totalen Niedergangs und Zusammenbrechens, ist nicht das von keinem Menschen mehr übersehbare Chaos unseres Lebens im Großen und im Kleinen das Zeichen dafür, dass Gott uns fallen gelassen hat? Gott will uns nicht mehr. Er hat seine Barmherzigkeit von uns gezogen, Gott ist uns feind; und wir müssen uns darein fügen. Wir dürfen uns nicht mehr an ihn halten, er will nicht mehr. Das ist die Stimme aus der tiefsten Tiefe, aus der Verzweiflung. Und hier hilft nur eines und das tut die Kirche nun an jedem von uns, der so denkt und empfindet: das Kreuz nehmen und uns vor Augen halten und dazu fragen: Hat Gott den verlassen? Und wie er ihn nicht verlassen hat, so lässt er uns auch nicht. Erkennt doch dies Zeichen in eurem eigenen Leben. Erkennt und versteht doch die Stunde des Sturmes und des Untergangs. Sie ist die Stunde der unerhörten Nähe Gottes und gerade nicht der Ferne. Dort wo alle andere Sicherheit bricht und stürzt, wo uns eine Lebensstütze nach der anderen weggezogen wird, vernichtet wird, wo wir entsagen lernen müssen, dort geschieht das ja alles nur, weil Gott im Anzug ist und weil er uns nun allein Stütze und Gewissheit sein will. Er zerbricht unser Leben, er lässt es an allen Enden scheitern, in Schicksal und in Schuld, und in eben diesem Scheitern wirft er uns ganz allein zurück auf sich selbst, auf Gott, will er uns zeigen: Dort, wo du alles fahren lässt, wo du alle eigene Sicherheit verlierst und preisgeben musst, dort bist du ganz frei für Gott und ganz geborgen in ihm. Dass wir doch die Stunden der Heimsuchung und Anfechtung, die Stunden auf hohem Meer in unserem Leben so recht verstehen möchten! Gott ist ihnen nah, nicht fern, unser Gott ist im Kreuz.

Das Kreuz ist das Zeichen, in dem alle falsche Sicherheit in unserem Leben gerichtet und der Glaube an Gott allein aufgerichtet ist. Seid mutig, seid mannhaft, seid sicher, seid gewiss – so hieß es. Jawohl, aber es kommt alles darauf an, dass hier nicht noch zuletzt ein furchtbares Missverständnis entsteht. Es gibt auch falschen Mut, falsche Sicherheit … und diese falsche Sicherheit ist selbst nur die raffinierteste Vermummung der Furcht. Seht auf unsere Geschichte!

Als die Jünger ins Schiff stiegen, da schienen sie ganz sicher zu sein, sie schienen keine Furcht zu haben. Warum waren sie sicher? Sie sahen auf den schönen glatten See und waren ganz ruhig und sorglos. Aber mit zunehmendem Wind und Wellenschlag verlor sich ihre Ruhe und wuchs die Furcht. Angstvoll sahen sie auf das wilde Meer. Hier lag ihre Sicherheit und von hier aus nun brach die Furcht gegen sie vor. Von Jesus wird erzählt, dass er schlief. Nur der Glaube kann sorglos schlafen – darum ist der Schlaf eine Erinnerung an das Paradies – der Glaube hat seine Sicherheit allein in Gott. Die Jünger konnten nicht schlafen, ihre Sicherheit war dahin, sie hatten allen Halt verloren, es war die falsche Sicherheit gewesen, sie war nur ein anderes Gewand der Furcht. Solche Sicherheit überwindet die Furcht nicht – sie ist bald gebrochen, das tut allein der Glaube, der alle falschen Sicherheiten hinter sich lässt, stürzen und brechen lässt. Der Glaube, der nicht an sich selbst, nicht an das günstige Meer, an die Gunst der Verhältnisse, nicht an die eigene Kraft, nicht an anderer Menschen Kraft, sondern allein, ganz allein an Gott glaubt, ob es stürmt oder nicht, der einzige Glaube, der nicht Aberglaube ist, der nicht wieder in die Furcht führt, sondern der frei macht von der Furcht. Herr, stärke uns Kleingläubigen diesen Glauben!

Aber nun gilt auch das andere. Wo Christus im Schiff ist, da beginnt es immer zu stürmen. Da greift die Welt mit allen bösen Mächten nach ihm, sie will ihn mit seinen Jüngern vernichten, sie empört sich gegen ihn, sie hasst ihn. Das muss der Christ wissen. Kein Mensch muss durch so viel Angst und Furcht hindurch wie der Christ. Aber das darf ihn nicht verwundern, denn Christus ist der Gekreuzigte und ungekreuzigt kommt kein Christ zum Leben. So wird er es mit Christus zusammen leiden und durchmachen, aber er wird immer auf den sehen, der mit ihm im Schiff ist und alsbald aufstehen kann und das Meer bedrohen, dass es ganz still wird.

Aber nun scheint es ja wahr zu sein, was ihr alle gewiss längst innerlich einwenden wollt, solch wunderbare Taten tut Christus heute nicht mehr. Er ist so seltsam verborgen, dass wir oft denken, er sei gar nicht mehr da! Liebe Brüder, was wissen wir von dem, was Christus noch heute Abend an uns tun kann und will – wenn wir nur recht zu ihm rufen, wenn wir rufen: Herr hilf, wir verderben! Das war gewiss Furcht, aber es war Glaube in der Furcht, der weiß, wo die Hilfe allein herkommt. Es gibt keine Wunder mehr, sagen wir! … Aber was weißt du und ich davon?… Wir werden uns noch schämen müssen, wenn Gott uns einst seine Taten sehen lässt.

Und sie verwunderten sich und sprachen … Die Verwunderten verstehen wir gut. Was ist das für ein Mensch, dem die Furcht weicht, der die Furcht im Leben der Menschen überwindet, der ihr die Macht nimmt? Aber schon in dieser Frage beugen wir die Knie, und beten zu ihm, zeigen auf ihn, den Mann voller Wunder, und sagen: Das ist Gott! Amen.

Der Mensch, der für andere denkt und lebt

Matthäus 11,28-30

Ende Sept. 1934, London

Kommet her zu mir alle, die ihr mühselig und beladen seid; ich will euch erquicken. Nehmet auf euch mein Joch und lernet von mir; denn ich bin sanftmütig und von Herzen demütig; so werdet ihr Ruhe finden für eure Seelen. Denn mein Joch ist sanft, und meine Last ist leicht.

Seit Jesus dieses Wort gesagt hat, soll es keinen Menschen auf der Erde geben, der so verlassen wäre, dass er von sich sagen könnte: Nach mir hat niemand gefragt, mich hat niemand gewollt, mir hat niemand je seine Hilfe angeboten. Wer dieses Wort einmal in seinem Leben gehört hat und so spricht, der lügt, ja der verachtet und verspottet Jesus Christus und den Ernst seines Wortes. Denn er hat sie alle gerufen, die mühselig und beladen sind. Nicht eng hat er seinen Kreis gemacht, nicht eine geistige oder geistlich-religiöse Aristokratie hat er um sich versammelt – sondern so weit wie möglich hat er den Kreis gemacht, so weit, dass eigentlich nicht ein Einziger mit gutem Gewissen sagen könnte: Er sei nicht gemeint. Denn er gehöre ja nicht zu den Mühseligen und Beladenen. Das ist vielmehr das Verwunderliche an diesem Ruf, dass er eigentlich alle Menschen in die Verlegenheit bringt zuzugeben, auch sie seien gerufen und gemeint, ja gerade sie vielleicht.

Die Mühseligen und Beladenen – wer sind sie? Voll Absicht ist hier kein begrenzendes einschränkendes Wort gesagt, mühselig und beladen ist, wer sich so fühlt – und wahrhaftig auch, wer sich nicht so fühlt, weil er sich nicht so fühlen will. Mühselig und beladen – das sind gewiss die Männer und Frauen und Kinder, die unter einem harten äußeren Schicksal stehen und arbeiten müssen – die – wir möchten fast sagen – zufällig in die Dunkelheiten dieses Lebens, in Frondienst und äußeres und moralisches Elend hineingeboren wurden – ich habe selten so den Eindruck gehabt, unter Beladenen und Mühseligen zu stehen wie in jener Bergarbeiterstadt im Norden Frankreichs, in der ich in diesen Ferien war. Freudloses, gepeitschtes, erniedrigtes und beleidigtes, geschändetes Leben, sich forterbend und fortzeugend von Vätern zu Kindern und Kindeskindern. Dort wo Arbeit als Fluch Gottes über den Menschen erlebt wird – dort sind die Mühseligen und Beladenen.

Aber wir sind immer allzu leicht in Gefahr, allein unter der äußeren Armut jene Menschen zu finden. Aber Jesus hat ja die Allermühseligsten und Beladensten gewiss gerade nicht unter jenen, sondern unter den sogenannten Reichen gefunden und gesucht. Denkt an den reichen Jüngling, den Jesus liebte, wie es heißt, und der traurig von Jesus fortgeht, weil er zu schwach ist, ihm zu folgen. Es gibt ja für den Menschen kaum eine bedrückendere Erkenntnis als zu sehen, dass er äußerlich alles, alles hat, was er will, aber dass er bei alledem doch innerlich hohl und leer und oberflächlich bleibt, dass er mit allem Besitz die wichtigsten Dinge dieses irdischen Lebens nicht erkaufen kann – inneren Frieden, geistige Freude, Liebe in Ehe und Familie – wie viel unsägliches inneres Leid, wie viel Beladensein mit schwerer Schuld, die der Reichtum mit sich bringt, ist gerade in den Häusern von scheinbar Glücklichen. Nein, die Mühseligen und Beladenen sehen nicht nur so aus, wie sie Rembrandt auf seinem Hundertguldenblatt zeichnet, die Armen, Elenden, Kranken, Aussätzigen, Zerlumpten, mit zerfurchten Gesichtern – es gibt Mühselige und Beladene unter der Hülle eines glücklichen jugendlichen Gesichtes, eines glänzenden erfolgreichen Lebens – Menschen, die sich mitten in der großen Gesellschaft so grenzenlos verlassen fühlen, denen alles schal und leer erscheint, bis sie dies Leben anwidert, weil sie spüren, wie unter dem allem ihre Seele vermodert und verwest. Niemand ist einsamer als der Glückliche.

Aber selbst jene noch, die im Rausch des Dahinlebens nicht einmal ihre Verlassenheit zu fühlen scheinen, die nicht daran denken, mühselig und beladen sein zu wollen – auch sie gehören ja in Wirklichkeit dazu. Es ist ja umgekehrt, weil sie im Tiefsten ihres Herzens doch wissen oder ahnen, dass auch sie dazu gehören, und weil sie Angst haben, sich das zuzugeben, darum stürzen sie sich nun umso wilder in ihr vermeintliches Glück, sind sie auf der Flucht vor jedem Wort, das ihnen die Wahrheit sagt – sie wollen nicht mühselig und beladen sein und sind es in den Augen Jesu Christi doppelt.

Alle, alle sind es, kommt her zu mir *alle*, die ihr mühselig und beladen seid – dies Letzte ist *keine Einschränkung* zu dem „Alle“, sondern ist *seine Erklärung*. Wer wollte denn sagen, wenn Jesus so ruft, ihn ginge das nicht an. Wer wollte denn sagen, er kenne das wirklich nicht – dies mühselig sein und beladen sein?

Wenn der Mensch einmal am Ende seiner inneren Kräfte angekommen ist, wenn er sich selbst zur Last wird, wenn er nicht mehr weiter will, wenn er sich fürchtet vor dem Berg, der vor ihm liegt, wenn ihn eine Schuld zu Boden drücken will – wenn er sich von der ganzen Welt belogen und betrogen fühlt – dann helfen ihm keine Worte mehr, keine Ideale und Zukunftsträume, die man vor ihm aufrichtet – sondern dann braucht er nur eines: Er braucht einen Menschen, dem er ganz, ganz vorbehaltlos vertrauen kann, einen Menschen, der alles versteht, der alles hört, der alles erträgt, der alles glaubt, alles hofft, alles vergibt – einen Menschen, zu dem man sagen kann: Du *bist* die Ruh, der Friede mild, die

Sehnsucht du und was sie stillt – ein Mensch, unter dessen Augen sich unsere Leiden lösen, unser Herz sich auftut in schweigender Liebe, ein Mensch, der unsere Last leise von uns nimmt und allen Krampf, alle Angst löst und damit unsere Seele erlöst von dieser Welt – aber, wer hat einen solchen Menschen? Wo gibt es ihn? Das ist nun das Wunder aller Wunder, dass jeder Mensch diesen Menschen hat und finden kann, denn dieser Mensch ruft ihn von selbst zu sich, bietet sich an, lädt uns ein – dieser Mensch, der unsere Ruhe, unser Friede, unsere Erquickung, unsere Erlösung ist – ist Jesus Christus allein – Er der allein Mensch ist, und Er der in diesem wahren Menschsein Gott ist und Erlöser und Friede und Ruhe. Kommt her zu mir alle, die ihr mühselig und beladen seid – *ich* will euch erquicken. Auf dieses „Ich" kommt alles an, nicht eine Idee, nicht ein Wort, nicht ein Prediger – sondern *ich*, der Mensch Jesus, der uns alle kennt, der alles durchlitten und durchkämpft hat, was wir zu durchleiden haben, der Mensch Jesus, unser Erlöser.

Es gibt zwei Möglichkeiten, einem Menschen, der von einer Last gedrückt wird, zu helfen. Entweder man nimmt ihm die ganze Last ab, sodass er künftig nichts mehr zu tragen hat, oder man hilft ihm tragen, indem man ihm dies Tragen leichter macht. Jesus will nicht den ersten Weg mit uns gehen. Die Last wird uns nicht abgenommen. Jesus, der selbst sein Kreuz getragen hat, weiß, dass der Mensch seiner Bestimmung nach Lastträger, Träger seines Kreuzes sein muss, und dass allein unter dieser Last und nicht ohne diese Last, der Mensch geheiligt wird. Die Last, die Gott dem Menschen auferlegt hat, nimmt Jesus dem Menschen nicht ab. Aber er macht dem Menschen die Last dadurch leichter, dass er ihm zeigt, wie er sie tragen muss.

„Nehmet auf euch mein Joch und lernet von mir ..." Ein Joch ist selbst eine Last, eine Last zu der anderen Last hinzu; und die doch die eigentümliche Art hat, die andere Last leicht zu machen. Eine Last, die einen Menschen einfach zu Boden drücken würde, wird erträglich durch das Joch – wir kennen ja die Bilder von Wasserträgern, die ein Joch auf ihren Schultern tragen, wir kennen das Joch der Zugtiere, durch das allein sie befähigt werden, die schwere Last zu ziehen, ohne dass sie Schmerz und Qual dabei empfinden, ohne dass sie sich wundtragen. Und unter ein solches Joch will Jesus uns Menschen stellen, damit uns unsere Last nicht zu schwer wird. „Mein Joch" – nennt er es – das Joch also, unter dem er seine Last tragen gelernt hat, seine Last, die ja tausendmal schwerer ist als alle unsere Last, eben weil es ja unser aller Last ist, die er trägt. „Nehmet auf euch mein Joch" – geht mit mir unter mein Joch – zusammengespannt mit ihm, sodass wir uns nicht mehr losreißen können, zusammengespannt mit all denen, die dies Joch tragen wollen – zusammengespannt, bis einstmals das Joch ganz von uns genommen wird.

„Lernet von mir ..." Seht, wie ich dies Joch trage und tragt es ebenso. „Lernet von mir, *denn ich bin sanftmütig und von Herzen demütig.*" Das also ist das Joch, das er trägt, *seine Sanftmut und seine Demut*, das ist das Joch, das wir auf uns nehmen sollen, das Joch, von dem Jesus weiß, dass es uns hilft unsere Last leicht zu machen. „Sanftmütig ..." d. h., nicht wider den Stachel löcken, sich nicht auflehnen gegen die Last, sich nicht daran stoßen und wund reiben, sondern still bleiben und geduldig und tragen, was uns auferlegt wird, weil wir ja wissen, dass Gott selbst es ist, der uns die Last auflegt und der uns auch weiter hilft – *„sanftmütig und von Herzen demütig."* – demütig, das heißt ja wohl, den eigenen Willen gänzlich dran geben, nicht sich selbst durchsetzen wollen, sondern sich immer mehr freuen, wenn eines anderen Wille geschieht, als wenn mein eigener geschieht, demütig heißt wissen, dass wir die Knechte sind und Gott der Herr und dass die Knechte wohl die Last zu tragen haben – aber auch wissen, dass wir einen guten Herrn haben, der uns einstmals die Last von der Schulter nehmen wird, wenn diese Last uns geheiligt und gedemütigt und gereinigt hat.

Wer dieses Joch tragen wird, wer so von ihm lernen wird, der hat eine große Verheißung: „*… so werdet ihr Ruhe finden für eure Seelen.*“ Das ist das Ende, diese Ruhe ist das Letzte, freilich schon hier unter dem Joch Jesu, zusammengespannt mit ihm in der Sanftmut und in der Demut ist sie. Aber erst dort, wo alle Last fallen wird, wird die völlige Ruhe sein, die wir ersehnen.

Und im Hinblick auf solche Seligkeit der Hoffnung, auf solche Erlösung von der Mühsal und der Schuld – darf es nun schon heute heißen – „… mein Joch ist sanft und meine Last ist leicht …“ Weh dem, der mit diesem Wort spielt, als sei damit gesagt, dass Christi Sache eine leichte Sache sei –: Vielmehr versteht schon der davon, der vor Entsetzen vor dem Ernst und der Furchtbarkeit dieser Sache Christi zurück schreckt, – der in Angst vor dem, was sie für unser wirkliches Leben bedeutet, sich nicht an sie heranwagt – aber freilich, wer erst so einmal begriffen hat, was es um Jesus Christus und seinen Willen ist – dem müssen wir es dann sagen, nun geh zu Jesus selbst und nimm sein Joch auf dich und sieh, dass auf einmal alles, alles anders geworden ist, dass alle Angst, alles Entsetzen schwindet, und dass nun auf einmal für den, der bei Jesus ist, es heißen darf: Mein Joch ist sanft …

Aber nun steht hier am Schluss eine Frage zwischen uns, die wir bei Namen nennen müssen, damit sie uns nicht verwirre. Sie sagen: Jesus ist tot … wie sollen wir zu ihm gehen … wie soll er uns trösten, wie soll er uns helfen? Was können wir antworten als dies: Nein Jesus lebt, lebt hier mitten unter uns, such ihn nur, hier oder bei dir zu Haus, ruf ihn an, frag ihn, bitte ihn, und er wird plötzlich bei dir sein und du wirst wissen, dass er lebt. Du siehst ihn nicht, du spürst ihn, du hörst ihn nicht – aber du weißt, er ist da, er hilft, er tröstet – er allein – und du nimmst dein Joch auf dich und wirst froh und wartest und sehnst dich nach der letzten Ruhe bei ihm.

Noch eine kleine Zeit, dann ist's gewonnen.
Dann ist der ganze Streit in Nichts zerronnen.
Dann kann ich laben mich an Lebensbächen
Und ewig, ewiglich mit Jesus sprechen.[161]

Petruskirche

Matthäus 16,13-18

23.7.1933, Berlin, 6. Sonntag nach Trinitatis

Da kam Jesus in die Gegend der Stadt Cäsarea Philippi und fragte seine Jünger und sprach: Wer sagen die Leute, daß des Menschen Sohn sei? Sie sprachen: Etliche sagen, du seiest Johannes der Täufer; die andern, du seiest Elia; etliche, du seiest Jeremia oder der Propheten einer. Er sprach zu ihnen: Wer saget denn ihr, daß ich sei? Da antwortete Simon Petrus und sprach: Du bist Christus, des lebendigen Gottes Sohn! Und Jesus antwortete und sprach zu ihm: Selig bist du, Simon, Jonas Sohn; denn Fleisch und Blut hat dir das nicht offenbart, sondern mein Vater im Himmel. Und Ich sage dir auch: Du bist Petrus, und auf diesen Felsen will ich bauen meine Gemeinde, und die Pforten der Hölle sollen sie nicht überwältigen.

Wenn es nach uns ginge, so umgingen wir wohl immer wieder gern die Entscheidungen, in die wir gestellt sind, wenn es nach uns ginge, so wollten wir uns lieber nicht in diesen Kampf um die Kirche mit hineinreißen lassen, wenn es nach uns ginge, so wollten wir lieber nicht immer wieder auf unserer Sache bestehen müssen, so vermieden wir gern die furchtbare Gefahr des Stolzwerdens gegen den anderen, wenn es nach uns ginge, so zögen wir uns heute lieber als morgen zu den Stillen im Lande zurück und überließen den anderen den Streit und den Stolz. Aber es geht eben – Gott sei Dank – nicht nach uns. Es geht mit Gott genau gegen uns. Wir sind vor die Entscheidung gestellt, wir können nicht ausweichen, wir müssen uns, wo wir auch stehen, die Verdächtigung gefallen lassen, rechthaberisch zu sein, aus Hochmut gegen die anderen zu reden und zu handeln, es wird uns nichts abgenommen – es heißt Entscheidung, es heißt Scheidung der Geister. Wir werden uns aus diesem Grunde ehrlicherweise auch die Bedeutung des heutigen Tages nicht verheimlichen.

Mitten durch das Dröhnen und Ächzen eines bis in die Tiefen erschütterten Kirchengerüstes, mitten durch das Abbröckeln und Zusammenstürzen hier und dort, hören wir die Verheißung von der ewigen Kirche, die die Pforten der Hölle nicht überwältigen können, von der Felsenkirche, die Christus gebaut hat und an der Er durch alle Zeiten hindurch weiterbaut. Wo ist diese Kirche? Wo finden wir sie? Wo hören wir ihre Stimme? Kommt, ihr, die ihr mit Ernst so fragt, ihr Vereinsamten, allein Gelassenen, die ihr die Kirche verloren habt, wir wollen wieder zurück zur Heiligen Schrift, wir wollen zusammen die ewige Kirche suchen gehen. Wer Ohren hat zu hören, der höre.

In die Einsamkeit ist Christus mit seinen Jüngern gegangen, hart ans heidnische Gebiet, hier ist er mit ihnen allein, und hier ist der Ort, an dem er zum ersten Mal als sein Vermächtnis seine ewige Kirche verheißt. Nicht mitten im Volk, nicht auf dem sichtbaren Höhepunkt seines Wirkens, sondern draußen, abseits, fern von den rechtgläubigen Schriftgelehrten, von den Pharisäern und von den Massen, die ihm am Palmsonntag das „Hosianna" und am Karfreitag das „Kreuzige" zurufen, redet Er zu seinen Jüngern von dem Geheimnis und von der Zukunft seiner Kirche. Er hat offenbar gemeint, dass diese Kirche nicht in erster Linie auf den Schriftgelehrten, auf den Priestern oder den Massen aufgebaut werden könnte, sondern dass jene kleine Schar der Jünger, die ihm nachfolgten, dazu berufen sei. Er hat offenbar auch Jerusalem, die Stadt des Tempels und den Mittelpunkt des Volkslebens nicht für den rechten Ort dafür gehalten, sondern er geht in die Stille, wo er auf äußere, sichtbare

Wirksamkeit seiner Verkündigung nicht hoffen konnte. Er hat schließlich auch den Zeitpunkt irgendeines großen Jubeltages nicht für den angemessenen gehalten, um von seiner Kirche zu reden, sondern er verheißt diese Kirche angesichts des Todes, unmittelbar vor der ersten Leidensverkündigung. Also Kirche der kleinen Schar, Kirche da draußen in der Stille, Kirche angesichts des Todes – so etwas muss hier gemeint sein.

Jesus selbst stellt die entscheidende Frage, auf die die Jünger längst gewartet hatten: „Wer sagen die Leute, dass des Menschen Sohn sei?“ Antwort: „Etliche sagen, Du seist Johannes, der Täufer, etliche sagen, Du seist Elia, etliche Du seist Jeremia oder der Propheten einer.“ Ansichten, nichts als Ansichten. Man könnte diese Aufzählung von Ansichten ja beliebig erweitern ... Etliche sagen, Du seist ein großer Mensch, etliche sagen, Du seist ein Idealist, etliche sagen, Du seist ein religiöser Genius, etliche sagen, Du seist ein Heros, ein Held, ein Führer zu aller Größe. – Ansichten, mehr oder weniger ernsthafte Ansichten – aber auf Ansichten will Christus seine Kirche nicht bauen. Darum fragt er nun in unmittelbarer Anrede: „Und wer sagt denn ihr, dass ich sei?“ In diesem unausweichlichen Gegenüber mit Christus gibt es kein „Vielleicht“, kein „etliche sagen“, keine Ansichten mehr, sondern nur Schweigen oder die eine Antwort, die jetzt Petrus gibt: „Du bist Christus, des lebendigen Gottes Sohn.“ Hier wird mitten in dem Wirbel menschlicher Meinungen und Ansichten etwas ganz Neues sichtbar. Hier ist Gottes Namen genannt, hier ist das Ewige ausgesprochen, hier das Geheimnis erkannt, hier ist nicht mehr menschliche Ansicht, sondern genau das Gegenteil hiervon, hier ist göttliche Offenbarung und Bekenntnis des Glaubens. „Selig bist du, Simon, Jonas Sohn; denn Fleisch und Blut hat dir das nicht offenbart, sondern mein Vater im Himmel.“ „Du bist Petrus, der Fels, und auf diesem Felsen will ich meine Kirche bauen.“

Was unterscheidet Petrus von den anderen? Ist er eine so heldische Natur, dass er die anderen so hoch überragt? Er ist es nicht. Ist er von so unerhörter Charakterstärke? Er ist es nicht. Ist er von so unerschütterlicher Treue? Er ist es nicht. Petrus ist nichts, garnichts als ein bekennender Mensch, ein Mensch, dem Christus in den Weg getreten ist und der Christus erkannt hat, und der ihn nun im Glauben bekennt, und dieser bekennende Petrus wird der Fels genannt, auf den Christus seine Kirche bauen will.

Petruskirche – das heißt Felsenkirche, Kirche des Christusbekenntnisses. Petruskirche – das heißt nicht Kirche der Ansichten und Meinungen, sondern Kirche der Offenbarung, nicht Kirche, in der von dem geredet wird, was „die Leute sagen", sondern Kirche, in der das Bekenntnis des Petrus immer neu gesagt und ausgerichtet wird, Kirche, die garnichts anderes tut, als immer und allein das Bekenntnis singend, betend, verkündigend, handelnd auszurichten, Kirche, die nur so lange Fels unter sich hat, als sie hierin bleibt, und die alsbald das auf Sand gebaute Haus wird, das der Wind dahinbläst, wenn sie hiervon aus irgendeinem verwegenen Grund meint abgehen oder auch nur einen Augenblick absehen zu dürfen. Aber Petruskirche – das ist nicht nur etwas, das man so mit ungetrübtem Stolz sagen könnte. – Petrus, der bekennende, glaubende Jünger, Petrus hat in jener Nacht den Herrn verleugnet, in der Judas ihn verriet, er hat in jener Nacht am Feuer gestanden und sich geschämt, als Christus vor dem Hohenpriester stand, er ist der Kleingläubige, Furchtsame, der im Meer versinkt, Petrus ist der Jünger, dem Jesus gedroht hat: „Weiche von mir, Satan," er ist der, der auch später immer wieder schwach wurde, immer wieder verleugnete und fiel, ein schwacher, wankelmütiger, dem Augenblick unterworfener Mensch. Petruskirche, das ist die Kirche, die diese seine Schwäche teilt, die Kirche, die selbst immer wieder verleugnet und fällt, die untreue, kleingläubige, furchtsame Kirche, die immer wieder weg von ihrem Auftrag auf die Welt und ihre Meinung sieht, Petruskirche, das ist die Kirche aller derer, die sich ihres Herren schämen, wo sie für ihn gerade stehen sollten …

Aber Petrus ist nun auch der, von dem es heißt: Er ging hinaus und weinte bitterlich. Von Judas, der den Herrn auch verleugnete, heißt es: Er ging dahin und brachte sich um. Das ist der Unterschied. Petrus ging hinaus und weinte bitterlich. Petruskirche ist die Kirche, die nicht nur bekennen, nicht nur verleugnen kann, sie ist die Kirche, die noch weinen kann. An Wasserflüssen Babylons saßen wir und weinten, wenn wir an Zion gedachten. Das ist Kirche; denn was heißt denn dies Weinen anderes, als den Weg zurück gefunden zu haben, als auf der Heimkehr sein, als der verlorene Sohn sein, der vor seinem Vater weinend in die Knie fällt. Petruskirche ist die Kirche mit der göttlichen Traurigkeit, die in die Freude führt.

Wahrhaftig schwankender Boden, nicht wahr? Aber doch Felsboden, denn dieser Petrus, dieses schwankende Rohr, ist von Gott berufen, von Gott gefangen, von Gott gehalten. „Du bist Petrus", … wir alle sind Petrus, nicht der Papst, wie die Katholiken haben wollen, nicht dieser oder jener, sondern wir alle, die wir vom Bekenntnis an Christus einfach leben als die Furchtsamen, Treulosen, Kleingläubigen und doch von Gott Gehaltenen.

Aber nicht wir sollen bauen, sondern Er will bauen. Kein Mensch baut die Kirche, sondern Christus allein. Wer die Kirche bauen will, ist gewiss schon am Werk der Zerstörung. Denn er wird einen Götzentempel bauen, ohne es zu wollen und zu wissen. Wir sollen bekennen – Er baut. Wir sollen verkündigen – Er baut. Wir sollen zu ihm beten – Er baut. Wir kennen seinen Plan nicht. Wir sehen nicht, ob er baut oder einreißt. Es mag sein, dass die Zeiten, die nach menschlichem Ermessen Zeiten des Einsturzes sind, für ihn die großen Zeiten des Bauens sind, mag sein, dass die menschlich gesehen großen Zeiten der Kirche Zeiten des Einreißens sind. Es ist ein großer Trost, den Christus seiner Kirche gibt: Du bekenne, verkündige, zeuge von mir, Ich allein aber will bauen, wo es mir gefällt. Fahr mir nicht ins Regiment. Kirche, tu du das Deine recht, dann hast du genug getan. Aber tu es auch recht. Sieh nicht nach Meinungen und Ansichten, frage nicht nach Urteilen. Rechne nicht immer wieder, sieh dich nicht nach anderem Halt um. Nicht nur Kirche bleibe Kirche, sondern du Kirche bekenne, bekenne, bekenne … Christus allein ist dein Herr, von seiner Gnade allein lebst du, wie du bist. Christus baut.

Und die Pforten der Hölle sollen dich nicht überwältigen. Der Tod ist der große Erbe alles Bestehenden. Er findet hier sein Ende. Hart am Abgrund des Todestales ist die Kirche gegründet, die Kirche, die sich zu Christus als ihrem Leben bekennt. Sie hat das ewige Leben gerade, wo der Tod nach ihr greift und er greift nach ihr, gerade weil sie das ewige Leben hat. Die bekennende Kirche ist die ewige Kirche, denn Christus schützt sie. Ihre Ewigkeit ist nicht sichtbar in dieser Welt. Sie ist unangefochten durch die Welt, die Wellen gehen hoch über sie und manchmal scheint sie ganz verdeckt und verloren. Aber der Sieg gehört ihr, weil Christus, ihr Herr, bei ihr ist und die Welt des Todes überwunden hat. Fragt nicht danach, ob ihr den Sieg seht, glaubt an den Sieg, dann gehört er euch.

Mit riesigen Buchstaben ist unser Text in die Kuppel der großen Peterskirche, der Papstkirche, in Rom hineingeschrieben. Stolz weist diese Kirche auf ihre Ewigkeit, ihren sichtbaren Sieg über die Welt über die Jahrhunderte hinweg. Solche Herrlichkeit, die auch unser Herr nicht begehrt und getragen hat, ist uns versagt. Aber eine Herrlichkeit, die über alle Maßen größer ist als diese Herrlichkeit in der Welt, ist uns gewiss. Ob der Haufe groß und klein, ob niedrig oder hoch, ob schwach oder stark, wenn er Christus bekennt, so bleibt ihm der Sieg in Ewigkeit. Fürchte dich nicht du kleine Herde, denn es ist meines Vaters Wohlgefallen euch das Reich zu geben. Wo zwei oder drei versammelt sind in meinem Namen, da bin ich mitten unter ihnen. Gottes Stadt steht fest gegründet. Amen.

Über das Vergeben

Matthäus 18,21-35

17.11.1935, Finkenwalde,
Vorletzter Sonntag des Kirchenjahres

[Da trat Petrus zu ihm und sprach: Herr, wie oft muß ich denn meinem Bruder, der an mir sündigt, vergeben? Ist's genug siebenmal? Jesus sprach zu ihm: Ich sage dir: Nicht siebenmal, sondern siebzigmal siebenmal. Darum ist das Himmelreich gleich einem Könige, der mit seinen Knechten rechnen wollte. Und als er anfing zu rechnen, kam ihm einer vor, der war ihm zehntausend Pfund schuldig. Da er's nun nicht hatte, zu bezahlen, hieß der Herr verkaufen ihn und sein Weib und seine Kinder und alles, was er hatte, und bezahlen. Da fiel der Knecht nieder und betete ihn an und sprach: Herr, habe Geduld mit mir; ich will dir's alles bezahlen. Da jammerte den Herrn des Knechts, und er ließ ihn los, und die Schuld erließ er ihm auch. Da ging derselbe Knecht hinaus und fand einen seiner Mitknechte, der war ihm hundert Groschen schuldig; und er griff ihn an und würgte ihn und sprach: Bezahle mir, was du mir schuldig bist! Da fiel sein Mitknecht nieder und bat ihn und sprach: Hab Geduld mit mir; ich will dir's alles bezahlen. Er wollte aber nicht, sondern ging hin und warf ihn ins Gefängnis, bis daß er bezahlte, was er schuldig war. Da aber seine Mitknechte solches sahen, wurden sie sehr betrübt und kamen und brachten vor ihren Herrn alles, was sich begeben hatte. Da forderte ihn sein Herr vor sich und sprach zu ihm: Du Schalksknecht, alle diese Schuld habe ich dir erlassen, dieweil du mich batest; solltest du denn dich nicht auch erbarmen über deinen Mitknecht, wie ich mich über dich erbarmt habe? Und sein Herr ward zornig und überantwortete

ihn den Peinigern, bis daß er bezahlte alles, was er ihm schuldig war. Also wird euch mein himmlischer Vater auch tun, so ihr nicht vergebt von eurem Herzen, ein jeglicher seinem Bruder seine Fehler.]

Wir wollen uns zu Beginn dieser Predigt einmal ganz still und ehrlich fragen, ob wir einen Menschen wissen, aus unserm Umkreis, aus unserer Familie, unter unsern Freunden, – dem wir ein Unrecht, das er uns angetan hat, nicht vergeben haben; einen Menschen, von dem wir uns einmal im Zorn getrennt haben, – oder vielleicht auch nicht im offenen Zorn, sondern in stiller Bitterkeit mit dem Gedanken: Das kann ich nicht mehr vertragen, mit diesem Menschen kann ich keine Gemeinschaft mehr haben.

Oder sollten wir wirklich so unachtsam sein, dass wir sagen, wir wüssten keinen? Sind uns die andern Menschen so gleichgültig, dass wir garnicht eigentlich wissen, ob wir mit ihnen in Frieden oder in Unfrieden sind? Ob nicht einmal einer nach dem andern aufstehen wird und uns verklagen: Von mir bist du im Unfrieden geschieden – mich hast du nicht ertragen können – mit mir hast du die Gemeinschaft zerbrochen – ich war dir unsympathisch und du wandtest dich ab von mir – ich tat dir einmal weh und da ließest du mich allein – ich kränkte einmal deine Ehre und da brachst du mit mir – und ich konnte dich nicht wiederfinden – ich habe dich oft gesucht und du gingst mir aus dem Weg – und es ist kein offenes Wort mehr zwischen uns gefallen und ich wollte nichts mehr von dir, nur deine Vergebung und du hast mir nie vergeben können. Hier bin ich nun und klage dich an – kennst du mich noch? – Ob nicht in jener Stunde Namen vor uns lebendig werden, die wir kaum mehr kennen – viele, viele verletzte, verstoßene, arme Seelen, denen wir ihre Sünde nicht vergeben haben. Und unter diesen Menschen vielleicht ein guter Freund, ein Bruder, einer unserer Eltern?

Und es wird eine einzige große, drohende, furchtbare Stimme gegen uns werden in jener Stunde: *Du bist ein harter Mann gewesen* – all deine Freundlichkeit hilft dir nichts, du warst hart und stolz und kalt wie Stein, du hast dich um keinen von uns gesorgt, wir waren dir alle gleichgültig und verhasst, du hast nie gewusst, was Verzeihung tut, du hast nicht gewusst, wie wohl sie dem tut, der sie erfährt, und wie frei sie den macht, der verzeiht. Du bist immer ein harter Mann gewesen.

Wir machen es uns ja so leicht mit den andern Menschen. Wir stumpfen uns gänzlich ab und meinen, wenn wir gegen jemand keine bösen Gedanken hegen, dann sei das eben dasselbe, als hätten wir ihm vergeben – und wir übersehen dabei ganz, dass wir keine *guten* Gedanken über ihn haben – und vergeben, das könnte doch heißen, lauter gute Gedanken über ihn haben, ihn *tragen*, wo wir nur können. Und das gerade umgehen wir – wir tragen den andern Menschen nicht, sondern wir gehen neben ihm her und gewöhnen uns an sein Schweigen, ja nehmen ihn garnicht ernst – aber aufs *Tragen gerade kommt es an* – den andern in allen Stücken tragen, in allen seinen schwierigen und unangenehmen Seiten, und sein Unrecht und seine Sünde auch gegen mich – schweigen, tragen und lieben ohne aufhören – das käme dem Vergeben nahe!

Wer so zum andern Menschen, zu seinem Vater, seinem Freund, seiner Frau, seinem Mann, aber auch zu den fremden Menschen, allen die uns begegnen, steht, der weiß erst, wie schwer das ist. Dem kommt es wohl manchmal über die Lippen: Nun kann ich es nicht mehr, nun ertrage ich ihn nicht länger, nun hat meine Kraft ein Ende. Es kann nicht immer so weitergehen – „Herr, wie oft muss ich denn meinem Bruder, der an mir sündigt, vergeben?" Wie lange muss ich es ertragen, dass er hart gegen mich ist, mich kränkt und verletzt, dass er ohne Rücksicht und Zartheit ist, dass er mir weh tut ohne Maßen – Herr, wie oft …? Es muss doch einmal ein Ende haben, es muss doch einmal Unrecht Unrecht genannt werden, es kann doch nicht sein, dass mein Recht dauernd vergewaltigt wird – „ist es genug siebenmal?“ Wir lächeln vielleicht über Petrus, siebenmal, das scheint uns gering – wie oft haben wir schon vergeben und übersehen. Wir sollten aber dennoch ganz und gar nicht lächeln, wir haben dem Petrus gegenüber wahrhaftig keinen Anlass dazu. Siebenmal vergeben – wirklich vergeben, das heißt das uns angetane Unrecht ganz zum Besten kehren, Böses ganz mit Gutem vergelten, den andern annehmen, als sei er uns immer der liebste Bruder gewesen, das ist keine Kleinigkeit. Ja was wir so vergeben und vergessen nennen: Keine Krähe hackt der andern ein Auge aus, aber vergeben, aus lauter Liebe, mit der man den andern nicht loslassen will, sondern ihn weiter tragen, das ist keine Kleinigkeit.

Es ist eine rechte Qual, dies Fragen. Wie werde ich mit diesem Menschen fertig, wie kann ich ihn ertragen? Wo fängt mein Recht ihm gegenüber an? Lasst uns nur mit dieser Frage immer zu Jesus gehen, wie es Petrus tat. Denn gingen wir zu einem andern, fragten wir uns selbst, so bekämen wir keine oder nur schlechte Hilfe: Jesus aber hilft, nur in ganz wunderlicher Weise. Nicht siebenmal, Petrus, sondern siebzigmal siebenmal, sagt Jesus, – und er weiß, so allein hilft er ihm. *Nicht zählen*, Petrus, sondern vergeben ohne Zahl – nicht dich quälen mit der Frage, wie lange – ohne Ende, Petrus, ohne Ende: Das ist vergeben – und das ist Gnade für dich, das allein macht dich frei.

Du zählst, einmal, zweimal, dreimal und immer bedrohlicher wird dir die Sache – immer quälender das Verhältnis zum Bruder – aber merkst du denn garnicht, solange du noch zählst, solange rechnest du ja immer wieder dem andern seine alte Sünde auf, solange hast du in Wirklichkeit noch nicht – noch nicht einmal! – vergeben. Werde frei, Petrus, vom Zählen – vergeben und verzeihen kennt keine Zahl noch Ende – du brauchst dich nicht zu bekümmern um dein eigenes Recht, das ist bei Gott wohl aufgehoben, – du darfst vergeben ohne Ende! Vergebung ist ohne Anfang und Ende, sie geschieht täglich unaufhörlich, denn sie kommt von Gott. Das ist Befreiung aus allem Krampfhaften im Zusammensein mit dem Nächsten, denn hier werden wir befreit von uns selbst, hier dürfen wir alles eigene Recht aufgeben und dem andern allein helfen und dienen.

Hört nur, wir brauchen garnicht mehr empfindlich zu sein – es ist nichts damit gedient – wir brauchen nicht auf unsere Ehre bedacht zu sein – wir brauchen uns auch nicht zu entrüsten, wenn der andre uns immer wieder Unrecht tut – wir brauchen nicht mehr den andern fortgesetzt zu richten – wir brauchen ihn *nur zu nehmen, wie er ist*, und ihm alles, alles vergeben, ohne Ende, ohne Bedingung. Ist das nicht wirklich große Gnade, dass wir solchen Frieden haben dürfen mit unserm Nächsten – dass keiner und nichts unsern Frieden stören kann? Unsre Freundschaft, unsre Ehe, unsre Bruderschaft empfängt hier, was sie braucht, festen, dauernden Frieden durch die Vergebung.

Als Jesus das dem Petrus sagte, da hat er ihm etwas ganz Fröhliches und Herrliches sagen und schenken wollen, da hat er ihn frei machen wollen aus dem quälenden Gegeneinander der Menschen. Ihr *dürft* einander vergeben, sagt Jesus. Das ist wahrhaftig frohe Botschaft.

Aber das ist ja nun das Schlimme, dass da, wo Jesus uns eine ganz große Hilfe geben will, wo er uns etwas ganz großes schenken will, wir sogleich sagen: Ach wie schwer ist das, was Jesus uns da auflegt, wie unerträglich schwer. Das ist ja keine Hilfe, das ist ja eine Last. Wer soll denn das können, seinem Bruder alles vergeben und mit ihm zu tragen. Da wacht der ganze Trotz wieder auf: Nein, das will ich nicht und das kann ich nicht. Das hat der andre auch wahrhaftig nicht verdient.

Und siehe, erst wenn wir so reden, wird Jesus zornig über uns. Um Hilfe fragen dürfen wir ihn ohne Ende – aber uns gegen seine Hilfe wehren und sagen: Das sei keine Hilfe, – das will Jesus nicht. „Du kannst nicht vergeben, du willst nicht vergeben, das hat der andre nicht verdient – ja, wer bist denn du, Mensch, dass du so redest?“

Und in großem Zorn erzählt nun Jesus jene furchtbare Geschichte vom Schalksknecht, von dem Mann, der Barmherzigkeit erfuhr und dennoch ein harter Mann blieb und von dem nun alle Barmherzigkeit genommen wird und über den nun Gottes furchtbares Gericht ergeht. Und indem er diese zornige Geschichte erzählt, gibt er uns die größte Hilfe, die er uns geben kann, er zeigt uns den *Weg* zum rechten Vergeben. Den wollen wir nun verstehen.

Besinnen wir uns an einen Augenblick in unserm Leben, in dem Gott uns vor Gericht zog, in dem wir ein verlorener Mann waren? In dem es uns ans Leben ging? Gott forderte Rechenschaft von uns, und es waren nichts als Schulden da, unermesslich große Schulden. Unser Leben war befleckt und unrein und schuldig vor ihm und wir hatten nichts, aber auch garnichts aufzuweisen als Schulden und noch einmal Schulden. Besinnen wir uns, wie es uns damals zu Mute war, wie wir nichts zu hoffen hatten, wie verloren und sinnlos alles erschien. Wir konnten uns nicht mehr selbst helfen, wir waren gänzlich allein – und vor uns blieb bloß die Strafe, die gerechte Strafe. Vor ihm konnten wir nicht aufrecht stehen bleiben, vor ihm, vor Gott dem Herrn, sanken wir auf die Knie in unserer Verzagtheit und beteten ihn an: Herr, habe Geduld mit mir – und allerlei Geschwätz kam über unsre Lippen, so wie hier der Schalksknecht: Ich will alles bezahlen und wiedergutmachen – derartiges, und wir wussten doch genau, wir würden es nie bezahlen können, und dann veränderte sich auf einmal alles, Gottes Angesicht trug nicht mehr die Züge des Zornes, sondern des großen Jammers und Schmerzes über uns Menschen, und er erließ uns alle Schuld, und es war uns vergeben. Wir waren frei und die Angst war von uns genommen und wir waren wieder froh und konnten Gott ins Angesicht sehen und danken.

So sahen wir einmal aus, wie jener Schalksknecht. Wie vergesslich wir doch sind! Nun gehen wir hin und packen den, der uns ein kleines Unrecht getan hat, der uns getäuscht oder verleumdet hat, und sprechen zu ihm: Mache wieder gut, was du gesündigt hast! Ich kann dir das niemals vergeben! Sehen wir denn nicht, dass wir vielmehr sagen sollten: Was der andre uns hier angetan hat, das ist ja nichts, garnichts gegen das, was ich getan habe gegen Gott und auch gegen ihn? Wer hat denn uns berufen, den andern zu verdammen, die wir selbst viel schwerer dran sind als er?

Vers 31-34. Nun ist die Gnade vertan, nun ist die ganze alte Schuld neu da, nun kommt der Zorn über uns – nun sind wir verlorene Leute, weil wir die Gnade verachtet haben. Das ist die ganze Lehre: Die Sünde des andern siehst du, aber deine eigene Sünde erkennst du nicht. In Buße erkenne die Barmherzigkeit Gottes über dir und nur so wirst du vergeben können.

Wie kommen wir dahin, dass wir einander alle Sünde von Herzen vergeben? Liebe Brüder, wer es einmal erfahren hat, dass Gott ihn aus einer großen Sünde gerissen und ihm vergeben hat, wem Gott einmal in solcher Stunde einen Bruder geschickt hat, dem wir unsre Sünde sagen durften, wer den Kampf kennt, den der Sünder gegen die Hilfe führt, weil er sich nicht helfen lassen will, und wer es dennoch erfuhr, dass ihn sein Bruder im Namen Gottes und im Gebet von seiner Sünde freisprach – dem vergeht alle Sucht zum Richten und zum Nachtragen, der will nur noch eines: mittragen an der Not des Bruders, dienen, helfen, vergeben, – ohne Maßen, ohne Bedingung, ohne Ende – der kann den sündigen Bruder nicht mehr hassen, sondern er liebt ihn umso mehr und vergibt ihm alles, alles. Herr, unser Gott, lass uns deine Barmherzigkeit erfahren, dass wir Barmherzigkeit üben ohne Ende! Amen.

Judas

Matthäus 26,45b-50

14.3.1937, Finkenwalde, Judica

Siehe, die Stunde ist hier, daß des Menschen Sohn in der Sünder Hände überantwortet wird. Stehet auf, laßt uns gehen! Siehe, er ist da, der mich verrät! Und als er noch redete, siehe, da kam Judas, der Zwölfe einer, und mit ihm eine große Schar mit Schwertern und mit Stangen, von den Hohenpriestern und Ältesten des Volks. Und der Verräter hatte ihnen ein Zeichen gegeben und gesagt: Welchen ich küssen werde, der ist's; den greifet! Und alsbald trat er zu Jesu und sprach: Gegrüßet seist du, Rabbi! und küßte ihn. Jesus aber sprach zu ihm: Mein Freund, warum bist du gekommen? Da traten sie hinzu und legten die Hände an Jesum und griffen ihn.

Ein Geheimnis hatte Jesus seinen Jüngern bis zum letzten Abendmahl verborgen. Zwar hatte er sie nicht im Unklaren gelassen über seinen Leidensweg. Zwar hatte er ihnen dreimal bezeugt, dass des Menschen Sohn überantwortet werden muss in die Hände der Sünder. Aber das tiefste Geheimnis hatte er ihnen noch nicht offenbart. Erst in der Stunde letzter Gemeinschaft beim heiligen Abendmahl konnte er es ihnen sagen: Des Menschen Sohn wird überantwortet in die Hände der Sünder – durch Verrat. Einer unter euch wird mich verraten.

Die Feinde allein können keine Macht über ihn gewinnen. Es gehört ein Freund dazu, ein nächster Freund, der ihn preisgibt, ein Jünger, der ihn verrät. Nicht von außen geschieht das Furchtbarste, sondern von innen. Der Weg Jesu nach Golgatha nimmt seinen Anfang mit Jüngerverrat. Die einen schlafen jenen unbegreiflichen Schlaf in Gethsemane, einer verrät ihn, zum Schluss „verließen ihn alle Jünger und flohen".

Die Nacht von Gethsemane vollendet sich. *„Siehe, die Stunde ist hier"* – jene Stunde, die Jesus vorhergesagt hatte, von der die Jünger seit Langem wussten, und vor deren Eintreten sie bebten, jene Stunde, auf die sich Jesus so ganz bereitet und für die die Jünger so ganz und gar unbereitet waren, die Stunde, die nun mit keinem Mittel der Welt mehr hinauszuschieben war – „Siehe, die Stunde ist hier, *dass des Menschen Sohn in der Sünder Hände überantwortet wird*".

„Überantwortet" sagt Jesus, das heißt, es ist nicht die Welt, die über ihn Macht gewinnt, sondern jetzt wird Jesus von den Seinen selbst ausgeliefert, preisgegeben, aufgegeben. Der Schutz wird ihm aufgesagt. Man will sich nicht weiter mit ihm belasten: Lasst ihn den Andern. Das ist es, Jesus wird weggeworfen, die schützenden Hände der Freunde sinken. Mögen nun die Hände der Sünder mit ihm tun, was sie wollen. Mögen sie ihn antasten, deren unheilige Hände ihn nie berühren durften. Mögen sie mit ihm spielen, ihn spotten und schlagen. Wir können nichts mehr daran ändern. Das heißt Jesus überantworten: nicht mehr für ihn eintreten, ihn dem Spott und der Macht der Öffentlichkeit preisgeben, die Welt mit ihm umgehen lassen nach ihrem Mutwillen, nicht mehr zu ihm stehen. Jesus wird von den Seinen der Welt ausgeliefert. Das ist sein Tod.

Jesus weiß, was ihm bevorsteht. In Festigkeit und Entschlossenheit ruft er seine Jünger auf: *„Stehet auf, laßt uns gehen."* Oftmals hatten die drohenden Feinde vor ihm zurückweichen müssen, er war frei durch ihre Mitte hindurchgeschritten, ihre Hände sanken. Damals war seine Stunde noch nicht gekommen. Jetzt ist die Stunde hier. Jetzt geht er ihr in freiem Entschluss entgegen. Und damit kein Zweifel mehr sei, damit es unzweideutig klar sei, dass die Stunde da ist, in der er überantwortet wird, sagt er: „*Siehe, er ist da, der mich verrät.*“ Kein Blick fällt auf die große Schar, die heranzieht, auf die Schwerter und Stangen der Feinde. Die hätten keine Macht! Jesu Blick trifft allein den, der diese Stunde der Finsternis heraufgeführt hat. Auch seine Jünger sollen wissen, wo der Feind steht. Einen Augenblick liegt alles, liegt Heils- und Weltgeschichte in den Händen des einen – des Verräters. Siehe, er ist da, der mich verrät – und in der Nacht erkennen die Jünger schaudernd in ihm – Judas, den Jünger, den Bruder, den Freund. Schaudernd – denn als Jesus am Abend derselben Nacht zu ihnen gesagt hatte: Einer von euch wird mich verraten, hatte keiner gewagt, den andern zu beschuldigen. Keiner konnte diese Tat dem andern zutrauen. Darum musste ein jeder fragen: Herr, bin ich's? Herr, bin ich's? Eher noch war das eigene Herz solcher Tat fähig, als der andere, der Bruder.

„*Und als er noch redete, siehe, da kam Judas der Zwölfe einer, und mit ihm eine große Schar, mit Schwertern und mit Stangen.*“ Jetzt sehen wir nur noch zwei, um die es hier geht. Die Jünger und die Häscher treten zurück, sie beide tun ihr Werk schlecht. Nur zwei tun ihr Werk so, wie sie es tun müssten, Jesus und Judas. Wer ist Judas?, das ist die Frage. Es ist eine der ganz alten und grüblerischen Fragen der Christenheit. Halten wir uns zunächst an das, was der Evangelist uns selbst dazu sagt: *Judas, der Zwölfe einer.* Ob wir etwas spüren von dem Grauen, mit dem der Evangelist dieses kleine Satzteilchen geschrieben hat? Judas, der Zwölfe einer – was war hier mehr zu sagen? Und war hiermit nicht auch wirklich alles gesagt? Das ganze dunkle Geheimnis des Judas und zugleich das tiefste Entsetzen vor seiner Tat. Judas, der Zwölfe einer, das heißt doch: Es war unmöglich, dass dies geschah, es war ganz unmöglich, und es geschah doch. Nein, hier ist nichts mehr zu erklären und zu verstehen. Es ist ganz und gar unerklärlich, unbegreiflich, es bleibt ganz und gar

Rätsel – und doch geschah die Tat. Judas, der Zwölfe einer, das heißt ja nicht nur: Er war einer, der Tag und Nacht um Jesus war, einer, der Jesus nachgefolgt war, der es sich etwas hatte kosten lassen, der alles verlassen hatte, um mit Jesus zu sein, ein Bruder, ein Freund, ein Vertrauter des Petrus, des Johannes, des Herren selbst. Es hieß ja noch etwas viel Unbegreiflicheres: Jesus selbst hatte Judas berufen und erwählt! Das ist das eigentliche Geheimnis, denn Jesus wusste, wer ihn verraten würde, von Anfang an. Bei Johannes sagt Jesus: Habe ich nicht euch Zwölf erwählt, und euer einer ist der Teufel. Judas der Zwölfe einer – dabei muss ja nun der Leser nicht nur auf Judas, sondern vielmehr in großer Bestürzung auf den Herren schauen, der ihn erwählte. Und die er erwählte, die hat er geliebt. Er hat ihnen Anteil gegeben an seinem ganzen Leben, an dem Geheimnis seiner Person, er hat sie in gleicher Weise ausgesandt zur Predigt des Evangeliums. Er hat ihnen die Vollmacht der Teufelsaustreibung und Heilung gegeben – und Judas war mitten unter ihnen. Nirgends eine Andeutung davon, dass Jesus den Judas im Geheimen gehasst hätte. Nein, Judas schien durch sein Amt, den Beutel der Jünger zu verwalten, noch ausgezeichnet vor den andern. Zwar sagt Johannes einmal, Judas sei ein Dieb gewesen. Aber sollte das nicht nur eine dunkle Andeutung dafür sein, dass Judas ein Dieb war an Jesus, dass er Jesus stahl, was ihm nicht zukam und es der Welt preisgab? Und sind nicht auch die 30 Silberlinge nur ein Zeichen dafür, wie gemein und gering die Gabe der Welt ist für den, der die Gabe Jesu kennt? Und doch wusste Jesus von Anfang an, wer ihn verraten würde! Ja, Johannes weiß noch von einem überaus geheimnisvollen Zeichen der Verbundenheit Jesu mit Judas zu berichten. In der Nacht des Abendmahls reicht Jesus dem Judas einen eingetauchten Bissen, und mit diesem Zeichen höchster Gemeinschaft fährt der Satan in Judas. Darauf spricht Jesus halb bittend, halb befehlend zu Judas: Was du tust, das tue bald.

Kein anderer begriff, was hier vorging. Es blieb alles zwischen Jesus und Judas.

Judas, der Zwölfe einer, von Jesus erwählt, von Jesus in seine Gemeinschaft gezogen, geliebt – heißt dies, dass Jesus auch seinem Verräter seine ganze Liebe zeigen und erweisen will? Heißt es, dass er auch wissen soll, dass es an Jesus im Grunde gar nichts zu verraten gibt? Heißt es auch dies, dass Jesus in tiefer Liebe den Willen Gottes liebt, der sich in seinem Leidensweg vollzieht, dass er auch den liebt, durch dessen Verrat der Weg frei wird, ja, der nun Jesu Geschick für einen Augenblick in seiner Hand trägt? Heißt es, dass er ihn liebt als den Vollstrecker des göttlichen Willens und doch weiß: Wehe dem, durch welchen es geschieht? Es ist ein großes, unerforschliches Geheimnis – Judas, der Zwölfe einer.

Aber es ist ja auch ein Geheimnis von der Seite des Judas her. Was will Judas bei Jesus? Es muss dieses sein, dass der Böse vom Unschuldigen, vom Reinen nicht loskommt. Er hasst ihn, und indem er doch nicht von ihm lassen kann, liebt er ihn eben auch mit der dunklen, leidenschaftlichen Liebe, mit der auch der Böse, der Teufel, noch um seinen Ursprung in Gott, im Reinen weiß. Der Böse will der Jünger des Guten sein. Der Böse ist der leidenschaftlichste Jünger des Guten – bis er ihn verrät. Der Böse weiß, dass er Gott dienen muss, und liebt Gott um seiner Macht willen, die er selbst nicht hat, und hat doch nur den einen Drang, über Gott Macht zu gewinnen. So ist er der Jünger und muss seinen Herrn doch verraten. Jesus erwählt den Judas, Judas kann nicht von Jesus lassen. Jesus und Judas gehören zusammen von Anfang an. Keiner lässt den andern los.

Und nun sehen wir dies an der Geschichte selbst: Jesus und Judas verbunden durch einen Kuss. Hört das Ungeheuerliche: *„Und der Verräter hatte ihnen ein Zeichen gegeben und gesagt: Welchen ich küssen werde, der ist's; den greifet! Und alsbald trat er zu Jesu und sprach: Gegrüßet seist du, Rabbi!*

und küßte ihn. Jesus aber sprach zu ihm: Mein Freund, warum bist du gekommen? Da traten sie hinzu und legten die Hände an Jesum und griffen ihn." Und: „*Judas, verrätst du des Menschen Sohn durch einen Kuß?*" Noch einmal packt uns die Frage: Wer ist Judas, der des Menschen Sohn mit einem Kuss verrät? Es ist gewiss oberflächlich zu sagen, der Kuss sei eben die übliche Begrüßungsform gewesen. Dieser Kuss war mehr als das! Dieser Kuss war die Vollendung des Weges des Judas, der tiefste Ausdruck für die Gemeinschaft und für die abgrundtiefe Trennung zwischen Jesus und Judas.

„*Mein Freund, warum bist du gekommen?*" Hört ihr, wie Jesus den Judas noch liebt, wie er ihn noch in dieser Stunde seinen Freund nennt? Jesus will den Judas noch jetzt nicht loslassen. Er lässt sich von ihm küssen. Er stößt ihn nicht zurück. Nein, Judas muss ihn küssen. Seine Gemeinschaft mit Jesus muss sich vollenden. Warum bist du gekommen? Jesus weiß es wohl, warum Judas gekommen ist, und dennoch: Warum bist du gekommen? Und: Judas, verrätst du des Menschen Sohn mit einem Kuss? Ein letzter Ausdruck der Jüngertreue, vereint mit Verrat. Ein letztes Zeichen der leidenschaftlichen Liebe, gepaart mit dem viel leidenschaftlicheren Hass. Ein letzter Genuss an einer unterwürfigen Geste, im Bewusstsein der Übermacht des davongetragenen Sieges über Jesus. Ein bis ins Tiefste hinein entzweites Tun, dieser Judaskuss! *Von Christus nicht lassen können, und ihn doch preisgeben.* Judas, verrätst du des Menschen Sohn mit einem Kuss? Wer ist Judas? Sollten wir hier nicht auch des Namens gedenken, den er trug? „Judas", steht er nicht hier für das im Tiefsten entzweite Volk, aus dem Jesus stammte, für das erwählte Volk, das die Verheißung des Messias empfangen hatte und ihn doch verwarf? Für das Volk Juda, das den Messias liebte, und doch so nicht lieben konnte? „Judas" – sein Name heißt verdeutscht „Dank". War dieser Kuss nicht der Jesus dargebrachte Dank des entzweiten Volkes des

Jüngers und doch zugleich die ewige Absage? Wer ist Judas, wer ist der Verräter? Sollten wir angesichts dieser Frage etwas anderes tun können, als mit den Jüngern sprechen: Herr, bin ich's, bin ich's?

„Da traten sie hinzu und legten die Hände an Jesum und griffen ihn." „Ich bin's, ich sollte büßen an Händen und an Füßen, gebunden in der Höll'. Die Geißel und die Banden, und was Du ausgestanden, das hat verdienet meine Seel'." Lasst uns noch das letzte Ende ansehen! Zu derselben Stunde, als Jesus Christus sein Erlösungsleiden am Kreuz in Golgatha vollbringt, ist Judas hingegangen und hat sich erhängt, hat sich in fruchtloser Reue selbst verdammt. Furchtbare Gemeinschaft!

Die Christenheit hat in Judas immer wieder das dunkle Geheimnis der göttlichen Verwerfung und ewigen Verdammung gesehen. Sie hat mit Schrecken den Ernst und das Gericht Gottes an dem Verräter erkannt und bezeugt. Sie hat aber gerade darum nie mit Stolz und Überheblichkeit auf ihn gesehen, sondern sie hat in Zittern und Erkenntnis der eigenen übergroßen Sünde gesungen: O du armer Judas, was hast du getan! So wollen auch wir heute nichts anderes sagen als dies: O du armer Judas, was hast du getan! und wollen Zuflucht nehmen zu dem, der um unserer aller Sünde willen am Kreuz gehangen und uns die Erlösung vollbracht hat, und wollen beten:

O hilf Christe, Gottes Sohn
Durch dein bitter Leiden
Dass wir dir stets untertan
All' Untugend meiden.
Deinen Tod und sein Ursach'
Fruchtbarlich bedenken
Dafür, wiewohl arm und schwach,
Dir Dankopfer schenken. Amen.[162]

Wenn du glauben könntest!

Markus 9,23-24

1934

Markus 9, 23–24: Wenn du könntest glauben! Alle Dinge sind möglich dem, der da glaubt … Ich glaube, lieber Herr; hilf meinem Unglauben!

Zu einem Menschen in einer menschlich gesehen hoffnungslosen Lage sagt Jesus dies – wenn du glauben könntest. Dann wäre alles anders in deinem Leben; dann stündest du nicht kleinmütig und verzagt hier; dann wüsstest du, es gibt für dich nichts Unmögliches mehr. Zu einem Vater, dessen Kind – menschlich geredet – unheilbar krank ist und der alles tun will, um seinem Sohn zu helfen und der doch machtlos dem Unheil zusehen muss. Alle erdenklichen Wege bis hin zu den Jüngern Jesu ist der Vater gegangen, bis ihm nur der eine Weg noch bleibt, ein Weg, vor dem ihm schaudert, ein Weg, vor dem jedem Menschen schaudert – wenn er ihn zum ersten Mal geht – der *Weg zu Jesus.*

Warum gehen wir denn alle anderen Wege immer lieber als diesen Weg zu Christus selbst, wenn etwas bei uns nicht stimmt? Warum vermeiden wir es, diesen Weg wirklich zu gehen? Warum schaudern wir vor diesem Weg zurück? Weil wir wissen, dass wir hier Antwort geben müssen auf eine große Frage und diese Frage heißt: Kannst du glauben? So glauben, dass dein ganzes Leben ein einziges großes Trauen und Wagen auf Gott geworden ist oder werden will, so glauben, dass du nicht rechts und links siehst, sondern auf Gott hin tust, was du tun musst, so glauben, dass du Gott gehorchst? Kannst du glauben? Wenn du glauben könntest, ja, dann wäre die Hilfe schon da. Dann ist dir nichts mehr unmöglich.

Wie oft graust es uns dann vor unserer eigenen Glaubenslosigkeit. Ach, wenn ich nur glauben *könnte*! Am Krankenbett, am Totenbett, am Rand der Verzweiflung an mir und anderen schreit es förmlich in mir auf: Ach, wenn ich nur glauben *könnte*! Aber wenn wir das Leben eines Menschen, der im Glauben lebte und starb, sehen dürfen, wie es mir in diesen Wochen ging, als ich eine ergreifende Darstellung des Lebens des heiligen Franziskus sehen durfte – da werden wir so restlos davon überzeugt, dass dies der einzige Weg wäre, den es der Mühe wert wäre zu gehen, so einfach danach leben, was Christus von uns wollte, unbekümmert um das, was für uns persönlich daraus wird – dann packt es uns unwiderstehlich an: Wenn ich nur glauben könnte – ja, dann wäre es wirklich alles in meinem Leben anders. Dann wäre ich frei, dann wäre ich vielleicht sogar irgendwie glücklich, dann gäbe es nichts Unmögliches mehr für mich. „Ich vermag alles durch den, der mich mächtig macht, Christus".

Wir glauben ja an allerlei, wir glauben sogar an viel zu viel – wir glauben an die Macht, wir glauben an uns selbst, wir glauben an andere Menschen, wir glauben an die Menschheit. Wir glauben an unser Volk, wir glauben an unsere Religionsgemeinschaft – wir glauben an neue Ideen – aber wir glauben über dem allem an den Einen nicht – an Gott. Und dieser Glaube an Gott würde uns nämlich den Glauben an alle die anderen Mächte nehmen, unmöglich machen. Wer an Gott glaubt, der glaubt in dieser Welt an nichts anderes, denn er weiß, es zerbricht und vergeht, aber er braucht auch an nichts „anderes" zu glauben, denn er hat ja den, von dem alles kommt und in dessen Hände alles fällt. Wir kennen die Siege, die ein Mensch erringt, der wirklich an sich selbst glaubt, der an irgendeine Macht oder Idee dieser Erde glaubt, sodass er sich ihr gänzlich ergibt und lebt, er vermag Übermenschliches, Unmögliches – wie viel größere Siege müsste erst der erringen, dessen Glaube nicht nur ein subjektives Phantom, sondern der lebendige Gott selbst ist! Die Wunder Jesu, die Wirkung Jesu, sie waren ja nichts als sein Glaube! *Wir* sollten die sein, die so glauben, und wie beschämt müssen wir auf unser Leben sehen angesichts dessen, was Menschen mit einem Glauben an diese Welt geschafft haben. Ach, wenn wir nur glauben könnten! – Warum können wir nicht glauben? Worin bestehen die Hindernisse? Es gibt darauf ebenso viele Antworten, wie es glaubenslose Menschen gibt. Bei einem soll es der Verstand, beim anderen mangelnde „religiöse Begabung“ sein, beim dritten schwere Erlebnisse seines Lebens, allgemeiner Pessimismus u. s. w. Es gibt genug Gründe, die wir vorschieben, mit denen wir uns entschuldigen können. Daran fehlt es dem Menschen nie, und wenn es ihm an allem anderen fehlte. Aber die *einzig* aufrichtige Antwort auf diese Frage heißt – weil wir im Grunde nicht glauben *wollen*. Ich weiß, wir sind beleidigt, wenn man uns das sagt, wir sagen, wir hätten es wohl hundertmal in unserem Leben versucht zu glauben, und wir wollten es wohl heute auch, aber mit uns sei es nun eben so besonders, dass wir wirklich einfach trotz bestem Willen nicht glauben *könnten*. Es ist nicht wahr, es ist Spiegelfechterei, dies alles, vielleicht uns subjektiv nicht bewusst, aber wahr ist es doch: In allen diesen verzweifelten und krampfhaften Versuchen zu glauben, wollten wir ihm gerade nicht glauben, das heißt eben, wir wollten das nicht, was aber zum Glauben zuallererst gehört, nämlich uns selbst gänzlich aufgeben, uns gar nicht mehr sehen, unseren Geltungsdrang völlig töten und Gott allein gelten lassen und ihm so trauen und es auf ihn wagen. Aufgeben, was uns unangenehm war, aber nicht, was uns lieb ist! Glauben heißt *bedingungslos* trauen und wagen, dies wollten wir nicht, wir wollten Bedingungen machen, und darum war alles andere verfehlt und unwahr. *Wir wollten nicht glauben*.

Und wenn nun einer kommt und mit frommen Argumenten beweisen will, dass es eben doch nach der Schrift solche gebe, die Gott dazu vorherbestimmt habe, dass sie nicht glauben könnten, sondern Gefäße zur Unehre sein sollten, so wollen wir antworten: Das ist wohl wahr, aber woher weißt du denn, dass du zu diesen gehörst? Wer hat dir das gesagt? Woher weißt du denn, dass es von dir nicht gerade Schuld ist, dass du dich weigerst zu glauben, wo Gott dich unaufhörlich ruft? Du willst glauben – nun gut, ist denn das nicht Ruf Gottes genug, dass du auch glauben sollst und auch glauben kannst, wenn du dich nur auf ihn verlässt? *Wir wollen nicht glauben.*

Aber Jesus sagt: Wenn du könntest glauben. Es liegt etwas Sehnsüchtiges und etwas unendlich Mitleidvolles in diesem Ausruf. Wenn du dich doch endlich entschlössest, den Schritt zu tun, den du dein ganzes Leben lang tun wolltest und doch nicht tatest, zu glauben; wenn du dich doch ausliefertest, ganz einfach und in allem ganz Persönlichen und ganz Konkreten, und Jesus über dich herrschen ließest.

Alle Dinge sind möglich dem, der da glaubt. Hier ist von einer unheilbaren Krankheit geredet, die durch den Glauben an die Kraft Gottes wirklich soll gebrochen werden können und gebrochen wird. Wir stocken, wir machen Ausflüchte: suggestive Einflüsse, unbewusste Psychotherapie – Christus sagt – nein, dies alles nicht, sondern Glaube und Gott.

Alle Dinge – Menschen, die in geistigen Dingen zu Hause sind, wissen, dass nichts unmöglicher erscheint, als ein geistiges Gesetz, einen geistigen Zwang, der über einem Menschen liegt, zu zerbrechen, den Menschen in eine andere Richtung zu bringen als bisher. Jesus sagt: *Alle Dinge*. Menschen, die ein geistliches Leben führen, wissen, dass wir völlig hoffnungslos gegen unsere Sünde, unsere Selbstsucht, unsere Schwäche ankämpfen, so lange wir uns auf uns selbst verlassen, dass nichts verzweifelter ist als der Kampf des Menschen gegen die Sünde. – Jesus sagt: Alle Dinge sind möglich dem, der da glaubt. Der härteste und verstockteste Sünder wird neu, wird frei von aller Angst, allem Krampf, aller bösen Gewohnheit, wo er nur glaubt, das heißt, wo er auf Gott sein Wagen und Trauen setzt. Der trübsinnigste Mensch wird fröhlich, der scheueste Mensch wird offen, der gleichgültigste und laueste Mensch wird erfüllt mit neuer Glut und Leben, „wenn du nur glauben könntest".

Alle Dinge sind möglich. – Wir denken an so viele Stunden, in denen wir glaubensvoll zu Gott gebetet und gerufen haben, er möge uns helfen, wenn es sein Wille ist – und uns wurde nicht geholfen, jedenfalls nicht so, wie wir erbaten – alle Dinge – ist es auch wahr?

Heißt das nicht fast, dass der Glaube Gott *zwingen* kann? Ja, das heißt es in der Tat! Aber das ist ja das Unerhörte, dass Gott sich von unserem Glauben zwingen lassen *will*, nicht von unserem Klagen und Lamentieren und Sorgen und Seufzen – aber von unserem Glauben. Das scheint gotteslästerlich zu klingen – aber kann es das denn sein? Hat denn nicht jeder wirkliche Glaube seine notwendige Grenze an *Gottes Willen*, heißt denn Glaube etwas anderes, als Gottes Willen Raum lassen wollen, über uns, über die Welt, und kann denn ein einziges Ding unmöglich sein, wenn es Gottes Wille ist? Und wissen wir nicht sehr wohl, was Gottes Wille über unser Leben wäre? Wissen wir nicht sehr wohl, was Gottes Wille über unser Volk, über unsere Kirche wäre? Wollen wir nicht endlich im Glauben wagen, Gottes Willen an uns geschehen zu lassen?

Du antwortest: Ich glaube, lieber Herr, hilf meinem Unglauben. Die Verheißung, die Jesus dem Glauben gegeben, reißt den Vater über sich selbst hinaus, zwingt ihm den Glauben ab, Jesus selbst zwingt ihm den Glauben ab – ich glaube, lieber Herr – ich glaube, was du sagst, ich glaube, dass dein Wort und dein Versprechen Wahrheit ist – ich glaube, *wenn ich auf dich sehe*, wenn ich die Worte höre und sehe – aber *wenn ich auf mich selbst sehe* – lieber Herr, *hilf meinem Unglauben.* Da stürmt es gegen mich, da sträubt sich alles in mir gegen solche Verheißung, Vernunft, Geschichte, Welt, Erfahrung. – Hilf meinem Unglauben.

Wir sind nach unserem Glauben gefragt. Wir sind dazu aufgerufen – ach, wenn du könntest glauben! Es ist uns die Verheißung zugesprochen: Alle Dinge sind möglich. – Können wir anders als im *Blick auf solche Worte* antworten: Ich glaube, lieber Herr – und können wir anders, als im Blick auf unsere Natur zu beten – Herr, hilf meinem Unglauben. Aus diesem Zwiespalt kommt kein Mensch heraus. Glaubst du? Ich glaube, hilf meinem Unglauben, der täglich neu auch da ist. Wer will sagen, dass er glaubt, angesichts der Anfechtung, die er stündlich erfährt? Herr, wir wollen es auf dein Wort wagen – aber nicht unser Glaube macht es, sondern du allein. Nicht wir, nicht einmal unser Glaube, sondern du – dir ist kein Ding unmöglich. Herr, hilf meinem Unglauben! Amen.

Meine Seele erhebet den Herrn

Lukas 1,46-55

17.12.1933, London, 3. Advent

Und Maria sprach: Meine Seele erhebet den Herrn, und mein Geist freuet sich Gottes, meines Heilands; denn er hat die Niedrigkeit seiner Magd angesehen. Siehe, von nun an werden mich selig preisen alle Kindeskinder; denn er hat große Dinge an mir getan, der da mächtig ist und des Name heilig ist. Und seine Barmherzigkeit währet immer für und für bei denen, die ihn fürchten. Er übet Gewalt mit seinem Arm und zerstreuet, die hoffärtig sind in ihres Herzens Sinn. Er stößt die Gewaltigen vom Stuhl und erhebt die Niedrigen. Die Hungrigen füllet er mit Gütern und läßt die Reichen leer. Er denket der Barmherzigkeit und hilft seinem Diener Israel auf, wie er geredet hat unsern Vätern, Abraham und seinem Samen ewiglich.

Dieses Lied der Maria ist das älteste Adventslied. Es ist zugleich das leidenschaftlichste, wildeste, ja man möchte fast sagen, revolutionärste Adventslied, das je gesungen worden ist. Es ist nicht die sanfte, zärtliche, verträumte Maria, wie wir sie manchmal auf Bildern dargestellt sehen, sondern es ist die leidenschaftliche, hingerissene, stolze, begeisterte Maria, die hier spricht. Nichts von den süßen, wehmütigen oder gar spielerischen Tönen mancher unserer Weihnachtslieder, sondern ein hartes, starkes, unerbittliches Lied von stürzenden Thronen und gedemütigten Herren dieser Welt, von Gottes Gewalt und von der Menschen Ohnmacht. Es sind die Töne der prophetischen Frauen aus dem Alten Testament, Debora, Judith, Mirjam, die hier im Munde der Maria lebendig werden. Maria, die vom Geist ergriffen und gefasst, Maria, die gehorsam und demütig an sich geschehen lässt, was der Geist ihr gebietet, die den Geist wehen lässt, wo er will, sie spricht aus diesem Geist heraus vom Kommen Gottes in die Welt, vom Advent Jesu Christi. Sie weiß ja besser als irgendein anderer, was es heißt, auf Christus warten. Sie wartet ja anders auf ihn als irgendein anderer Mensch. Sie erwartet ihn als seine Mutter. Er ist ihr näher als irgendeinem anderen, sie weiß um das Geheimnis seines Kommens, um den Geist, der hier im Spiele ist, um den allmächtigen Gott, der sein Wunder tut. Sie erfährt es selbst am eigenen Leib, dass Gott wunderbare Wege mit den Menschen geht, dass er sich nicht nach der Meinung und Ansicht der Menschen richtet, dass er nicht den Weg geht, den die Menschen ihm vorschreiben wollen, sondern dass sein Weg über alles Begreifen, über alles Beweisen frei und eigenwillig ist.

Wo der Verstand sich entrüstet, wo unsere Natur sich auflehnt, wo unsere Frömmigkeit sich ängstlich fernhält, dort, gerade dort liebt es Gott zu sein. Dort verwirrt er den Verstand der Verständigen, dort ärgert er unsere Natur, unsere Frömmigkeit – dort will er sein und keiner kann's ihm verwehren – und nur die Demütigen glauben ihm und freuen sich, dass Gott so frei und so herrlich ist, dass er Wunder tut, wo der Mensch verzagt, dass er herrlich macht, was gering und niedrig ist. Und das ist ja das Wunder aller Wunder, dass Gott das Niedrige liebt. „Gott hat die Niedrigkeit seiner Magd angesehen." Gott in der Niedrigkeit – das ist das revolutionäre, das leidenschaftliche Adventswort. Zunächst Maria selbst – die Zimmermannsfrau, sagen wir: die arme Arbeiterfrau, unbekannt, bei den Menschen unangesehen – nun aber gerade in ihrer Unansehnlichkeit, in ihrer Niedrigkeit bei den Menschen von Gott angesehen und ausersehen, Mutter des Weltenretters zu sein; nicht um irgendwelcher menschlicher Vorzüge willen, auch nicht um ihrer gewiss großen Frömmigkeit willen, auch nicht um ihrer Demut willen, nicht um irgendwelcher Tugenden willen, sondern ausschließlich und allein darum, weil Gottes gnädiger Wille das Niedrige, das Unansehnliche, das Geringe liebt, erwählt und groß macht. Maria, die harte, fromme, in ihrem Alten Testament lebende und auf ihren Erlöser hoffende niedrige Arbeiterfrau – die Mutter Gottes. Christus, der arme Arbeitersohn im Eastend von London, Christus in der Krippe … Gott schämt sich der Niedrigkeit des Menschen nicht, er geht mitten hinein, erwählt einen Menschen zu seinem Werkzeug und tut seine Wunder dort, wo man sie am wenigsten erwartet. Gott ist nahe der Niedrigkeit, er liebt das Verlorene, das Unbeachtete, Unansehnliche, das Ausgestoßene, das Schwache und Zerbrochene, wo die Menschen sagen: verloren, da sagt er: gefunden, wo sie sagen „gerichtet", sagt er „gerettet", wo die Menschen sagen: Nein!, da sagt er: Ja! Wo die Menschen ihren Blick gleichgültig oder hochmütig wegwenden, da ist sein Blick von einer Glut der Liebe wie nirgends sonst. Wo die Menschen sagen: verächtlich, da ruft Gott: selig. Wo wir an einen Punkt in unserem Leben geraten sind, dass wir uns nur noch vor uns selbst und vor Gott schämen, wo wir meinen, Gott selbst müsse sich jetzt unserer schämen, wo wir uns Gott so fern fühlen, wie irgend je im Leben, da gerade ist Gott uns so nah wie nie zuvor, da will er in unser Leben einbrechen, da lässt er uns sein Herannahen fühlbar spüren, damit wir das Wunder seiner Liebe, seiner Nähe, seiner Gnade begreifen sollen.

„Siehe, nun werden mich selig preisen alle Kindeskinder!" jubelt Maria. Was heißt es, Maria, die niedrige Magd, selig preisen? Es kann nichts anderes heißen, als das Wunder Gottes, das an ihr geschah, staunend anbeten, an ihr ersehen, dass Gott das Niedrige ansieht und erhöht, dass Gottes Kommen in diese Welt nicht die Höhen, sondern die Tiefen aufsucht, dass wir Gottes Herrlichkeit und Allmacht darin sehen, dass er das Geringe groß macht. Maria selig preisen heißt nicht, ihr Altäre bauen, sondern mit ihr den Gott anbeten, der das Niedrige ansieht und erwählt, der „große Dinge tut und des Name heilig ist“. Maria selig preisen heißt, mit ihr wissen, dass Gottes „Barmherzigkeit währet für und für bei denen, die ihn fürchten“, die seinen Wegen staunend nachsehen und nachdenken, die seinen Geist wehen lassen, wo er will, die ihm gehorchen und mit Maria demütig sprechen: Mir geschehe, wie du gesagt hast.

Wenn Gott die Maria zum Werkzeug erwählt, wenn Gott selbst in der Krippe von Bethlehem auf diese Welt kommen will, so ist das nicht eine idyllische Familienangelegenheit, sondern es ist der Beginn einer völligen Umkehrung, Neuordnung aller Dinge dieser Erde. Wenn wir an diesem Advents- und Weihnachtsgeschehen teilnehmen wollen, so können wir nicht einfach zuschauerisch wie bei einem Theater daneben stehen und uns an all den freundlichen Bildern freuen, sondern dann werden wir selbst in diese Handlung, die da geschieht, in diese Umkehr aller Dinge mit hineingerissen, da müssen wir mitspielen auf dieser Bühne, da ist der Zuschauer immer schon eine handelnde Person in dem Stück, da können wir uns nicht entziehen. Was spielen wir denn da mit? Fromme Hirten, die ihre Knie beugen? Könige, die ihre Gaben bringen? Was wird denn da gespielt, wo Maria dic Mutter Gottes wird, wo Gott in der Niedrigkeit der Krippe in die Welt kommt? Weltgericht und Welterlösung – das ist es, was hier geschieht; und das Christuskind in der Krippe selbst ist es, das Weltgericht und Welterlösung hält, es stößt die Großen und Gewaltigen zurück, es stürzt die Throne der Machthaber, es demütigt die Hoffärtigen, sein Arm übt Gewalt über alle Hohen und Starken, und es erhebt, was niedrig ist, und macht es groß und herrlich in seiner Barmherzigkeit. Und darum können wir an seine Krippe nicht treten wie an die Wiege eines anderen Kindes, sondern wer an seine Krippe gehen will, mit dem geht etwas vor, der kann nur gerichtet oder erlöst wieder von ihr fortgehen, der muss hier entweder zusammenbrechen oder er weiß die Barmherzigkeit Gottes sich zugewandt.

Was heißt das? Ist das nicht alles Redensart, pastorale Übertreibung einer schönen frommen Legende? Was heißt es, dass solche Dinge vom Christuskind gesagt werden? Wer es als Redensart nehmen will, der tue es und feiere Advent und Weihnachten weiterhin so heidnisch unbeteiligt wie bisher. Uns ist es keine Redensart. Denn das ist es ja, dass es Gott selbst ist, der Herr und Schöpfer aller Dinge, der hier so gering wird, der hier in den Winkel, in die Verborgenheit, in die Unansehnlichkeit der Welt eingeht, der in der Hilflosigkeit und Wehrlosigkeit des Kindes uns begegnen und unter uns sein will – und das nicht aus Tändelei, aus Spielerei, weil wir das so rührend finden, sondern um uns zu zeigen, wo er sei und wer er sei, und um von diesem Ort aus alles menschliche Großseinwollen zu richten, und zu entwerten, zu entthronen.

Der Thron Gottes in der Welt ist nicht auf den menschlichen Thronen, sondern in den menschlichen Abgründen und Tiefen, in der Krippe. Um seinen Thron herum stehen nicht schmeichelnde Vasallen, sondern dunkle, unbekannte, fragwürdige Gestalten, die sich an diesem Wunder nicht satt sehen können und ganz von der Barmherzigkeit Gottes leben wollen.

Es gibt für einen Starken, für einen Großen dieser Welt nur zwei Orte, an denen ihn sein Mut verlässt, vor denen er sich in tiefster Seele fürchtet, denen er scheu ausweicht. Das ist die Krippe und das Kreuz Jesu Christi. In die Nähe der Krippe wagt sich kein Gewaltiger, hat sich der König Herodes auch nicht gewagt. Denn eben hier wanken die Throne, fallen die Gewaltigen, stürzen die Hohen, weil Gott mit den Niedrigen ist, hier werden die Reichen zunichte, weil Gott mit den Armen und Hungernden ist, weil er die Hungernden satt macht, aber die Satten und Reichen gehen leer aus. Vor der Maria, der Magd, vor der Krippe Christi, vor Gott in der Niedrigkeit, kommt der Starke zu Fall, hat er kein Recht, keine Hoffnung, ist er gerichtet.

Und wenn er auch heute noch meint, es geschehe ihm nichts, so wird es morgen oder übermorgen geschehen, Gott stößt die Tyrannen vom Stuhl, Gott erhebt die Niedrigen. Dazu ist Jesus Christus als Kind in der Krippe, als Sohn der Maria zur Welt gekommen.

Wir wollen in acht Tagen Weihnachten feiern und nun einmal wirklich als Fest des Christus in unserer Welt. Da müssen wir vorher noch etwas bereinigen, was in unserem Leben eine große Rolle spielt; nämlich wir müssen uns klar werden, wie wir angesichts der Krippe künftighin über hoch und niedrig im menschlichen Leben denken wollen. Wir sind zwar alle keine Gewaltigen, auch wenn wir's vielleicht gern wären und wir uns das ungern sagen lassen. Große Gewaltige gibt es immer nur wenige. Aber umso mehr kleine Gewaltige gibt es, solche Leute, die, wo sie es können, ihre kleine Gewalt spielen lassen und die nur einem Gedanken leben: immer höher hinauf! Gottes Gedanke heißt anders, er heißt: immer tiefer hinab, in die Niedrigkeit, in die Unscheinbarkeit, in die Selbstvergessenheit, in die Unansehnlichkeit, in das Nichtgeltenwollen, nicht Hochseinwollen – und auf diesem Weg begegnen wir Gott selbst. Jeder von uns lebt mit solchen zusammen, die man hoch, und mit solchen, die man niedrig nennt. Jeder von uns hat noch einen, der niedriger ist als er. Ob dieses Weihnachten uns dazu helfen wird, noch einmal an diesem Punkt radikal umzulernen, umzudenken, und zu wissen, dass unser Weg, sofern er ein Weg zu Gott sein soll, uns nicht auf die Höhen, sondern ganz wirklich in die Tiefen zu den Geringen führt, und dass jeder Lebensweg, der nur ein Höhenweg sein soll, ein Ende mit Schrecken nehmen muss?

Gott lässt sich nicht spotten. Er lässt es nicht hingehen, dass wir Jahr um Jahr Weihnachten feiern und nicht Ernst machen. Er hält sein Wort gewiss und er wird Weihnachten, wenn er in seiner Herrlichkeit und Macht in die Krippe eingeht, die Gewaltigen von ihrem Stuhl stoßen, wenn sie nicht endlich, endlich Umkehr halten.

Es ist eine wichtige Sache für eine christliche Gemeinde, dass sie sich in diesem Punkt versteht und dass sie aus solcher Erkenntnis die Konsequenzen für ihr Zusammenleben zieht. Es ist hier auch Grund, in dieser Richtung in unserer Gemeinde manches zu bedenken.

Wer von uns wird Weihnachten recht feiern? Wer alle Gewalt, alle Ehre, alles Ansehen, alle Eitelkeit, allen Hochmut, alle Eigenwilligkeit endlich niederlegt an der Krippe, wer sich hält zu den Niedrigen und Gott allein hoch sein lässt, wer im Kind in der Krippe die Herrlichkeit Gottes gerade in der Niedrigkeit schaut, wer mit Maria spricht: Der Herr hat meine Niedrigkeit angesehen. Meine Seele erhebt den Herrn und mein Geist freuet sich Gottes, meines Heilandes. Amen.

Gekommen, der Menschen Leben zu erhalten

Lukas 9,51-56

Ende 1927, Examenspredigt

[Es begab sich aber, da die Zeit erfüllet war, daß er sollte von hinnen genommen werden, wendete er sein Angesicht, stracks gen Jerusalem zu wandeln. Und er sandte Boten vor sich hin; die gingen hin und kamen in einen Markt der Samariter, daß sie ihm Herberge bestellten. Und sie nahmen ihn nicht an, darum daß er sein Angesicht gewendet hatte, zu wandeln gen Jerusalem. Da aber das seine Jünger Jakobus und Johannes sahen, sprachen sie: HERR, willst du, so wollen wir sagen, daß Feuer vom Himmel falle und verzehre sie, wie Elia tat. Jesus aber wandte sich um und bedrohte sie und sprach: Wisset ihr nicht, welches Geistes Kinder ihr seid? Des Menschen Sohn ist nicht gekommen, der Menschen Seelen zu verderben, sondern zu erhalten.]

Unsere Geschichte führt uns in den Zeitpunkt des Lebens Jesu hinein, als er sich zum Sterben rüstet, als er seinen letzten Weg nach Jerusalem geht. „Er wendete sein Angesicht stracks nach Jerusalem." Er weiß um das Schicksal, das ihn am Ende des Weges erwartet; er weiß, dass nun alles zur Entscheidung drängt und seine Jünger, die mit ihm sind, wissen es auch. Aber sie haben es noch nicht verstanden, dass der Weg Jesu der Weg göttlicher Liebe ist und nicht der Weg des letzten Gerichts. Es wird Abend. Wieder ist man um einen Tag dem letzten Kampfe näher gerückt. Hastig arbeiten die Gedanken der Wanderer an den kommenden Ereignissen.

Müde von der Reise sucht die kleine Schar nächtliche Unterkunft. Boten schickt Jesus voraus in den nächsten Flecken. Der gehörte den Samaritanern. Zwischen diesen und den Juden aber herrschte Jahrhunderte alte Feindschaft, jeglicher Verkehr war abgebrochen. Seit Langem schon ging der Weg der frommen Pilger aus Galiläa nach Jerusalem am östlichen Jordanufer auf einem Umweg an Samaria vorbei. Jesus auf dem Weg zum Kreuze, dem Wege der barmherzigen Liebe, zieht auf der Straße durch Samaria stracks nach Jerusalem. Wir können es nur erschließen, der Text selbst sagt es uns nicht, warum Jesus gerade diesen Weg wählt. Aber er mag mit seinen Jüngern oft von dem gesprochen haben, was nun dicht bevorstand. Er mag versucht haben, es ihnen verständlich zu machen, dass sein Weg ein Weg der göttlichen Liebe unter den Menschen ist und dass dieser Liebe der Jude ebenso bedarf wie der Samaritaner, und dass er diese Liebe den Samaritanern zuwenden will wie den Juden. Und zur Bekundung dieser Gesinnung mag er seinen Weg gerade durch Samaria genommen haben. Schwere Überwindung hat dieser Schritt gewiss die Jünger gekostet. Tiefer innerster Abscheu mag die kleine Schar der Mitziehenden bewegt haben, als sie bei sinkender Sonne samaritanischen Boden betrat. Aber die Jünger hatten sich überwunden. Sie wollten es nun zeigen, dass sie an Jesu Geist Anteil hatten, indem sie mitzogen. Zeigen wollten sie gerade den Samaritanern, dass sie über diese Streitfragen äußerlicher Art hinaus waren. Sie wollten mit ihrem Heiland durch Samaria ziehen. Ja, sie hatten sich wirklich überwunden. Als Menschen kamen sie zu Menschen. So war es in des Meisters Geist.

Nun war die Nacht hereingebrochen. Man brauchte Unterkunft. Und Jesus hatte einige Jünger vorausgeschickt, die um Herberge bitten sollten für eine müde Schar von Juden, die auf der Pilgerschaft nach Jerusalem ist. Uraltes Recht des Fremdlings war es, auch im feindlichen Land um Herberge zu bitten. Vor dem Flecken wartete die Schar um Jesus auf den Bescheid der Boten. Da kommen sie zurück. Ihre Bewegungen, ihr Gang, ihr Gesicht, ihre Augen sprühen Erregung und Zorn. „Sie haben den Meister nicht aufgenommen, haben ihm die Herberge verweigert!“ Höchste Erregung ergreift die Schar. Zornige Rufe dringen an Jesu Ohr. Er aber bleibt unerschüttert ruhig. Immer heftiger wird der Zorn. „Warum wiesen sie ihn ab? Was sagten sie?” „Ein Pilger auf dem Wege nach Jerusalem findet in Samarien keine Herberge.“ Da dringen durch die Schar die beiden Brüder Johannes und Jakobus auf Jesus ein. Ihr Auge flammt in eifernder Liebe zu ihrem Herrn, in eiferndem Zorn gegen die, die ihn abwiesen. „Herr, willst du, so wollen wir sagen, dass Feuer vom Himmel falle und sie verzehre.“ Nun wendet sich Jesus um zu der Stimme, die hinter seinem Rücken zu ihm sprach. Und mit heiligem Ernst bedroht er die Sprecher: „Wisset ihr nicht, welches Geistes Kinder ihr seid? Des Menschen Sohn ist nicht gekommen, der Menschen Seelen zu verderben, sondern zu erhalten.“ Und sie zogen an einen anderen Ort.

Ein kleines Ereignis nur, das sich in wenigen Minuten abspielte – eine gewaltige Predigt an unsere eigene Zeit von Jüngerzorn und Heilandssinn, vom Kommen Jesu Christi und seiner Aufnahme. Von Samaritanern, von zornigen Jüngern, und von Jesu hartem Wort über die Letzteren, von seinem Trostwort für die Ersteren ist die Rede. Was hat das mit uns zu schaffen?

Wir wollen einmal solang in den Text hinein sehen, bis die Mauern der Jahrhunderte, die uns von ihm trennen, fallen und wir der Geschichte auf den ewigen Kern sehen. Dazu fragen wir zunächst, was für Leute denn eigentlich diese Samaritaner sind. Allem Bisherigen nach müssen wir sie doch für ganz rohe und harte Leute halten, sodass wir den Zorn der Jünger recht gut verstehen und nachempfinden können. Wer vor Jesus die Tür zuschlägt, sollte den nicht himmlisches

Feuer verzehren? Aber Vorsicht ist geboten, Achtgeben auf den Text! Wir erfahren von unserem Text nicht nur, dass die Samaritaner Jesus nicht aufnehmen, sondern auch warum sie es nicht tun, nämlich „weil er sein Angesicht gewendet hatte, zu wandeln gen Jerusalem". Was heißt das? Ihre Abweisung trifft offenbar Jesus nicht im Besonderen, sondern alle pilgernden Juden und so auch ihn. Wir erfahren nichts davon, dass die Samaritaner von Jesu Person wussten, geschweige denn von seiner eigentlichen Bedeutung; nichts auch davon, dass sie ihm persönlich feindlich gesinnt waren. Jesus wird verworfen, abgewiesen – warum – weil er Jude ist als Glied seines Volkes. Die Samaritaner als Volk nehmen Stellung gegen die Juden als Volk. Sie sehen allein auf die äußere Erscheinung, auf die unscheinbare Hülle, in der der ewige Gott sich verbirgt vor den Augen derer, die sehen und nicht glauben wollen. Sie sehen in Jesus den Juden, sie sehen – das Kirchenvolk und schließen auf den Meister. Das heißt aber eben, sie sehen Jesus im Grunde gar nicht und sie verwerfen ihn dennoch, vielleicht aber auch – darum. Solche Leute also sind die Samaritaner.

Und nun die Jünger. Mit größten Hoffnungen und voll frommer Gedanken waren sie ihrem Herrn auf dem Weg durch Samarien gefolgt und nun erfuhren sie solch harte Absage. Ach, es kam ja gar nicht auf sie an. Aber ihr Herr, ihr Meister, er war ja abgewiesen worden. Ihm hatte man die Tür gewiesen und das traf tief in das brennende Jüngerherz hinein. Nun gut, wenn ihr nicht wollt, so geht zur Hölle. Vertilgt vom Erdboden sei, wer Jesus die Aufnahme verweigert. Ewigen göttlichen Zorn hat er verwirkt.

Nun aber Jesus. Mit einem Nu wird es uns klar, dass er zwar nicht über die Samaritaner, aber über seine Jünger in Zorn ausbricht. Sie, die doch eben hörten, warum die Samaritaner Jesus nicht aufnahmen, sie sind verblendet und hartherzig genug, dort auf ewig zu verurteilen, wo noch größte

Unkenntnis der Sachlage, wo Blindheit herrscht. Sahen sie nicht, dass sie damit auf einen Schlag nicht nur ein Samaritanerdorf, sondern Jesu ganzes Werk, ja die ganze Welt dem ewigen Feuer übergaben? Hatten sie so wenig davon verstanden, dass Jesu letzter Weg nach Jerusalem ein Weg der Geduld und der Liebe war? Sollte Jesus so von seinem nächsten Kreise missverstanden aus der Welt gehen? Sollte das sein Vermächtnis sein? Ach, die Jünger verzehrte ja die Liebe und der Eifer für ihren Herrn. Sie wollten ja nur des Herrn Ehre wahren, koste es, was es wolle. Das blieb Jesus gewiss nicht verborgen. Aber er kannte hier keine Weichheit. Jesus liebhaben heißt, ihm gehorsam sein, in seinem Geiste wandeln, nicht vergessen, dass man seines Geistes Kind sein soll. „Das ist die Liebe zu Gott, dass wir seine Gebote halten" (1Joh 5,3). Keine übergroße Begeisterung! Kein Gefühlsüberschwang! Sondern achtgeben auf's Wort, Gehorsam! Nicht auf Jesu leibliches Leben sehen und es lieben, sondern auf sein Gebot achten, das ist die rechte Ehre, die Jesus zukommt. Nicht Menschenleben opfern, sondern Menschenleben gewinnen, das gereicht unserm Herrn Jesus zur Ehre. Nun begreifen wir das harte Wort: Und er bedrohte sie und sprach: Wisset ihr nicht, welches Geistes Kinder ihr seid? Freilich von welchem Geist hier Jesus spricht, das wird uns erst in dem Wort klar, das Jesus als Zusammenfassung seines gesamten Wirkens unter den Menschen dem Zornausbruch der Jünger gegenüberstellt: „Des Menschen Sohn ist nicht gekommen, der Menschen Seelen zu verderben, sondern zu erhalten." Jesus spricht zu den Jüngern von dem Leben erhaltenden Geist, vom Geist des Rettens und der Geduld, der nie ermattenden, verstehen wollenden, werbenden Liebe. Weh denen, die diesem Geiste zuwider handeln! Geduld aber für die, denen Jesu Arbeit gilt!

Nun ist uns das Bild in allen seinen Einzelheiten klar und durchsichtig geworden. Es ist auch die Mauer der Jahrhunderte gefallen, die uns von der Geschichte trennte. Wir stehen Auge in Auge Jesus gegenüber. Wir sehen die Samaritaner, hören die Jünger und nun – erschrecken wir nicht vor diesem Bild? Werden wir nicht wach? Bleiben unsere Ohren taub? Erkennen wir nicht in diesem Bild – unsere eigene Zeit? Können wir uns nicht alle selbst recht gut den Platz anweisen, auf dem wir in diesem Bild zu stehen kommen?

Auch heute ist ein solcher Tag, wo Jesus kommen will, ganz ebenso wie damals. Sollte es nicht auch heute noch, wie damals, Samaritaner und eifernde Jünger geben? Sollten es damals die letzten ihres Stammes und ihres Geistes gewesen sein? Ist nicht vielleicht noch heute das Kommen Jesu dem Kommen in das Samaritanerdorf sehr, sehr ähnlich? Sonntag für Sonntag verkündigen uns in der Winterzeit die Glocken Weihnachtsbotschaft. Leis und zart singen sie vom Stall in Bethlehem, machtvoll und stark rufen sie das Wort vom Kommen der Liebe hinein in unsere Großstädte. Wen von uns hätte es nicht schon sonderbar angemutet, wenn er an einem Abend, zur Zeit des Glockenläutens etwa, an der Kaiser Wilhelm Gedächtniskirche vorbeiging, wo das Getöse der Autos und der Straßenbahnen, phantastische Lichtreklame, das Treiben der Menschenmassen zu den zahllosen Vergnügungsstätten ihn kaum zur Besinnung kommen ließ? Wie unendlich verloren klingt das Rufen der Glocken in dieser Umgebung, wie unendlich verloren, wie fremd und einsam nimmt sich hier das Haus mit den hohen Türmen aus! Schrecken und oft bitterer Schmerz erfasst uns bei solchem Anblick. Gibt es für den Lärm der Großstadt auch so etwas wie eine Weihnachtsbotschaft? Eine Botschaft vom Kommen des Herrn Jesus?

Vielleicht packt uns die Lust, hinzutreten und zu rufen aus Leibeskräften, zu schreien in den wahnsinnigen Lärm: Menschen, hört ihr denn gar nichts? Aber wer hört's? Und wenn es einer hört, so wird er lächelnd vorübergehen: „Auch eine Kuriosität der Großstadt!“ Geblendet laufen sie vorbei an der Botschaft vom Kommen des ewigen Gottes zu den Menschen durch Jesus Christus. „Einer von vielen“, so sagen sie von ihm, werfen vielleicht einen Blick auf die Leute, die zur Kirche gehen, aufs Kirchenvolk, und glauben Bescheid zu wissen und gehen vorüber. Die Botschaft vom Kommen Jesu ist ins Samaritanerdorf gedrungen.

Wir möchten auffahren in Zorn und Schmerz, möchten für unsern verschmähten, missachteten Herrn eintreten, möchten vielleicht das furchtbare Wehe über unsere Großstädte rufen, möchten vielleicht himmlisches Feuer dies Babylon verzehren lassen. Keinem von uns ist wohl dieser wilde, leidenschaftlich aufwallende Schmerz, diese grenzenlose Empörung fremd. Wollen sie nicht hören – nun gut, möge das Gericht von Sodom und Gomorrha über sie ergehen. Ach, nun auf einmal verstehen wir die Jünger so gut; vielleicht sind wir gar selbst tätig gewesen, haben gearbeitet an den Menschen, haben ihnen von Jesus erzählt, sind mit den größten Hoffnungen an unser Werk gegangen, Jesus zu zeigen, wie er ist und was er bringt und will. Und das Ende war – ein rundes Nein, ein überlegenes Lächeln. Denken wir an das stille, fromme Wirken der Mission, nicht nur da draußen in weiter Ferne, sondern auch hier in den Städten. Denken wir an die seelsorgerliche Arbeit der Großstadtpfarrer, die sich mit Freuden jeder Geringschätzung aussetzen, wenn nur die heilige Sache, ihr Herr, nicht angetastet wird – und der Erfolg des Ganzen ist kalte Ablehnung. Ach, auf uns soll es ja nicht ankommen. Mögen sie lachen und spotten, so viel sie wollen. Aber wie schmerzt es, wenn wir sehen, wie man unsern Herrn unsereinem gleichstellt, ihn mit uns verspottet und in den Schmutz zieht. Wie viel vergebliche Mühe haben wir verschwendet an die, die heute nur noch Worte der Ablehnung und der Geringschätzung für die Sache Jesu Christi übrig haben! Soll das nicht endlich ein Ende haben? – so fragen wir verbittert. Wir brauchen nicht mehr Beispiele. Jeder von uns weiß Bescheid. So lebt in uns der Zorn der Jünger auf, ein Zorn, der uns so gerecht, so heilig erscheint. Verdammen wollen wir und verurteilen, wollen uns abwenden mit dem Wunsche, dass himmlischer Zorn hereinbreche und zerstöre. Ja – wollen wir es wirklich? Urteil sprechen über die, die noch nicht einmal gesehen haben, über die Unachtsamen, Stumpfsinnigen, Oberflächlichen? Es könnte uns dabei Klarheit aufgehen darüber, dass wir mit solchem Wunsch und Tun beweisen, dass auch wir Jesus nicht aufgenommen haben, von seinem Geiste nichts verspürt haben; dass wir vergessen haben, welches Geistes Kinder wir sind. Mit unserer übermäßigen Liebe zum Herrn haben wir ihn selbst von uns gestoßen, sind wir aus der Gemeinschaft seines Geistes herausgefallen.

Eine ernste Besinnung führt uns auf die Frage: Können wir uns denn wirklich so völlig ohne Verständnis für das Tun der Samaritaner fühlen, dass wir so hartes Urteil sprechen wollen? Sind die Samaritaner wirklich nur da draußen außerhalb der Kirchenmauern? Ein einziger offener Blick auf uns selbst und auf unsere Kirchengemeinschaft belehrt uns, dass die Dinge ganz anders liegen, als wir vielleicht glauben möchten, dass auch für uns das Spiel verloren wäre, dass es aus wäre mit der Sache Jesu Christi, wenn Johannes und Jakobus ihres Amtes walteten. Nicht nur in der Welt da draußen, nein, hier ganz nahe unter uns lernen wir ein solches Samaritanerdorf kennen. Es ist furchtbar zu denken und zu sagen: Die ganze Geschichte, von der wir hörten, spielt nicht nur vor 2000 Jahren im fernen Osten, sie spielt nicht nur heute da draußen im Lärm der Weltstädte, sie spielt immer wieder auch in unserem Kreise. Unter uns wird sie lebendig, zum millionsten Male in der Weltgeschichte. Was heißt das? Was soll das?

Jesus Christus sucht Herberge. Er sucht Einlass in unserm Geist, in unserm Herzen. Verstehen wir recht, was das heißt?

Jesus Christus ist ein herrschsüchtiger, eigenwilliger Gast. Er will unser Herz ganz allein haben. Er verträgt keinen neben sich und mag er ihm auch nur ein klein wenig an seinem Besitz streitig machen. Jesus Christus ist ein unbequemer, selbstherrlicher Gast. Wer ihn zum Gast nehmen will, dem wird er zum Herrscher, dem er dienen muss. Verstehen wir recht, wem wir Herberge geben, wenn wir Jesus Christus aufnehmen? Wollen wir es wagen mit diesem seltsamen Gast? O ja, wir ‚wollen' es ja wohl alle, so sagen und meinen wir jedenfalls. Und darin sind wir von den Samaritanern verschieden. Aber besinnen wir uns lieber vor allzu eiligen Worten recht, was hier ‚wollen' heißt! Hier gibt es kein halb und halb, sondern nur ja oder nein. Gott ganz wollen oder Gott gar nicht wollen, darum geht es. Denn wer Gott halb will, will nicht *Gott.* – Gott ganz wollen aber heißt, ihn schon haben. Wollen wir es wagen zu sagen, wir wollten wirklich ganz, mit unserer ganzen Seele, wir wollten wirklich Jesus zu Gaste haben?

Sollte es sich aber herausstellen, dass viele von uns ein solches Wort lieber nicht wagen wollen, so findet sich vielleicht noch ein anderer Weg zu unserer Rechtfertigung. Wir könnten sagen: Wir wissen doch von Jesus Christus, sind getauft und konfirmiert. Wir haben doch genug von ihm gehört, in jeder Predigt, an jedem Sonntag. Wir sind doch nicht blind wie die Samariter. Ich bitte euch, werdet nicht ärgerlich, wenn ich nochmals frage: Wissen wir wirklich von Jesus *Christus*? Hören wir wirklich jeden Sonntag Jesus Christus bei uns anklopfen? Und sollten wir diese Frage ernstlich bejahen können für manche Augenblicke und Stunden unseres Lebens, so werden wir doch zurückhaltend, sie für unser ganzes Leben zu bejahen. Ich glaube, wir dürfen es sagen: Jedem von uns entschwindet in seinem Leben nicht nur einmal, nein Tag für Tag immer wieder Jesus Christus. Wir sehen und hören ihn entweder gar nicht mehr oder wir sehen ihn noch eben, aber verloren ging uns der Blick dafür, dass hier einer anklopft, an dessen Aufnahme oder Verstoßung alles hängt. Wir überhören die absolute Dringlichkeit seines Rufes, auch wenn wir den Ruf eben noch hören, und bekunden uns eben damit als blind, als die Samaritaner aus unserer Geschichte. Denken wir nun zurück an den Zorn der Jünger, denken wir an unsere eigene Verbitterung, Empörung, an unsern Zorn, der denjenigen vernichten wollte, von dem wir Ablehnung erfuhren – ein Zorn, der uns so gerecht, so selbstverständlich, ja so heilig erschien – und sehen wir sodann auf uns selbst! Mit Recht schrecken wir zusammen bei diesem Gedanken. Wahrhaftig, wir haben nicht den geringsten Grund, dort Gericht und Tod zu verkünden, wo Unwissenheit, Blindheit herrscht. Wir, die wir zu wissen meinen und doch nicht danach tun – sie, die kaum wissen und auch nicht tun.

Sollte uns nun das alles klar geworden und zu Herzen gegangen sein, so bitte ich im Namen unseres Herrn Jesus Christus: Lasst euch nicht erschrecken von Leuten wie Johannes und Jakobus, sondern seht hin auf das Wort Jesu, mit dem er diese Leute bedroht, und auf das Schluss- und Trostwort unserer Geschichte: Des Menschen Sohn ist nicht gekommen, der Menschen Seelen zu verderben, sondern zu erhalten. Nur von dem, der uns seine Gastfreundschaft so schwer macht, kommt der Trost. Er will nicht verderben, sondern erhalten. Er will in dauernder Liebe um uns werben, will unsere Augen sehend machen. Er will unser Leben, d. h. unsere Gemeinschaft mit Gott und mit ihm. Und wenn wir den Weg zu ihm nicht finden, er wird ihn zu uns finden. Er wird Wohnung bei uns machen. Er wird unser Herz zu seinem Tempel machen. Er selbst wird tun, was wir zu tun zu schwach sind. Er hat's versprochen. Er wird's auch tun.

Haben wir das begriffen und zu Herzen genommen, dann ist's vorbei mit dem Jüngerzorn. Er ist endgültig überwunden und zerbrochen an der Erkenntnis unserer eigenen Unzulänglichkeit, d. h. daran, dass wir der Liebe und der Geduld Jesu Christi ebenso bedürfen wie alle andern auch. Nur an der Liebe Jesu haben wir Halt, und an ihrer Übermacht zerschmilzt der Zorn. Der Geist, von dem Jesus spricht, ist die Liebe, von der allein wir leben und die nun auch in uns leben soll. Und indem wir so an unserer eigenen Kraft zweifelhaft werden, setzen wir unsere ganze Zuversicht auf die ewige Kraft und Liebe Gottes und unseres Herrn Jesus Christus.

Damit aber wächst uns eine gewaltige Aufgabe zu, freilich auch die Kraft, sie zu erfüllen: unser Denken und Tun zu richten an dem Worte Jesu: Des Menschen Sohn ist nicht gekommen, der Menschen Seelen zu verderben, sondern zu erhalten. Das gilt für unsere Stellung zu denen da draußen und zu denen hier drinnen. Denken sollen wir daran, dass wir des Geistes der Liebe Kinder sind. Mit werbender Liebe die Seelen erhalten und zuallererst Jesus zeigen, wie er der Träger ewiger göttlicher Liebe ist, dass wir nicht unwissend und blind bleiben wie jene Samaritaner, sondern sehend werden. Jesus Christus zeigen nicht als religiöses Genie, als Ethiker, als Philosophen, sondern als den Herrn über Tod und Leben, als das fleischgewordene Wort Gottes, das Anspruch und Verheißung zugleich ist, das ist Tat christlicher Liebe, die wir jedem schuldig sind. Lasst uns das nicht vergessen!

Seht an das Leben unserer Tage, außerhalb und in der Kirche! Wahrhaftig, es schiene, menschlich gedacht, Grund genug, dass Gott nun endlich Gericht ergehen ließe. Aber wir haben es gehört: Gott will erhalten – sollen wir dann zerstören? Gott will Geduld haben – sollen wir ungeduldig werden? Gott will Leben schenken – sollen wir töten? Nein, mit den Augen der werbenden und geduldigen Liebe Jesu Christi lasst uns unsere Zeit ansehen, die Not da draußen in der Welt und die Not hier drinnen in der Kirche, die Not der Blindheit und Taubheit hier und dort. Wir alle haben ein Stück von dem Samaritergeist und ein Stück von dem Jüngerzorn in uns. Wir alle aber leben von der Liebe Jesu Christi und seines Vaters. Gott gebe, dass wir Jüngerzorn und Samaritergeist hinter uns werfen und nur noch den Heilandsgeist in uns tragen; dass wir Jesus aufnehmen und unser Zorn überwunden werde durch Jesu Geist, dass auch wir den Brüdern durch die Liebe ein Christus werden können.

Der Herr öffne uns die Augen, dass wir sehen. Der Herr öffne uns die Ohren, dass wir hören. Der Herr öffne uns die Herzen, dass er eine Wohnstatt finde. Christus spricht: Siehe, ich stehe vor der Tür und klopfe an. Wir aber wollen rufen: Amen, ja komm, Herr Jesu.

Anfang mit Christus

Lukas 9,57-62

1.1.1934, London, Neujahr
(veröffentl. im Gemeindeboten 7.1.)

Und sie gingen in einen anderen Markt. Es begab sich aber, da sie auf dem Wege waren, sprach einer zu ihm: Ich will dir folgen, wo du hin gehst. Und Jesus sprach zu ihm: Die Füchse haben Gruben und die Vögel unter dem Himmel haben Nester; aber des Menschen Sohn hat nicht, da er sein Haupt hinlege. Und er sprach zu einem andern: Folge mir nach! Der sprach aber: Herr, erlaube mir, daß ich zuvor hingehe und meinen Vater begrabe. Aber Jesus sprach zu ihm: Laß die Toten ihre Toten begraben; gehe du aber hin und verkündige das Reich Gottes! Und ein anderer sprach: Herr, ich will dir nachfolgen; aber erlaube mir zuvor, daß ich einen Abschied mache mit denen, die in meinem Hause sind. Jesus aber sprach zu ihm: Wer seine Hand an den Pflug legt und sieht zurück, der ist nicht geschickt zum Reich Gottes.

„Der Weg zur Hölle ist mit guten Vorsätzen gepflastert" – dieses Sprichwort, das sich in den verschiedensten Ländern findet, entspringt nicht der frechen Weltklugheit eines Unverbesserlichen, sondern hier enthüllt sich tiefe christliche Einsicht. Wer an der Jahreswende nichts Besseres zu tun weiß, als sich ein Register begangener Schlechtigkeiten anzulegen und den Beschluss zu fassen, von nun an – wie viele solche „von nun an" hat es schon gegeben! – mit besseren Vorsätzen anzufangen, der steckt noch mitten im Heidentum. Denn *erstens* meint ein solcher, der gute Vorsatz mache schon den neuen Anfang, d. h. er meint, er könne von sich aus einfach einen neuen Anfang machen, wann er es gerade wolle. Und das ist eine böse Täuschung; einen neuen Anfang macht allein Gott mit dem Menschen, wenn es Ihm gefällt, aber nicht der Mensch mit Gott. Einen neuen Anfang kann der Mensch darum überhaupt nicht machen, sondern er kann nur darum beten. Wo der Mensch bei sich selbst ist und aus sich heraus lebt, da ist immer nur das Alte, das Vergangene. Allein wo Gott ist, ist das Neue und der Anfang. Und Gott kann man nicht kommandieren, man kann um ihn nur beten. Aber beten kann der Mensch nur, wenn er begreift, dass er etwas nicht kann, dass er an seiner Grenze ist, dass ein anderer anfangen muss. *Zweitens* aber merkt der Mensch, der allein von seinen guten Vorsätzen leben will, gar nicht, woher diese eigentlich kommen. Da gilt es scharf hinzusehen. Unsere sogenannten guten Vorsätze sind ja nichts als Angstprodukte eines schwachen Herzens, das sich vor allerlei Schlechtigkeiten, Sünden fürchtet und sich nun mit sehr menschlichen Waffen rüstet, um gegen diese Gewalten anzugehen. Wer aber Angst hat vor der Sünde, der ist schon mitten drin. Die Angst ist das Netz, das uns der Böse überwirft, damit wir uns verstricken und alsbald zu Fall kommen. Wer Angst hat, ist schon gefallen. Wen auf einer schwierigen Bergbesteigung plötzlich die Angst überfällt, der strauchelt gewiss.

Also mit solchen ängstlichen guten Vorsätzen ist es nichts. So kommen wir bestimmt zu keinem neuen Anfang. Der Weg zur Hölle ist mit guten Vorsätzen gepflastert.

Wie finden wir einen neuen Anfang? Unser Text berichtet zunächst von einem offenbar für Jesus Christus begeisterten jungen Mann, der vielleicht schon lange auf die Gelegenheit gewartet hatte, seiner Begeisterung Ausdruck zu geben. Jetzt kommt Jesus in die Stadt, der Begeisterte eilt ihm entgegen, tritt ihm in den Weg: Ich will dir folgen, wo du hingehst. Er selbst will den Anfang machen, er bietet sich an, in glühender Hingabe meint er, für diesen Mann alles tun, alles lassen zu können. Aber Jesus wehrt ab. Ihm ist diese Begeisterung verdächtig. Weißt du auch, was du tust? Weißt du auch, wer ich bin? Weißt du auch, wohin mein Weg dich führen würde? Weißt du auch, dass man sich mir nicht aus Begeisterung an den Hals wirft, sondern dass ich festen unerschütterlichen Glauben brauche, der sich allein an meinen Ruf hält? Habe ich dich gerufen? Kommst du allein auf meinen Ruf? Du willst von Neuem anfangen, du Begeisterter, bedenke, was du tust, bedenke, mit wem du es wagst, bedenke, dass es von der Begeisterung zur Verlegenheit nur ein Schritt ist!

Den Zweiten in unserer Geschichte ruft Jesus selbst an; der lebt ganz im Vergangenen, hängt irgendeinem großen Schmerz nach, den er nicht vergessen kann, hat keine Zukunftsfreudigkeit mehr; er möchte in der Welt der Toten, im Vergangenen dahindämmern. Den ruft Christus heraus. Er zögert, er will noch einmal zurück. „Lasse die Toten ihre Toten begraben" – lass das Vergangene dahinten, werde frei – jetzt oder nie. Christus ruft dich zu neuem Anfang, auf ihn allein wage es – aber nun gleich, heute noch, Christus zieht weiter – geh mit ihm, auf seinen Ruf, jetzt!

Der Dritte wäre wohl gern mitgegangen. Er meint es ernst, und eben darum kann er ja wohl seinem Anerbieten, Jesus nachzufolgen, eine kleine Bedingung anhängen. „Erlaube mir zuvor …" Ich will ja gewiss, aber, nicht wahr, du verstehst Herr, noch dieses und jenes „zuvor". Nein, er versteht nicht, will nicht verstehen. „Wer seine Hand an den Pflug legt …"; nicht zurück, aber auch nicht in unübersehbare Fernen schaut der Mann, der den Pflug führt, sondern auf den nächsten Schritt, den er tun muss. Rückblicke sind keine christliche Sache. Lass dahinten Angst, Kummer, Schuld. Du aber sieh auf den, der dir einen neuen Anfang gegeben. Über ihm vergisst du alles.

Das nächste Jahr wird kein Jahr ohne Angst, Schuld, Not sein. Aber – dass es in aller Schuld, Angst, Not ein Jahr mit Christus sei, dass unserm Anfang mit Christus eine Geschichte mit Christus folge, die ja nichts ist als ein tägliches Anfangen mit ihm – darauf kommt es an.

Ende des Suchens nach den Schuldigen

Lukas 13,1-5

8.7.1934, London, 6. Sonntag nach Trinitatis

Es waren aber zu der Zeit etliche dabei, die verkündigten ihm von den Galiläern, deren Blut Pilatus mit ihrem Opfer vermischt hatte. Und Jesus antwortete und sprach zu ihnen: Meinet ihr, daß diese Galiläer vor allen Galiläern Sünder gewesen sind, dieweil sie das erlitten haben? Ich sage: Nein; sondern so ihr euch nicht bessert, werdet ihr alle auch also umkommen. Oder meinet ihr, daß die achtzehn, auf welche der Turm in Siloah fiel und erschlug sie, seien schuldig gewesen vor allen Menschen, die zu Jerusalem wohnen? Ich sage: Nein; sondern so ihr euch nicht bessert, werdet ihr alle auch also umkommen.

Vielleicht erschreckt ihr über diesen Text und meint, er sei doch heute gar zu aktuell und darum gefährlich für einen Gottesdienst. Die Welt der Zeitungen und der Sensationsnachrichten wollen wir in der Kirche doch wirklich einmal ganz loswerden. Ganz richtig, darauf kommt es wohl an, diese Welt wirklich loszuwerden, d. h. doch aber eben sie so loszuwerden, dass sie uns nicht, kaum dass wir aus der Kirche kommen, wieder überfällt und gefangen nimmt und knechtet, sondern so, dass wir sie überwunden haben, wenn wir aus dem Gottesdienst kommen.

Und darum kann es sich wirklich nicht darum handeln, dass wir diese Dinge „loswerden“, indem wir die Augen vor ihnen verschließen oder indem wir sie so schnell wie möglich, und sei es auch nur vorübergehend, vergessen, sondern darum geht es doch, dass wir wissen, wie wir uns *als Christen* zu ihnen zu stellen haben. Nicht darauf allein kommt es an, *dass* wir diese Dinge loswerden, sondern *wie* wir sie loswerden.

Es gibt Menschen, die können zu keinem Begräbnis gehen – oder besser, sie wollen es nicht. Warum nicht? Weil sie die Erschütterung durch die unmittelbare Nähe eines Toten fürchten. Sie wollen diese Seite des menschlichen Lebens nicht sehen und meinen, dass sie dadurch, dass sie nicht hinsehen, die Dinge selbst aus der Welt schaffen.

Es gibt sogar solche, die meinen, es sei besonders *fromm*, die schwarzen, dunklen Seiten des Lebens nicht zu sehen, sich vor den Katastrophen dieser Welt zu verschließen und in friedlichem Optimismus sein eigenes selbstbeschauliches frommes Leben zu führen.

Aber es kann eben nie und nimmer gut sein, sich um die Wahrheit zu betrügen, denn wer sich um die Wahrheit seines eigenen Lebens betrügt, betrügt sich gewiss auch um die Wahrheit Gottes. Und es ist gewiss nie und nimmermehr fromm, die Augen, die uns Gott gab, damit wir unseren Nächsten und seine Not sehen, dort zu schließen, wo sie Trauriges, Entsetzliches sehen müssen. Also das ist gewiss nie und nimmer der rechte Weg, die Dinge, die uns erschrecken und bedrücken, loszuwerden.

Aber es gibt auch einen viel menschlicheren und viel ernsthafteren Versuch, mit den Dingen fertig zu werden – und der doch sich auch als ein ganz unchristlicher Weg herausstellen wird. Denken wir an ein ganz einfaches Beispiel: Es geschieht vor unseren Augen auf der Straße ein Unglück. Es wird jemand überfahren. Wir erschrecken namenlos, eine Sekunde stehen wir wie betäubt – und dann ist unser erster Gedanke: *Wer ist schuld?* Das ist ein sehr alltägliches Beispiel für eine ganz allgemeine Haltung. Es bricht irgendetwas Entsetzliches über uns herein, über uns persönlich, über unsere Familie, über unser Volk, und unsere erste Frage, wenn wir aus dem Zustand der Besinnungslosigkeit wieder aufwachen, ist: *Wer ist schuld?* Und nun haben wir keine Ruhe, nun rasen unsere Gedanken hin und her, nun treten all die Menschen vor unser Auge, die an diesem Unglück irgendwie beteiligt sind, und immer eindringlicher und schärfer wird unser Auge, immer verbitterter stellen wir die Frage: Wer ist schuld? Wer hat recht? Wer hat unrecht? Der Mensch ist ein Moralist von Grund auf. Er will den einen anklagen können und den anderen freisprechen. Er will Richter sein über das, was geschieht. Und er will *dadurch mit einem furchtbaren Unheil fertig werden, dass er dem einen recht und dem anderen unrecht geben kann*. Denken wir an kleine Ereignisse aus unserem Leben, denken wir aber auch an große Katastrophen wie den Krieg, die Revolution. Es ist überall dasselbe. Der Mensch will selbst Richter sein. – Und nun halten wir einen Augenblick inne.

Es ist nun für uns von unermesslichem Wert, dass Lukas – als Einziger übrigens – uns einen Bericht aufbewahrt hat darüber, wie Jesus eine solche Nachricht von einer Katastrophe, die über sein Land hereingebrochen ist, sagen wir ruhig: eine sensationelle Zeitungsnachricht, aufnimmt und was er dazu zu sagen hat.

Es wird Jesus von Augenzeugen mitgeteilt, dass und wie Pilatus einige Galiläer, also Landsleute von Jesus, hat hinrichten lassen, offenbar als Aufrührer und Staatsfeinde, und wie diese Hinrichtung unter Umständen geschehen sei, die den frommen Juden das Blut zum Kochen brachte, nämlich dass sie von ihrem Opfer im Tempel weggerissen worden seien und so im Tempelbezirk getötet worden seien. Wahrhaftig eine Nachricht, die über alle Maßen die Gemüter erregen musste, die Meinung und Gegenmeinung hervorrief und die das politische Gespräch mächtig in Gang brachte. Es wird hin und her gegangen sein: Pilatus hat recht – Pilatus hat unrecht, die Galiläer sind die Opfer eines Tyrannen, die Galiläer haben ihre verdiente Strafe gefunden. Aber die vorwiegende Ansicht scheint doch dahin gegangen zu sein, dass ein so furchtbares Geschick, ein so entsetzliches Sterben die Galiläer doch gewiss nicht ohne ihre Schuld hätte treffen können. Hier müsse eine ganz schwere Verfehlung vorliegen. Sonst hätte Gott nicht so furchtbares Unheil geschehen lassen können. Das war also die Deutung der Ernsthaften, der Frommen, die der Meinung waren, man soll und kann doch auch dieses Ereignis nicht davon trennen, dass es einen Gott gibt, von dem alles kommt, Heil und Unheil, und dessen Gerichte gerecht sind. Mit Schaudern nur könne und müsse man sich von diesen gestraften Sündern abwenden, die Gottes Zorn getroffen habe. So wurde man mit dem Vorfall fertig.

Dies ist die offizielle Ansicht, sagen wir die Tagespresse über dieses Ereignis. Und nun Jesus – er knüpft offenbar an den Gedanken an, dass allerdings Gott selbst hier mit diesem furchtbaren Geschehnis zusammengedacht werden müsse, dass es letzten Endes nicht Pilatus sei, der hier handle, sondern dass im Guten wie im Bösen Gott selbst als der Alleinwirksame in dieser Welt handele. Aber gerade dieser Gedanke, dass Gott hier seine Hand im Spiel habe, bedeutet für Jesus nun etwas ganz anderes als für die öffentliche Meinung.

Kein Wort über Pilatus, ob er recht oder unrecht habe, kein Wort über die Galiläer, kein Wort des politischen Urteils, kein Wort des moralischen Urteils. Das ist ganz klar: Jesus richtet nicht! Jesus gibt keiner der beiden Gruppen recht. Auch und gerade nicht den Frommen, die dieses Geschehen so ernst moralisch ausdeuteten. *Jesus sagt „Nein"* zu ihnen.

„Meinet ihr, dass diese Galiläer vor allen Galiläern Sünder gewesen sind, dieweil sie das erlitten haben? *Ich sage: Nein.*" Jesus sagt Nein zu den Frommen, er sagt Nein zu ihrem Versuch, als Richter mit diesem entsetzlichen Vorfall fertig zu werden. Jesus sagt: *Nein* – d. h. erst einmal, *Einhalt* tun mit vielem Raten, vielem Deuten, vielem Besserwissen und Richten … Einhalt tun mit dem Versuch, diese Dinge so abzutun, *Einhalt* – denn diese Dinge sind zu gewaltig; hier ist Gott selbst am Werk … Ich sage: *Nein* … das heißt hier ist *Gottes Geheimnis*, in das der Mensch nicht vorwitzig eindringen soll. Darum fort mit allen Richtern, mit allem Rechtgeben hin und her – sondern stille gehalten und geschwiegen … Hier ist Gottes Geheimnis.

Und nachdem Jesus Schweigen und Ehrfurcht geboten hat, nachdem hinter seinem harten „Nein" Gott selbst sichtbar wird – geht er nun zum Angriff über auf die, die da sofort mit ihrem Urteil zur Stelle sein wollten. „Meinet ihr … Nein!, sondern so ihr euch nicht bessert, werdet ihr alle auch also umkommen … Siloah …"

Was geht hier vor? Jesus tut anhand dieses Berichtes das eine und selbe, das er sein Leben lang getan hat, er ruft zur Buße. Hier ist Gott – darum tut Buße. Für Jesus ist also dieser erschütternde Zeitungsbericht von dem furchtbaren Geschehen im Tempel nichts anderes als ein erneuter, unüberhörbarer Ruf Gottes zur Buße, zur Umkehr an alle, die ihn vernehmen. Es ist ihm nichts als eine handgreifliche, lebendige Illustration zu seiner Predigt, dass der Mensch vor Gottes Geheimnis und Macht sich demütigen müsse und Buße tun und Gott recht geben über sich.

Nun wird die Sache gefährlich. Nun sind wir nicht mehr Zuschauer, Beobachter, Richter dieser Geschehnisse, nun sind wir selbst die Angeredeten, die Betroffenen. Für uns ist das geschehen, zu uns redet Gott, wir sind gemeint.

Und d. h. doch zuerst: Richtet nicht, auf dass ihr nicht gerichtet werdet! Spielt euch nicht auf, als seiet ihr besser als jene Galiläer oder als jener Pilatus. Sagt nicht stolz angesichts so furchtbarer Fügungen Gottes: „Ich danke dir, Gott, dass ich nicht bin wie diese anderen Leute …" Sondern betet für euch still: Gott, sei mir Sünder gnädig.

Auch Jesus wirft hier die Schuldfrage auf. Aber er beantwortet sie anders. Nicht Pilatus oder die Galiläer trifft sie, sondern uns, uns selbst trifft sie. Es gilt angesichts furchtbarer menschlicher Katastrophen für den Christen nicht mehr die hochmütige zuschauerische Haltung des Richtens und des Besserwissens – sondern es gilt hier allein die Erkenntnis: Das ist meine Welt, in der das geschehen ist, die Welt, in der ich lebe, in der ich sündige, in der ich Hass und Lieblosigkeit säe Tag um Tag, das ist die Frucht, dessen was ich und meine Brüder gesät haben – und diese Betroffenen, die Galiläer und Pilatus, sie sind meine Brüder, meine Brüder in der Sünde, im Hass, in der Bosheit, in der Lieblosigkeit, meine Brüder in der Schuld. Was sie trifft, sollte mich treffen, sie sind nur der Fingerzeig des Zornes Gottes, der auch über mir steht. Darum lasst uns Buße tun und *unsere* Schuld erkennen und nicht richten.

Es ist schwer, so zu denken, es ist noch schwerer zu glauben – was doch geglaubt werden muss – dass diese Haltung allein die Welt überwindet, dass durch Buße allein die Welt neu werden kann. Ist denn das nicht gänzlich unfruchtbar? Wird denn dadurch etwas gebessert? Ja allerdings: *Alles* wird dadurch gebessert. Wie denn? So, dass in dieser Buße Gottes Gnade wieder den Weg zu uns findet, sodass in unserer Buße kein Mensch recht haben und behalten soll, sondern Gott allein recht ist in seinen Wegen, in Schrecken und Barmherzigkeit.

Ein großer Mann unserer Zeit, ein Nichtchrist – aber man ist wohl versucht zu sagen, ein heidnischer Christ –, erzählt in seiner Lebensgeschichte davon, wie er einst eine Schule geleitet habe und sich mit allen Kräften für die jungen Menschen dort eingesetzt habe und wie eines Tages ein ihn aufs Tiefste erschütterndes Unrecht in dieser Schulgemeinschaft geschehen sei. Da habe er aus diesem Vorfall nicht den Ruf zur Strafe oder zum Richten vernommen, sondern ganz allein den Ruf zur Buße – und er sei hingegangen und habe mit

Fasten und allerlei Entsagung lange Tage Buße getan. Was bedeutete das? Es bedeutete erstens, dass er in der Schuld seiner Schüler seine eigene Schuld, seinen Mangel an Liebe, an Geduld, an Wahrhaftigkeit erkannte. Es bedeutete sodann, dass er wusste, dass allein in dem Geist der demütigen Sündenerkenntnis dem Geist Gottes wieder Raum gegeben werde. Es bedeutete schließlich, dass hier gesehen wurde, dass es in der Buße allein Glaube und Liebe und Hoffnung gebe. Wir haben noch nicht genug geglaubt, wir haben noch nicht genug geliebt – können wir Richter sein? Jesus spricht: *Ich sage: Nein.*

Es ist ein stiller, ein wunderlicher und ein langsamer Weg, der Weg, der durch Buße zur Erneuerung führt. Aber es ist allein Gottes Weg. Und wenn wir mit dieser Erkenntnis aus der Kirche heimgehen und mit ihr Ernst machen wollen, dann allein haben wir die Welt der Zeitung, die Welt der Schrecken und die Welt des Richtens überwunden.

Herr, führe dein Volk in die Buße und fange bei uns damit an! Amen.

Wie ein Gefangener auf Befreiung wartet

Lukas 21,28

3.12.1933, London, 1. Advent

Wenn aber dieses anfängt zu geschehen, so sehet auf und erhebet eure Häupter, darum daß sich eure Erlösung naht.

Ihr wisst alle, was ein Grubenunglück ist. Wir haben in der letzten Woche immer wieder davon in den Zeitungen lesen müssen. Über den Männern, die täglich in den tiefen Schächten der Erde einfahren müssen, um ihre Arbeit zu tun, schwebt die fortwährende Gefahr, dass eines Tages einer der Gänge einstürzt, dass eine unterirdische Explosion sie verschüttet. Dann sind sie da unten in der Erde im Dunkel der Nacht, verlassen, allein, dann ist ihr Schicksal erfüllt, dann ist der Augenblick da, vor dem auch dem mutigsten Bergmann sein Leben lang gegraut hat. Da hilft kein Schreien, da hilft es nichts, wie rasend gegen die Wand anzurennen. Da hilft kein Kraftaufwand mehr etwas. Aber je mehr ein Mensch dann seine völlige Ohnmacht erkennt, desto rasender wird er. Aber es bleibt stumm um ihn herum. Er weiß, da oben laufen jetzt die Leute zusammen, da weinen die Frauen und die Kinder – aber ihm ist der Weg versperrt. Ihm bleibt nichts als das Ende. Er weiß auch, da oben arbeiten sie jetzt fieberhaft. Da graben sich die Kameraden mit zäher Energie durch den Stein den Verschütteten entgegen. Vielleicht wird auch hier oder da noch einer gefunden und gerettet, aber hier in der tiefsten Tiefe im letzten Schacht ist keine Hoffnung. Es bleibt nur ein qualvolles Warten und Sterben. Und wenn nun dann auf einmal ein leises Geräusch sich vernehmen lässt, wie ein Klopfen, ein Hämmern, ein Brechen von Steinen, und wenn man dann plötzlich wie aus der Entfernung Stimmen hört, die rufen, rufen ins Leere, ins Dunkle, und wenn dies Rumoren und Arbeiten immer lauter wird und plötzlich gibt's einen harten Schlag und das Klopfen kommt ganz nah, es hallt schon wider, und dann schließlich ruft eine befreundete Männerstimme eines Kameraden laut den Namen des Verschütteten – wo bist Du, es kommt Hilfe, Hilfe – dann auf einmal richtet sich der schon Verzagte hoch auf, sein Herz möchte ihm springen vor Spannung und vor Warten und er schreit aus Leibeskräften: Hier bin ich, kommt durch zu mir und helft mir – ich komme nicht durch, ich kann mir nicht helfen, aber ich warte, ich warte, ich halte durch, bis ihr kommt. Kommt nur bald ... Und er hört in rasender Aufmerksamkeit, wie es Schlag für Schlag näher kommt, Sekunden vergehen wie Stunden, er sieht nichts, gar nichts, aber er hört die Stimmen der Helfer, da dringt ein letzter wilder verzweifelter Hammerschlag an sein Ohr und nun ist die Rettung nah, noch ein Schritt weit und er ist frei – nicht wahr, ihr begreift, warum ich davon spreche am ersten Advent. Es ist ja der Advent selbst, von dem wir geredet haben. So steht es ja mit dem Herannahen Gottes zum Menschen, mit dem Kommen der Erlösung, mit der Ankunft Christi ... sehet auf und erhebet eure Häupter, darum, dass sich eure Erlösung naht.

Zu wem spricht man denn so? Wen interessiert denn ein solches Wort? Wen regt denn so etwas überhaupt auf? Denkt an ein Gefängnis. Lange Jahre haben die Gefangenen die Schmach und die Strafe ihrer Gefangenschaft getragen. In harter Plage haben sie indes schwere Zwangsarbeit tun müssen, bis sie sich selbst zur Last wurden. Immer wieder versuchte der eine oder der andere zu entkommen, aber er wurde gefasst und zurückgeschleppt und von nun an war's nur noch schwerer, oder ein Schuss brachte ihn zur Strecke. –

Unter Seufzen und Tränen tragen die anderen ihr Los und ihre Ketten. Und nun dringt auf einmal die Botschaft ins Gefängnis: Binnen Kurzem sollt ihr alle frei werden, eure Ketten sollen fallen, eure Schinder sollen gebunden werden und ihr sollt erlöst sein. Dann sieht der Chor der Gefangenen auf und schreit herzzerreißend: Ja, komm, oh Retter.

Denkt an den Kranken, den eine unheilbare Krankheit quält, der in unsäglichen Schmerzen langsam, langsam dahinstirbt, der sich sehnt nach dem Ende dieser Plage und jetzt kommt der Tag, an dem der Arzt ihm ruhig und bestimmt sagen darf: Heute wirst du erlöst sein – dann wird der Todkranke froh sein Haupt erheben und dieser Erlösung entgegen sehen.

Und nun denkt an den Menschen, den nicht äußere Gefangenschaft, nicht leibliche Krankheit, sondern eine schwere seelische Not drückt, denkt an den Menschen mit dem Geheimnis, von dem wir am Bußtag geredet haben, an den Menschen, der in unvergebener Schuld lebt und den Sinn des Lebens verliert und damit alle Fröhlichkeit, denken wir an uns selbst, die wir uns um ein christliches gehorsames Leben bemühen und immer wieder versagen, denkt an den Sohn, der seinem Vater, an den Mann, der seiner Frau nicht mehr ins Auge sehen kann, denkt an all die …, tiefe Zerrüttung und Heillosigkeit, die aus all dem erwächst, und dann lasst es uns noch einmal hören: Sehet auf, erhebet eure Häupter, darum, dass sich eure Erlösung naht. Ihr sollt frei werden von all dem, die Not und Angst eurer Seele hat ein Ende. Die Erlösung ist nah. (Wie der Vater zu seinem Kind sagte: Sieh auf, blick nicht zur Erde, sieh mich an, ich bin dein Vater … so heißt es hier im Evangelium: Sehet auf, erhebet eure Häupter, darum, dass sich eure Erlösung naht.)

Also, wer ist eigentlich angeredet mit diesem Text? Menschen, die wissen, dass sie unerlöste Menschen sind, dass sie geknechtete und gefesselte Menschen sind, dass ein Schinder Gewalt über sie hat und sie Frondienste tun müssen – Menschen wie jener Verschüttete, wie jene Gefangenen, die immer noch Ausschau halten nach der Freiheit, der wirklichen Erlösung, Menschen, die gern erlöste Menschen wären. Nicht angeredet sind jedenfalls alle die, die sich schon so an ihren Zustand gewöhnt haben, dass sie gar nicht mehr merken, dass sie Gefangene sind, die sich abgefunden haben mit ihrer Unerlöstheit, ebenso aus allerlei praktischen Gründen, die so gleichgültig und stumpf geworden sind, dass es sie gar nicht mehr aufbringt, wenn einer ihnen zuruft: Deine Erlösung ist nah. Nicht an die Satten, die Zufriedenen, sondern an die Hungernden und Dürstenden richtet sich dies Wort des Advent. *Bei ihnen klopft er an*, mächtig und eindringlich. Und wir hören ihn, wie jener verschüttete Bergmann in der Grube jeden Schlag, jedes Näherkommen des Retters mit letzter Aufmerksamkeit verfolgte. Kann man sich auch nur denken, dass jener von dem Augenblick an, da er das erste Klopfen vernahm, noch auf irgendetwas anderes geachtet hat, als eben auf diese herannahende Befreiung? Und nun sagt uns der erste Advent nichts anderes als dies: Deine Erlösung, eure Erlösung naht! Sie klopft schon an, hört ihr es nicht? Sie will sich den Weg durch all den Schutt, durch all das harte Gestein eures Lebens, eures Herzens bahnen; das geht nicht schnell, aber er kommt, Christus bricht sich den Weg zu euch, zu euren Herzen, er will unser Herz, das hart geworden ist, wieder erweichen im Gehorsam gegen ihn, er ruft uns gerade in diesen Wochen des Wartens, des Wartens auf Weihnachten immer wieder zu: dass er kommen will und dass er allein uns retten wird aus dem Gefängnis unseres Daseins, aus der Angst, aus der Schuld, aus der Einsamkeit.

Wollt ihr erlöst sein? Das ist die eine große, die entscheidende Frage, die der Advent an uns richtet. Brennt in uns noch irgendein Rest von Sehnsucht, von Erkenntnis dessen, was Erlösung heißen könnte? Wenn nicht, was wollen wir dann vom Advent? Was wollen wir dann von Weihnachten … ein bisschen Sentimentalität, ein bisschen innere Erhebung, … ein bisschen Stimmung – wenn aber da etwas ist, das davon wissen will, das sich an diesem Wort entzündet, wenn da etwas in uns diesem Wort glaubt – wenn wir spüren, es könnte noch einmal, noch einmal in unserem Leben eine Wendung ganz zu Gott hin, zu Christus hin geschehen – warum sind wir dann nicht einfach gehorsam, hören das uns angebotene, zugerufene, in die Ohren geschriene Wort – die Erlösung ist nah, hörst du denn nicht, warte, warte nur noch einen kleinen Augenblick, und dann wird dies Klopfen von Stunde zu Stunde und von Tag zu Tag lauter, eindringlicher werden – und dann wird Weihnachten kommen und wir sind bereit – Gott kommt zu uns, zu dir und mir, Christ, der Retter ist da.

Vielleicht sagt ihr: So habt ihr es in der Kirche schon immer gesagt und es ist doch nie etwas daraus geworden. Warum ist denn nichts daraus geworden? Weil wir nicht gewollt haben, weil wir nicht hören und nicht glauben wollten, weil wir sagten: Mag sein, dass da der eine oder der andere Verschüttete gerettet wird, aber zu uns, so tief drunten, so weit weg, so entwöhnt von diesen Dingen, dringt der Retter nicht durch. Wir sind nun mal nicht fromm, wir haben keine religiöse Begabung und wir wollen ja gern, aber zu uns spricht das nun einmal nicht. Aber mit all dem reden wir uns ja nur heraus – wer weiß es denn, der es noch nicht probiert hat – wenn wir wirklich einfach wollten, wenn es nicht alles Rederei und Ausflucht wäre, so würden wir doch endlich, endlich anfangen zu beten, beten, dass nun dieser Advent auch bei uns Einkehr halte. Täuschen wir uns doch nicht. Die Erlösung naht, ob wir das wissen oder nicht, und die Frage ist nur: Lassen wir sie auch zu uns kommen oder widersetzen wir uns? Lassen wir uns in diese Bewegung, die vom Himmel herab auf Erden kommt, hineinreißen oder verschließen wir uns? Es wird Weihnachten, ob mit uns oder ohne uns, das liegt bei jedem Einzelnen von uns.

Und dass nun ein solches wahrhaftes Adventsgeschehen etwas anderes schafft als eine ängstliche, kleinliche, gedrückte, schwächliche Christlichkeit, die wir immer wieder wahrnehmen und die uns das Christentum selbst immer wieder verächtlich machen will, das wird aus den zwei gewaltigen Aufforderungen klar, die unseren Text einleiten. Sehet auf, erhebet eure Häupter. Advent schafft Menschen, neue Menschen. Neue Menschen sollen auch wir im Advent werden. Sehet auf, ihr, deren Blick stier auf diese Erde gerichtet ist, die gebannt sind von den kleinen Geschehnissen und Veränderungen auf der Oberfläche dieser Erde, sehet auf, die ihr euch vom Himmel enttäuscht abgewendet habt, zu diesen Worten, sehet auf, ihr, deren Augen von Tränen schwer sind und dem nachweinen, das die Erde uns gnadenlos entrissen hat, sehet auf, ihr, deren Blick schuldbeladen sich nicht erheben kann – sehet auf, eure Erlösung naht. Es geschieht noch etwas anderes, als was ihr täglich seht, etwas viel Wichtigeres, etwas unendlich viel Größeres und Mächtigeres – nehmt es nur wahr, seid auf der Wacht, wartet noch einen kurzen Augenblick, wartet und es wird etwas ganz Neues über euch hereinbrechen. Gott wird kommen, Jesus kommt und wird von euch Besitz nehmen und ihr werdet erlöste Menschen sein. Sehet auf, steht auf der Wacht, die Augen auf, wartet, wartet der herannahenden Erlösung entgegen.

Erhebet eure Häupter – du Heer der Gebeugten, der Gedemütigten, der Mutlosen, du geschlagenes Heer mit den gesenkten Häuptern – die Schlacht ist ja nicht verloren – erhebet eure Häupter – der Sieg gehört euch – fasst Mut, keine Furcht, keine Angst, keine Sorge – Mut, seid des Sieges gewiss, seid stark, seid männlich. Hier gibt es kein Kopfschütteln mehr, kein Zweifeln und Wegschauen, – die Freiheit, das Heil, die Erlösung kommt heran. Sehet auf – wartet! Erhebt eure Häupter – seid furchtlos und stark! – denn Christus kommt.

Und nun fragen wir nochmal: Hören wir nun, wie es klopft und treibt und vorwärtskämpft, wie da etwas in uns aufspringen will, sich auftun, frei werden dem Christus entgegen? Spüren wir, dass das nicht nur bildliche Rede ist, sondern dass da etwas geschieht, dass da Menschenseelen aufgerichtet, erschüttert, zerrissen und geheilt werden? Dass da der Himmel sich zur Erde neigt und die Erde zittert und die Menschen verzagen vor Angst und Bangigkeit und Hoffnung und Freude? Dass da Gott sich zu den Menschen neigt und zu ihnen eingeht? Kann der verschüttete Bergmann auf etwas anderes achten, als auf dies Hämmern und Klopfen der Retter? Kann und darf uns noch etwas anderes wichtig sein, als eben auf dieses selbe Hämmern und Klopfen Jesu Christi in unserem Leben zu achten. Kann es uns in allem was geschieht um etwas anderes gehen als um das Lauschen und Aufhören, um das Zittern und Sichausstrecken nach ihm. Es ist etwas am Werk, auch in uns. Dass wir's doch nicht zuschütteten, dass wir doch auftäten dem, der da kommen will. Mitten im Winter hat Luther einmal, als er an Advent über unseren Text predigte, gerufen: „Der Sommer ist nahe, die Bäume wollen hervor. Es ist Frühlingszeit." Wer Ohren hat zu hören, der hört. Amen.

Abstrakte und geschehende Wahrheit

Johannes 8,32

24.7.1932, Berlin, 9. Sonntag nach Trinitatis

Die Wahrheit wird euch frei machen.

Das ist vielleicht das revolutionärste Wort des ganzen Neuen Testaments. Es richtet sich darum nicht an die Massen, sondern es wird begriffen allein von ganz wenigen echten Revolutionären. Es ist darum ein ganz exklusives Wort. Es bleibt der Menge ein Geheimnis oder sie macht eine Phrase daraus. Und das ist das Allergefährlichste. Denn die Phrase stumpft das Revolutionäre gänzlich ab.

Wer ist denn der exklusive Kreis von Menschen, der hier angeredet ist? Sind das die großen politischen oder wissenschaftlichen Revolutionäre und ihre Getreuen? Sind es die Freiheitshelden verschiedenster Völker? Sind es die Kämpfer um Fortschritt und Erkenntnis? Wo finden wir diesen Kreis und wie sieht er aus, für den dies Wort irgendwie gilt?

Jeder von uns hat schon einmal folgende Situation erlebt: Ein Kreis von erwachsenen Menschen ist zusammen. Im Laufe des Gespräches kann ein Thema, das einigen der Anwesenden persönlich außerordentlich peinlich ist, nicht vermieden werden. Es kommt zu einer entsetzlich gequälten Aussprache, die voller Lüge und Angst ist. Ein Kind, das zufällig dabei ist und die Lage natürlich nicht erfasst, weiß irgendetwas, was zwar alle anderen auch wissen, aber scheu verdecken. Das Kind wundert sich, dass die anderen das nicht zu wissen scheinen, was es weiß, und sagt es nun seinerseits rund heraus. Ein starres Entsetzen geht durch den Kreis – das Kind wundert sich wiederum. Man stiert verzweifelt auf das Kind. Das Kind lacht und freut sich, dass es das Richtige gewusst hat. Es ist etwas Irreparables geschehen. Das Gerede voll Lüge und Angst ist auf ein Mal jäh abgeschnitten, wie mit einem Schlag. Auf Lüge und Angst fällt plötzlich ein grelles Licht. Sie werden gänzlich entlarvt. Sie müssen ohnmächtig in Verzweiflung unter diesem Licht dahinsterben. Was geschehen ist, ist nichts, als dass in der Gestalt dieses sich über die Erwachsenen wundernden Kindes die Wahrheit ans Licht gekommen ist. Das Wort des Kindes hat die Erwachsenen in ihrer Verlogenheit vor sich selbst und vor einander gänzlich bloßgestellt. Es war das ganz Revolutionäre, was hier geschah. Und durch wen geschah es? Durch das sich wundernde, lachende, ahnungslose Kind, das die Dinge so sagte, wie sie waren. Das Kind allein war frei.

Ein anderes Bild: An den Höfen der Fürsten gab es neben den Rittern, den Sängern und Dichtern, die die Hüter der höfischen Sitte und der höfischen Lüge waren, einen Mann, dem man schon an seiner Kleidung ansah, dass er nicht dazu gehörte. Er fiel heraus. Er war lächerlich angezogen. Man behandelte ihn wie einen, der eben nicht eigentlich in Betracht kommt. Er war eine Ausnahmeerscheinung am Hof. Und doch brauchte man diese Ausnahme an jedem Hof. Er gehörte nicht dazu, aber er war unentbehrlich. Er war der Narr. Er war der Einzige, der jedem die Wahrheit sagen durfte und jeder musste sie hören. Er kam eigentlich nicht in Betracht, aber entbehren wollte man ihn auch nicht. So eben steht es bei uns mit der Wahrheit. Aber er war der einzig freie Mann am Hof.

Und nun das dritte Bild. Wenn man die vorigen Bilder recht verstanden hat, so wird man es nicht als unwürdig empfinden, hier das dritte Bild angedeutet zu sehen: Ich meine den Mann, der geschlagen und zerschunden, im Spott mit Dornen zum König gekrönt, vor seinem Richter steht und sich den König der Wahrheit nennt; dem nun Pilatus die kluge, aber hoffnungslos weltliche Frage stellt: Was ist Wahrheit? Diese Frage, gerichtet an den, der von sich selbst sagte: Ich bin die Wahrheit! Und der nun, weil er die Wahrheit ist, dem Pilatus schweigend seine Frage zurückgibt: Wer bist du, Pilatus, angesichts der Wahrheit vor mir? Es geschieht hier nichts weiter, als dass die Wahrheit gekreuzigt wird und dass Pilatus durch diese gekreuzigte Wahrheit gerichtet ist. Nicht du fragst nach der Wahrheit, sondern die Wahrheit fragt nach dir! Der gekreuzigte König der Wahrheit, zu dem wir beten, das ist das dritte Bild, das wir ins Auge fassen wollen, wo wir im Neuen Testament von Wahrheit reden hören. Das Kind, der Narr, der Gekreuzigte – eine eigentümliche Auswahl von Menschen, von Rettern der Menschheit, von Revolutionären. Aber wir wissen jetzt etwas mehr, an wen wir zu denken haben, wenn wir das Wort hören: Die Wahrheit wird euch frei machen.

Die Wahrheit ist im menschlichen Leben etwas Fremdes, Ungewöhnliches, Ausnahmehaftes. Es ist, wie wenn etwas ganz unerwartet plötzlich und gewalttätig in unser Leben hineinbricht, wenn irgendwo die Wahrheit gesagt wird. Es ist nichts Ungewöhnliches, dass man uns mit Posaunentönen in die Ohren tönt, man werde jetzt die volle Wahrheit zu hören bekommen. Aber die Wahrheit auf dem Programm ist noch lange nicht wirkliche Wahrheit. Wirkliche Wahrheit unterscheidet sich von jeder phrasenhaften Wahrhaftigkeit dadurch, dass sie etwas ganz Bestimmtes will, dass etwas geschieht – nämlich, dass sie den Menschen löst, frei macht. Dass sie dem Menschen auf einmal die Augen darüber öffnet, dass er bisher in der Lüge und in der Unfreiheit und Angst gelebt hat und ihm so die Freiheit zurückgibt. Und es ist nun der ganz eindeutige Satz der Bibel, dass der Mensch ganz in der Sklaverei und in der Lüge sei und dass allein die Wahrheit, die von Gott kommt, den Menschen frei mache.

Es ist gegenwärtig nicht schwer, von der Freiheit zu reden,

und zwar so davon zu reden, dass die Leidenschaften eines Deutschen aufwachen und alles in ihm erbeben lassen, ihn alles andere vergessen lassen. Es mag im heutigen Deutschland manche geben, die wie einst die gefangenen Israeliten, tief in sich versunken von nichts anderem träumen als von der Freiheit, die in großen Visionen ihr Bild sehen und nach ihm greifen, bis sie erwachen und das Bild zerrinnt. Jawohl, es ist heute leicht, von der Freiheit so zu reden.

Aber es ist sehr schwer, von der Freiheit so zu reden, wie die Bibel es tut. Die *Wahrheit* wird euch frei machen, das ist zu allen Zeiten höchst unzeitgemäß. Unsere Tat, unsere Kraft, unser Mut, unsere Rasse, unsere Sittlichkeit – kurz *wir*, wir werden uns frei machen. Das ist verständlich, das ist populär. Aber was soll dieses nüchterne Wort „Wahrheit“ in diesem Zusammenhang? Das Wort „Wahrheit“ ist unpopulär geworden. Wir spüren, dies Wort hat etwas gegen uns. Es hat eine Spitze. Man kann heute nichts Unpopuläreres tun, als dort, wo die größten Worte in den Mund genommen werden, in religiösen, in politischen, in weltanschaulichen Dingen ganz nüchtern die Frage zu stellen: Ja ist denn all das wahr? Das gerade will man nicht hören. Das klingt so kritisch, so zerstörerisch, so verständnislos, so kalt, so gewalttätig. Wir leben alle in unaufhörlicher, unüberwindlicher Angst vor der Wahrheit, auch dort, wo wir es nicht meinen, ja dort sogar, wo wir meinen, dass wir selbst die Wahrheit in die Welt zu bringen berufen sind. Wir fürchten uns immer noch davor, dass einer kommt, der tiefer sieht als wir und der uns fragend ansieht und unter dessen Blick alle unsere Werte zusammenbrechen. Und aus lauter Furcht reden wir umso lauter, als ob wir die Wahrheit wüssten.

Wir alle haben Angst vor der Wahrheit. Und diese Angst ist im Grunde unsere Angst vor Gott. Gott ist die Wahrheit und kein anderer. Und wir fürchten uns vor ihm, dass er uns plötzlich ins Licht der Wahrheit stellt und uns in unserer Lügenhaftigkeit entlarvt. Die Wahrheit ist eine Macht, eine Gewalt, die über uns steht und uns jeden Augenblick vernichten kann. Sie ist nicht der heitere Himmel der Begriffe und Ideen, sondern das Schwert Gottes, der drohende Blitz, der zerstörend und erleuchtend in die Nacht hineinfährt. Die Wahrheit ist der lebendige Gott selbst und sein Wort, wo es hintrifft. Vor dieser Wahrheit muss der Mensch sterben. Und weil der Mensch klug ist und das weiß, darum umhüllt er sich immer tiefer mit Lüge und Schein. Er will die Wahrheit nicht sehen, denn er will nicht sterben. Darum muss er es lernen, immer besser, raffinierter, tiefer, gedankenvoller lügen zu können. Ja, darum muss er es dahin bringen, sich so tief in die Lüge zu verstricken, dass er es selbst nicht mehr weiß, dass er lügt, sondern dass er seine Lüge für Wahrheit hält. Und dahin hat es der Mensch gebracht. Und weil er es dahin gebracht hat, darum hält er all das, was wir hier sagen, für Übertreibung und Unwahrheit.

Gewiss, jeder Aufrichtige wird zugeben, dass die politische Lüge, die konventionelle, weltanschauliche, soziale Lüge, die eigennützige Lüge eine verheerende Gewalt über uns hat. Wir können uns doch in unserer Phantasie nicht einmal ausdenken, was sich ereignen würde, wenn auf einmal alle Schleier und Hüllen der Lüge um uns fallen würden und wir nun so, wie wir in Wahrheit sind, dastünden. Wir wissen gar nicht, bis in welche Tiefe unseres Wesens wir hier bloßgestellt würden. Wir wissen nur eines: dass dann ein Leben, so wie wir es jetzt führen, einfach unmöglich wäre. Nur weil wir nicht in der Durchsichtigkeit des Lichtes, sondern in der Undurchsichtigkeit der Nacht leben, können wir leben. Es ist aber nichts Geringeres als die Vorstellung vom Jüngsten Gericht, vom letzten Tag der Welt, die uns hier aufgegeben ist.

Und doch wehren wir uns gegen die Behauptung, es sei nicht nur viel Lüge um uns herum und in uns, sondern wir selbst seien die Erzlügner. Und wir müssen uns dagegen wehren, so lange, bis etwas ganz Unerwartetes geschieht, nämlich so lange, bis Gott selbst als die Wahrheit uns begegnet und nun selbst tut, was wir nicht tun können, nämlich uns die Wahrheit vor sich stellt. Und hier freilich geht es nicht mehr um die politische Lüge oder die konventionelle Lüge als solche, sondern hier geht es um uns selbst, um uns als die Erzlügner selbst in unserem ganzen Dasein. Hier geht es wirklich unbarmherzig zu. Hier werden wir als die Angeklagten wider Willen vor den Richter geschleift. Hier können wir nicht mehr auf dies oder jenes andere weisen, sondern wir selbst sind angepackt.

Und nun geschieht etwas, über das wir gar keine Macht mehr haben – nun *geschieht* die *Wahrheit.* Sie tritt uns entgegen in seltsamer Gestalt, nicht in strahlender, unnahbarer Herrlichkeit und leuchtender, herzbezwingender Klarheit, sondern als die gekreuzigte Wahrheit, als der gekreuzigte Christus. Und die Wahrheit redet zu uns. Sie fragt uns: Wer hat mich, die Wahrheit, gekreuzigt? Und sie antwortet schon im selben Augenblick: Sieh her, das hast *du* getan; tua culpa, tua maxima culpa. Du hast die Wahrheit Gottes über dich gehasst. Du hast sie gekreuzigt und du hast deine eigene Wahrheit aufgerichtet. Du hast gemeint, du wüsstest die Wahrheit, du besäßest sie, du könntest die Menschen mit der Wahrheit beglücken. Und du hast dich dadurch zum Gott gemacht. Du hast Gott seine Wahrheit geraubt und sie wurde in der Ferne Gottes zur Lüge. Du meintest, du könntest die Wahrheit machen, schaffen, verkündigen – aber du vermaßest dich damit, Gott zu sein, und bist damit gescheitert. Du hast die Wahrheit gekreuzigt.

Und wenn uns dies noch eine Rede in Rätseln sein sollte, so hören wir die Wahrheit noch viel deutlicher reden: Du lebtest, als seiest du allein in der Welt. Du fandest in dir die Quelle der Wahrheit, die allein in Gott ist. Und darum hasstest du die anderen Menschen, die es ebenso machen. Du fandest in dir die Mitte der Welt und eben dies war die Lüge. Du sahst deinen Bruder in der Welt als das Reich deiner Herrschaft an und sahst nicht, dass ihr alle, du und sie, von der Wahrheit Gottes lebt. Du rissest dich aus der Gemeinschaft mit Gott und dem Bruder heraus und glaubtest, allein leben zu können. Du hasstest Gott und den Bruder, weil sie deiner Wahrheit widersprachen. Das war die Lüge, darum bist du Lügner ganz und gar. Dein Alleinseinwollen, dein Hass ist die Lüge. Darum hast *du* die Wahrheit Gottes gekreuzigt. Du meinst, du seiest frei geworden, als du dich losrissest und die Wahrheit hasstest. Aber du bist Knecht geworden. Knecht deines Hasses, Knecht deiner Lüge. Der Weg zur Wahrheit und zur Freiheit ist dir verschlossen. Er führt allein ans Kreuz, in den Tod. So redet die Wahrheit zu uns. Ihr letztes Wort über uns mit all unserer vermeintlichen Wahrheit heißt Tod. Denn es ist selbst die gekreuzigte Wahrheit, die lebendig zu uns redet. Wer glaubt es? Heute? Morgen? Am Jüngsten Tag?

Etwas höchst Eigentümliches hat sich hier gezeigt: Unsere Lüge ist Lüge gegen Gott. Sie wehrt sich gegen die Wirklichkeit und die Wahrheit Gottes, gegen seine Gemeinschaft und Gnade, gegen seine Liebe. Unsere Lüge hasst die Liebe Gottes, weil sie ihrer nicht zu bedürfen meint. Das Wesen unserer Lüge ist Hass, weil das Wesen der Wahrheit Gottes Gnade und Liebe ist. Damit aber ist deutlich, dass Wahrheit und Lüge nicht nur etwas ist, was man sagt, sondern auch, was man tut, das heißt, worin man ganz und gar lebt. Wer in der Lüge lebt, lebt im Hass. D. h. aber, er lebt in der Fesselung an sich selbst. Er ist in Ketten gelegt, er ist ein Knecht seiner selbst. Dies zu erkennen aber ist die erste Erkenntnis der Wahrheit Gottes, eine Erkenntnis, die Gott allein gibt. Wer sich als Sklaven der Lüge, der Angst und des Hasses erkennt, der ist schon von Gott in die Wahrheit gestellt. Er sieht ein, dass alle seine vermeintliche Freiheit nur Knechtschaft und all seine vermeintliche Wahrheit Lüge war. Und wer es hört, über den kommt das unaussprechliche Seufzen, in dem er sich heraussehnt aus der Gefangenschaft: Herr, mache mich frei von mir selbst. Und nun kommt ihm das Wort von Neuem entgegen: Die Wahrheit wird euch frei machen.

Nicht unsere Tat, unser Mut, unsere Kraft, unser Volk, unsere Wahrheit, sondern Gottes Wahrheit allein. Warum? Weil *frei* werden nicht heißt: *groß* werden in der Welt, frei werden gegen den Bruder, frei werden gegen Gott, sondern frei werden von sich selbst, von der Lüge, als sei ich allein da, als sei ich die Mitte der Welt; von dem Hass, mit dem ich Gottes Schöpfung verachte, frei werden von sich selbst für den andern. Gottes Wahrheit allein aber lässt mich den andern sehen. Sie richtet meinen in mich verbogenen Blick über sich hinaus und zeigt ihm den anderen Menschen. Und indem sie das tut, tut sie an mir die Tat der Liebe, der Gnade Gottes. Sie vernichtet unsere Lüge und schafft die Wahrheit. Sie vernichtet den Hass und schafft die Liebe. Gottes Wahrheit ist Gottes Liebe und Gottes Liebe macht uns frei von uns selbst für den andern. Frei sein heißt nichts anders, als in der Liebe sein. Und in der Liebe sein heißt nichts anderes, als in der Wahrheit Gottes sein.

Der Mensch, der liebt, weil er durch die Wahrheit Gottes frei gemacht ist, ist der revolutionärste Mensch auf Erden. Er ist der Umsturz aller Werte, er ist der Sprengstoff der menschlichen Gesellschaft, er ist der gefährlichste Mensch. Denn er hat erkannt, dass die Menschen im Tiefsten verlogen sind. Und er ist jederzeit bereit, das Licht der Wahrheit auf sie fallen zu lassen – und dies eben um der Liebe willen. Aber eben diese Störung, die durch diesen Menschen in die Welt kommt, fordert den Hass der Welt heraus. Und darum ist der Ritter der Wahrheit und der Liebe nicht der Held, den die Menschen anbeten, verehren, der frei ist von Feinden, sondern der, den sie ausstoßen, den sie los werden wollen, den sie für vogelfrei erklären, den sie töten. Der Weg, den Gottes Wahrheit in der Welt ging, führt ans Kreuz. Von da an wissen wir, dass alle Wahrheit, die vor Gott bestehen will, ans Kreuz muss. Die Gemeinde, die Christus folgt, muss mit ihm ans Kreuz. Sie wird um ihrer Wahrheit und Freiheit willen von der Welt gehasst werden. Aber auch ein Volk kann die Wahrheit und die Freiheit nicht finden, wenn es sich nicht dem Gericht der Wahrheit Gottes stellt. Auch ein Volk bleibt so lange in der Lüge und in der Sklaverei, bis es von Gott allein seine Wahrheit und seine Freiheit empfängt und empfangen will; bis es weiß, dass Wahrheit und Freiheit in die Liebe führen; ja, bis es weiß, dass der Weg der Liebe ans Kreuz geht. Wird ein Volk heute dies wirklich wissen, dann wird es das einzige Volk sein, das sich mit Recht ein freies Volk nennen darf, das einzige Volk, das nicht der Sklave seiner selbst, sondern der freie Knecht der Wahrheit Gottes ist.

Wir alle, jeder Einzelne für sich und wir als Gesamtheit, fühlen die drückende Last unserer Ketten. Gott, wir schreien nach der Freiheit. Aber, o Gott, bewahre uns, dass wir kein lügnerisches Bild der Freiheit erträumen und in der Lüge bleiben. Gib du uns die Freiheit, die uns ganz auf dich, auf deine Gnade wirft. Herr, mach uns mit deiner Wahrheit, die unser Jesus Christus ist, frei. Herr, wir warten auf deine Wahrheit.

Schätze des Leidens

Römer 5,1-5

9.3.1938, Groß-Schlönwitz

„Nun wir denn sind gerecht geworden durch den Glauben, so haben wir Frieden mit Gott durch unsern Herrn Jesus Christus, durch welchen wir auch den Zugang haben im Glauben zu dieser Gnade, darin wir stehen, und rühmen uns der Hoffnung der zukünftigen Herrlichkeit, die Gott geben soll. Nicht aber allein das, sondern wir rühmen uns auch der Trübsale, dieweil wir wissen, daß Trübsal Geduld bringt; Geduld aber bringt Erfahrung; Erfahrung aber bringt Hoffnung; Hoffnung aber läßt nicht zuschanden werden; denn die Liebe Gottes ist ausgegossen in unser Herz durch den heiligen Geist, welcher uns gegeben ist."

„Wir haben Frieden mit Gott." So ist unser Kampf mit Gott nun also zum Ende gekommen. Unser widerspenstiges Herz hat sich also in Gottes Willen gefügt. Unsere eigenen Wünsche sind still geworden. Gottes ist der Sieg, und unser Fleisch und Blut, das Gott hasst, ist zerschlagen und muss schweigen.

„Nun wir denn sind gerecht geworden durch den Glauben, so haben wir Frieden mit Gott." Gott hat recht behalten. Er allein. Wir sprechen mit dem Lied, das wir eben gesungen haben: Du bist gerecht, es gehe, wie es will. Gott ist gerecht, ob wir seine Wege verstehen oder nicht; Gott ist gerecht, ob er uns straft und züchtigt oder ob er uns begnadigt. Gott ist gerecht, wir sind die Übertreter. Wir sehen es nicht, aber unser Glaube muss es bekennen: Gott ist allein gerecht. Wer so im Glauben Gott allein recht über sich gibt, der ist vor Gott in die rechte Stellung gekommen, der ist vor Gott recht fertig geworden, um vor ihm bestehen zu können, der ist gerecht geworden im Glauben an Gottes Gerechtigkeit, der hat Frieden mit Gott gefunden.

„Wir haben Frieden mit Gott durch unsern Herrn Jesus Christus." So ist nun auch Gottes Kampf gegen uns zu Ende gebracht. Gott hasste den Willen, der sich ihm nicht beugen wollte. Unzählige Male rief er, mahnte, bat und drohte er, bis sein Zorn über uns keine Geduld mehr kannte. Da holte er aus zum Schlage gegen uns, da schlug er zu und traf. Er traf den einzig Unschuldigen auf der ganzen Erde. Es war sein lieber Sohn, unser Herr Jesus Christus. Jesus Christus starb für uns am Kreuz, vom Zorn Gottes geschlagen. Gott selbst hatte ihn dazu gesandt. Da war Gottes Zorn gestillt, als sein Sohn sich seinem Willen und Recht beugte bis zum Tod. Wunderbares Geheimnis – Gott hatte Frieden gemacht mit uns durch Jesus Christus.

„Wir haben Frieden mit Gott." Unter dem Kreuz ist Frieden. Hier ist Ergebung in Gottes Willen, hier ist Ende unseres eigenen Willens, hier ist Ruhe und Stille in Gott, hier ist Friede des Gewissens in der Vergebung aller unserer Sünden. Hier unter dem Kreuz ist der „Zugang zu der Gnade, in der wir stehen", ist der tägliche Zugang zum Frieden mit Gott. Hier ist der einzige Weg, den es auf der Welt gibt, um Frieden mit Gott zu finden. In Jesus Christus allein ist Gottes Zorn gestillt, sind wir überwunden in den Willen Gottes hinein. Darum ist das Kreuz Jesu Christi für seine Gemeinde ewiger Grund der Freude und Hoffnung der kommenden Herrlichkeit Gottes. „Wir rühmen uns der Hoffnung der zukünftigen Herrlichkeit." Hier im Kreuz ist Gottes Recht und Sieg auf Erden angebrochen. Hier wird er einst aller Welt offenbar werden. Der Friede, den wir hier empfangen, wird ein ewiger herrlicher Friede im Reich Gottes werden.

Aber während wir hier am liebsten abbrechen würden,

erfüllt von der höchsten Seligkeit, die Menschen auf dieser Erde zuteil werden kann, nämlich erfüllt von der Erkenntnis Gottes in Jesus Christus, von dem Frieden Gottes im Kreuz, lässt uns die Schrift hier noch nicht los. „Nicht aber das allein –“, heißt es jetzt. Es ist also doch noch nicht alles gesagt. Was bliebe denn noch zu sagen, nachdem vom Kreuz Jesu Christi, vom Frieden Gottes in Jesus Christus gesprochen ist? Ja, liebe Gemeinde, es ist noch ein Wort zu sagen, nämlich ein Wort von dir, ein Wort von deinem Leben unter dem Kreuz, ein Wort davon, wie Gott dein Leben in dem Frieden Gottes erproben will, damit der Friede nicht nur ein Wort sei, sondern eine Wirklichkeit. Es bleibt noch ein Wort zu sagen, dass du noch eine Weile auf dieser Erde leben wirst und wie du den Frieden bewahrst.

Darum heißt es: „nicht allein aber das, sondern wir rühmen uns auch der Trübsale“. Ob wir den Frieden Gottes wirklich gefunden haben, wird sich daran erproben, wie wir zu den Trübsalen, die über uns kommen, stehen. Es gibt viele Christen, die wohl ihre Knie beugen vor dem Kreuz Jesu Christi, die sich aber gegen jede Trübsal in ihrem eigenen Leben nur zur Wehr setzen und sträuben. Sie glauben das Kreuz Christi zu lieben, aber das Kreuz in ihrem eigenen Leben hassen sie. So hassen sie in Wahrheit auch das Kreuz Jesu Christi, sie sind in Wahrheit Verächter des Kreuzes, die selbst mit allen Mitteln dem Kreuz zu entfliehen suchen. Wer es von sich weiß, dass er Leiden und Trübsal in seinem Leben nur als etwas Feindliches, Böses ansieht, der kann daran erkennen, dass er den Frieden mit Gott noch garnicht gefunden hat. Er hat im Grunde nur den Frieden mit der Welt gesucht und hat vielleicht gemeint, mit dem Kreuz Jesu Christi am besten mit sich selbst und mit all seinen Fragen fertig zu werden, also einen inneren Seelenfrieden zu finden. Er hat also das Kreuz gebraucht, aber nicht geliebt. Er hat den Frieden nur um seiner selbst willen gesucht. Wenn aber Trübsal kommt, dann ist dieser Friede schnell dahin. Es war kein Friede mit Gott; denn er hasste die Trübsal, die Gott schickt.

Wer also die Trübsal, wer Verzicht, Not, Verleumdung, Gefangenschaft in seinem Leben nur hasst, der mag sonst vom Kreuz mit noch so großen Worten reden, er hasst das Kreuz Jesu und hat keinen Frieden mit Gott. Wer aber das Kreuz Jesu Christi liebt, wer in ihm den Frieden gefunden hat, der fängt an, auch die Trübsal in seinem Leben zu lieben, und zuletzt wird er mit der Schrift sprechen können: „Wir rühmen uns auch der Trübsale."

Unsere Kirche hat in den letzten Jahren manche Trübsal erlitten. Zerstörung ihrer Ordnung, Einbruch einer falschen Verkündigung, viel Feindschaft, böse Worte und Verleumdungen, Gefangenschaft und Not aller Art bis zu dieser Stunde, und niemand weiß, welche Trübsale der Kirche noch bevorstehen. Aber haben wir in alledem auch begriffen, dass Gott uns selbst damit auf die Probe stellen wollte und will, dass in all dem nur eine Frage wichtig war, nämlich ob wir Frieden mit Gott haben oder ob wir bisher in einem ganz weltlichen Frieden gelebt haben. Wieviel Murren und Sichsträuben, wieviel Widerspruch und Hass gegen die Trübsal ist da bei uns aufgedeckt worden! Wieviel Verleugnen, Sich–beiseite–Stellen, wieviel Furcht, wenn das Kreuz Jesu auch nur ein klein wenig unser persönliches Leben zu beschatten anfing! Wie oft meinten wir, wir könnten unsern Frieden mit Gott wohl bewahren und doch dem Leiden, dem Verzicht, der Gehässigkeit, der Gefährdung unserer Existenz aus dem Wege gehen! Ja, was am schlimmsten ist, müssten wir nicht von christlichen Brüdern immer wieder hören, dass sie das Leiden der Brüder verachteten – und das allein darum, weil ihr eigenes Gewissen ihnen keine Ruhe ließ.

Aber Gott wird keinen in sein Reich nehmen, dessen Glauben er nicht in der Trübsal als echt erprobt hat. „Wir *müssen* durch viel Trübsale in das Reich Gottes eingehen."

Darum sollen wir lernen, unsere Trübsale liebzugewinnen, ehe es zu spät ist, ja, uns ihrer zu freuen und zu rühmen.

Wie soll das zugehen? „Wir wissen, dass Trübsal Geduld bringt, Geduld aber bringt Erfahrung, Erfahrung aber bringt Hoffnung. Hoffnung aber lässt nicht zuschanden werden.“ So lehrt uns Gottes Wort, die Trübsal erst recht ansehen und verstehen. Die Trübsal, die uns in unserm Leben so hart und widerwärtig erscheint, ist in Wahrheit voll der größten Schätze, die ein Christ finden kann. Sie ist wie die Muschel, in der die Perle liegt. Sie ist wie ein tiefer Schacht, in dem man eines nach dem andern findet, je tiefer man hineinsteigt: erst Erz, dann Silber, zuletzt Gold. Trübsal bringt zuerst Geduld, dann Erfahrung, dann Hoffnung. Wer der Trübsal aus dem Wege geht, der verwirft mit ihr Gottes größte Geschenke für die Seinen.

„Trübsal bringt Geduld.“ Geduld heißt wörtlich übersetzt: darunterbleiben, die Last nicht abwerfen, sondern tragen. Viel zu wenig wissen wir heute in der Kirche von dem eigentümlichen Segen des Tragens. Tragen, nicht abschütteln, tragen, aber auch nicht zusammenbrechen, tragen, wie Christus das Kreuz trug, drunterbleiben und dort unten – Christus finden. Legt Gott eine Last auf, so beugt der Geduldige sein Haupt und glaubt, es sei gut für ihn, gedemütigt zu werden – *darunter*bleiben! Aber darunter*bleiben!* Fest bleiben, stark bleiben heißt es ja nun auch; nicht schwächliches Nachgeben, Weichen, keine Leidensseligkeit, sondern unter der Last als einer Gnade Gottes erstarken, den Frieden Gottes unerschütterlich bewahren. Gottes Friede ist bei den Geduldigen.

„Geduld bringt Erfahrung.“ Ein Christenleben besteht nicht in Worten, sondern in Erfahrung. Niemand ist Christ ohne Erfahrung. Nicht von Lebenserfahrung ist hier die Rede, sondern von der Erfahrung Gottes. Aber auch nicht von allerlei Gotteserlebnissen wird hier gesprochen, sondern von der Erfahrung, die in der Bewährung des Glaubens und des Friedens Gottes liegt, von der Erfahrung des Kreuzes Jesu Christi. Erfahren sind nur die Geduldigen. Die Ungeduldigen erfahren nichts. Wem Gott solche Erfahrung schenken will – einem Einzelnen oder einer Kirche – dem schickt er viel Anfechtung, Unruhe und Angst, der muss täglich und stündlich um den Frieden Gottes schreien. Die Erfahrung, von der hier die Rede ist, führt uns in die Tiefe der Hölle und in den Rachen des Todes und in den Abgrund der Schuld und in die Nacht des Unglaubens. Aber in dem allen will Gott seinen Frieden nicht von uns nehmen, in dem allen erfahren wir von Tag zu Tag mehr die Kraft und den Sieg Gottes, den Friedensschluss am Kreuze Christi.

Darum bringt Erfahrung Hoffnung. Denn jede überstandene Anfechtung ist ja schon das Vorspiel der letzten Überwindung, jede besiegte Welle bringt uns dem ersehnten Land näher. Darum wächst mit der Erfahrung die Hoffnung und in der Erfahrung der Trübsal ist der Widerschein der ewigen Herrlichkeit schon zu ahnen.

„Hoffnung aber lässt nicht zuschanden werden." Wo noch Hoffnung ist, da ist kein Unterliegen, da mag noch allerlei Schwachheit, viel Geschrei und Jammer, viel ängstliches Rufen sein, aber da ist doch der Sieg schon ergriffen. Das ist das Geheimnis des Leidens in der Kirche und im christlichen Leben, dass gerade das Tor, an dem geschrieben steht: Lasst alle Hoffnung fahren!, dass gerade das Tor des Leides, des Verlierens, des Sterbens für uns zu dem Tor der großen Hoffnung auf Gott, zu dem Tor des Ruhmes und der Herrlichkeit werden soll. „Hoffnung lässt nicht zuschanden werden." Haben wir in der Kirche und für unsere Kirche noch diese große Hoffnung auf Gott selbst? Dann ist alles gewonnen, haben wir sie nicht mehr? Dann ist alles verloren.

„Trübsal bringt Geduld, Geduld bringt Erfahrung, Erfahrung bringt Hoffnung, Hoffnung lässt nicht zuschanden werden", das aber alles nur für den, der den Frieden Gottes in Jesus Christus gefunden hat und bewahrt, und von dem es nun heißt: „Denn die Liebe Gottes ist ausgegossen in unser Herz durch den Heiligen Geist, der uns gegeben ist." Wer von Gott geliebt ist und wer darum Gott allein und über alle Dinge liebt, der allein darf so sprechen. Nein, die Stufenreihe von der Trübsal zur Hoffnung ist keine irdische Selbstverständlichkeit. Luther hat gesagt, es könnte ja auch ganz anders heißen, nämlich: Trübsal bringt Ungeduld, Ungeduld bringt Verstockung, Verstockung bringt Verzweiflung, Verzweiflung aber lässt ganz zuschanden werden. Ja, so muss es heißen, wenn uns der Friede Gottes verloren geht, wenn uns ein irdischer Friede mit der Welt lieber ist als der Friede mit Gott, wenn wir die Sicherheiten unseres Lebens mehr lieben als Gott. Dann muss uns die Trübsal zum Verderben gereichen.

Aber die Liebe Gottes ist ausgegossen in unser Herz. Wem es Gott durch den Heiligen Geist schenkt, dass das Unbegreifliche in ihm geschieht, nämlich dass er anfängt Gott zu lieben um Gottes willen, nicht um irdischer Güter und Gaben willen, auch nicht um des Friedens willen, sondern wirklich ganz allein um Gottes willen, wem die Liebe Gottes im Kreuze Jesu Christi widerfahren ist, dass er anfängt Gott zu lieben um Jesu Christi willen, wer durch den Heiligen Geist dahin geführt wird, nichts mehr zu begehren als in Ewigkeit an Gottes Liebe teilzuhaben, sonst aber nichts, garnichts – der spricht aus dieser Liebe Gottes und mit ihm die ganze Gemeinde Jesu Christi: Wir haben Frieden mit Gott. Wir rühmen uns der Trübsale. Die Liebe Gottes ist ausgegossen in unser Herz. Amen.

Dienet der Zeit

Römer 12,11c

23.9.1928, Barcelona, 16. Sonntag nach Trinitatis

Dienet der Zeit.

Ob modern, ob unmodern – diese Frage steht heute, mehr wohl wie je, im Vordergrund aller Interessen, nicht nur bei Mode oder Gesundheitsfragen, sondern in allen Gebieten menschlicher Interessen, in der Wissenschaft, Literatur, in der Religion. Und an diesem Wort scheiden sich die Geister: Die einen schreien dem Modernen schlechthin zu, die anderen, die bewusst Unmodernen, schauen verklärt zurück auf die gute alte Zeit. Auf die Frage: Willst du ein moderner Mensch sein?, antworten die einen ebenso entschieden selbstbewusst ‚ja' wie die anderen ‚nein'. Wie stellt sich der, der sich Christ nennt, dazu? Wie stellt er sich zum Wandel der Zeiten, muss der Christ konservativ oder fortschrittlich denken, muss er unmodern oder modern sein?

Die Grundfrage jedes Christen ist offenbar die Frage nach der Ewigkeit. Wie erlange ich hier mitten in der Zeit die Ewigkeit? Hier im ewigen Wechsel des Werdens und Vergehens gibt es doch nichts Ewiges, Bestehendes; da gibt es wohl nur einen Weg – hinaus aus der Zeit, gleichgültig werden gegenüber all dem, was hier geschieht, allein der Ewigkeit leben. Es gilt dem Despoten Zeit zu entfliehen.

Dagegen ruft uns unser Wort auf: Ihr wollt die Ewigkeit finden, nun so dienet der Zeit. Wie ein ungeheurer Widerspruch muss uns dies Wort anmuten: Willst du Unvergängliches, so halte dich an Vergängliches, willst du Ewiges, so halte dich an Zeitliches, *willst du Gott, so halte dich an die*

Welt. Schon schien es uns zu gelingen auf einer Leiter von Tugenden zum Himmel aus der Welt emporzusteigen. Schon entschwand uns in der Ferne das Gestade der Welt und wir fuhren dahin in ewigen Räumen, halb Mensch nur noch, halb Gott schon – da schleuderte uns das Wort zurück aus unserem Flug, wir stürzten ab von der Höhe und finden uns wieder in der Welt. Willst du ewig sein, so diene der Zeit, so klingt's uns ins Ohr. Dienet der Zeit – warum? weil nur in der Zeit du Gott und die Ewigkeit findest. Es ist der verborgene Wille Gottes, der sich in der Zeit finden lassen [will], wir nur in Jesus Christus den Willen Gottes finden. Nichts von dem, was in der Zeit besteht, ist göttlich, garnichts, auch nicht die Kirche, auch nicht unsere Religion. Das alles ist der Vergänglichkeit unterworfen und dennoch ist in all dem Vergänglichen des Einzelnen, Individuellen, ein Stück von dem Willen Gottes, ein Stück Ewigkeit enthalten. Die Zeit ist wie ein unausschöpflich tiefer Brunnen, durch dessen Wasser das Gold des nie erreichten Grundes leuchtet, sie ist wie das Berggestein, durch das sich unerkannt in der Tiefe die Goldadern ziehen. Alles Unvollkommene ist doch wenigstens das Abbild des Vollkommenen, alles Vergängliche ein Symbol für das Unvergängliche. „Jeder Augenblick ist unmittelbar zu Gott", hat ein großer Geschichtsforscher gesagt; das heißt, in jedem Augenblick ist ein Stück Ewigkeit verborgen, das es nur zu finden gilt, über jedem Augenblick waltet Gott. Der Augenblick, die Gegenwart, das ist das entscheidende Wort, auf das unser Text hinzielt. Dienet der Zeit, das heißt jeder Zeit, das heißt der Gegenwart. Anders gesagt: Die Gegenwart ist heilig, ist unter dem Auge Gottes, ist geweiht, ist durchleuchtet, von ewigem Licht. Die Gegenwart ist die verantwortungsvolle Stunde Gottes mit uns, jede Gegenwart; heute und morgen, die Gegenwart in ihrer ganzen Wirklichkeit und Vielgestaltigkeit; es gibt in der ganzen Weltgeschichte immer nur eine wirklich bedeutsame Stunde – die Gegenwart. Wer aus der Gegenwart flieht, flieht die Stunden Gottes, wer aus der Zeit flieht, flieht Gott. Dienet der Zeit! Der Herr der Zeiten ist Gott, der Wendepunkt der Zeiten ist Christus, der rechte Zeitgeist ist der Heilige Geist. So verbirgt sich in jedem Augenblick dies Dreifache: dass ich Gott als den Herrn meines Lebens anerkenne, dass ich mich vor Christus als dem Wendepunkt meines Lebens vom Gericht zur Gnade beuge, dass ich dem Heiligen Geist mitten im Weltengeist versuche Raum und Kraft zu schaffen. Dienet der Zeit; das heißt, dienet Gott, dem Herrn, Christus dem Versöhner, dem Geist, dem Heiliger unserer Welt. Erst wenn wir der Gegenwart die Erfüllung ihres [Auftrags][163] zuteil werden lassen, leben wir Christenleben, dienen wir der Zeit.

Der Zeit *dienen* – und damit kommen wir zurück auf die erste Frage – heißt nicht, sich ihr zum *Sklaven* machen, heißt nicht gutheißen, was *zeitgemäß* ist, nur weil es zeitgemäß ist. Zum Dienen gehört die Stärke eines eigenen Willens und eigener Gedanken, und nicht die Schwächlichkeit des Nachlaufens, des Mitschreiens; *heißt nicht: Dienet der Mode,* sondern dienet der Zeit. Mode ist das, was die Menschen dazu tun, und was ebenso gut wie verächtlich sein kann. Zeit ist das, was Gott tut, und nicht den Menschen dienen, sondern Gott dienen, heißt der Zeit dienen. Also der Christ ist weder modern noch unmodern, sondern er dient seiner Zeit, das heißt er kümmert sich nicht um Menschen, sondern um Gott. Aber doch – er dient *seiner Zeit,* das heißt, er stellt sich mitten in sie hinein, in ihre Aufgaben und Schwierigkeiten, in ihren Ernst und in ihre Not und dient; er ist Gegenwartsmensch im tiefsten Sinn; sei es die *politische,* die *wirtschaftliche* Not, sei es der *moralische* und *religiöse* Verfall, sei es die Sorge um unsere heranwachsende Jugend – überall heißt es hinein in die Not der Gegenwart. Hinein mit aller Liebe und aller Kraft, die Euch zur Verfügung steht. Das Wasser des Brunnens der Zeit ist trübe geworden, dass wir das Gold des ewigen Grundes nicht mehr sehen, sorgt, dass der Brunnen wieder rein und hell wird, sorgt, dass wir in der Zeit ein Stück Ewigkeit finden, bohrt so tief, bis ihr auf die ewigen Quellen stoßt.

Zum Dienen gehört aber als Wichtigstes Liebe; das heißt liebet eure Zeit, damit ihr ihr dienen könnt. Stellt euch nicht heraus aus dem Geschehen der Moderne, wir alle tragen die Verantwortung für Schuld und Elend von uns allen, es gilt wieder verstehen zu lernen, *was Solidarität innerhalb der Menschheit* ist. Sich heraushalten und sagen: Ich habe mit dem Treiben heute nichts zu tun, es ist mir zu verwerflich, als dass ich mich darein mische – heißt *nicht dienen, sondern richten.* Seid brüderlich – dienet der Zeit.

Das Tiefste aber erschließt sich erst, wenn wir bedenken, dass nicht nur die Welt ihre Zeit und ihre Stunden hat, sondern dass unser eigenes Leben seine Zeit und seine Stunde Gottes hat, und dass hinter den Zeiten unseres Lebens Gottes Spuren sichtbar werden, dass unter unseren Pfaden die tiefen Schächte der Ewigkeit sind, und jeder Schritt bringt ein leises Echo aus der Ewigkeit zurück. Es heißt nur die tiefe reine Gestalt dieser Zeiten zu verstehen und in unserer Lebensführung darzustellen, so werden wir mitten in unserer Zeit auf die heilige Gegenwart Gottes stoßen. Meine Zeit steht in deinen Händen. Meine Kindheit, meine Jugend, mein Mannestum und mein Greisenalter. Dienet Eurer Zeit, der Gegenwart Gottes in Eurem Leben; Gott hat Eure Zeit geheiligt; jede Zeit, recht verstanden, ist unmittelbar zu Gott; und Gott will, dass wir ganz sind, was wir sind. *Sei ganz Kind*, solange du Kind bist, in Spiel und Freude, in Empfänglichkeit und Dankbarkeit, in Hingabe an den Willen derer, die du lieb hast, *sei ganz Knabe*, in der Selbstständigkeit und Sicherheit, in Mut und Trotz, die dem Knaben eignet; in Kraft, doch auch in der Unterordnung gegenüber dem, den du als deinen Führer verehrst, und sofern du den Sinn dieser deiner Zeit, die Gott dir gibt, erfüllst, bist du gegründet auf den Tiefen der Ewigkeit. Trage ganz die Freuden und die Leiden deiner Werdezeit, erfülle das Wesen dessen, was Jugend ist in ihrer Not und in ihrer Freiheit, so ruht Gottes Wohlgefallen auf dir, so bist du von der Zeit zur Ewigkeit durchgedrungen. *Seid Männer und Frauen*, beides ganz, in ihrer gottgeschaffenen Wesenheit. Seid Menschen mit eigenem Willen, mit ihren Leidenschaften und ihren Sorgen, ihrem Glück und ihrer Not, ihrem Ernst und ihrem Leichtsinn, ihrem Jubel und ihrem Jammer. Gott will Menschen sehen, nicht Gespenster, die den Erdboden scheuen, Gott hat die Erde geliebt und hat uns aus Erde gemacht, er hat die Erde zu unserer Mutter gemacht, Er, der unser Vater ist. Wir sind nicht als Engel geschaffen, sondern als Erdenkinder mit Schuld und Leidenschaft, mit Kraft und Schwächen, aber wir sind gottgeliebte Erdenkinder, von Gott geliebt, gerade in unserer Schwäche, in unseren Leidenschaften, in unserer Schuld; gerade in unserer trotzigen Stellung auf der Erde – in der Zeit, in unserer Zeit – hat Gott uns lieb; gerade im Festhalten an unserer Mutter Erde und dem, was sie beschert hat, in der Solidarität mit dem Menschengeschlecht, auch dort wo es schwach ist, in Bruderschaft zu unserer eigenen kleinen, schwachen Zeit – will Gott uns haben und leuchtet uns etwas von der Ewigkeit, die alle Zeit zunichte macht, ins Herz.

Es gibt eine alte griechische Sage vom Riesen Antäus, der so stark war, dass niemand ihn bezwingen konnte. Viele hatten den Kampf versucht und waren unterlegen, bis einer kam, der im Kampf den Riesen vom Erdboden aufhob, und da auf einmal war es um ihn geschehen, seine Kraft war gewichen, die ihm nur dadurch zufloss, dass er mit festen Füßen auf dem Erdboden stand. Diese Sage vom Riesen Antäus ist überaus tiefsinnig. Nur der, der mit beiden Füßen sich auf die Erde stellt, der ganz Erdenkind ist und bleibt, der nicht hoffnungslose Flugversuche unternimmt zu Höhen, die ihm doch unerreichbar sind, der sich bescheidet mit dem, was er hat und dankbar daran festhält, der hat die volle Kraft des Menschentums, der dient der Zeit, und damit der Ewigkeit. Dann aber wird es uns geschehen, dass wir in der Zeit, aus ihrer Vergänglichkeit heraus immer wieder die Augen wenden auf die Zeit, die am Ende der Zeit kommt. Dienet der Zeit, der Stunde, die Gott mit Eurem Volk, mit Euch selbst haben will, seid Menschen der heiligen Gegenwart, die nie wiederkehrt, wie jener barmherzige Samariter Mensch der Gegenwart war, auf dass ihr Menschen der Ewigkeit werdet.

Der Herr der Zeiten ist Gott. Der Zeiten Wendepunkt ist Christus. Der rechte Zeitgeist ist der Heilige Geist.

Wie aus Feinden Freunde werden

Römer 12,16c-21

23.1.1938, Groß-Schlönwitz, 3. Sonntag nach Epiphanias

[... haltet euch herunter zu den Niedrigen. Haltet euch nicht selbst für klug. Vergeltet niemand Böses mit Bösem. Fleißigt euch der Ehrbarkeit gegen jedermann. Ist es möglich, soviel an euch ist, so habt mit allen Menschen Frieden. Rächet euch selber nicht, meine Liebsten, sondern gebet Raum dem Zorn Gottes; denn es steht geschrieben: „Die Rache ist mein; ich will vergelten, spricht der HERR." So nun deinen Feind hungert, so speise ihn; dürstet ihn, so tränke ihn. Wenn du das tust, so wirst du feurige Kohlen auf sein Haupt sammeln. Laß dich nicht das Böse überwinden, sondern überwinde das Böse mit Gutem.]

„Mir ist Erbarmung widerfahren" – haben wir gesungen. So singt die ganze christliche Gemeinde an jedem neuen Tage. „Mir ist Erbarmung widerfahren" – als ich mein Herz noch vor Gott verschloss, als ich auf dem eignen Weg meiner Sünde ging, als ich meine Sünde mehr liebte als Gott, als ich durch meine Sünde in Jammer und Elend kam, als ich mich verirrt hatte und nicht zurückfand – da traf mich Gottes Wort, da hörte ich: Gott liebt mich, da fand mich Jesus, er war bei mir – er ganz allein –, er tröstete mich und vergab mir alle meine Sünden und rechnete mir das Böse nicht zu. „Mir ist Erbarmung widerfahren."

Als ich Gott feind war um seiner Gebote willen, da handelte er an mir wie an einem Freunde. Als ich ihm Böses tat, tat Gott mir nur Gutes. Er rechnete mir mein Böses nicht auf, er suchte mich unermüdlich und ohne Erbitterung. Er litt mit mir, er starb für mich, es war ihm nichts zu schwer für mich. Da hatte er mich überwunden. Gott hatte seinen Feind gewonnen. Der Vater hat sein Kind wiedergefunden. Ist es nicht das, was wir meinen, wenn wir dieses Lied singen? Zwar begreife ich es nicht, warum Gott mich so liebt, warum ich ihm so teuer war, zwar kann ich es nicht fassen, dass er mein Herz durch sein Leben überwinden konnte und wollte, aber nun kann ich sagen: „Mir ist Erbarmung widerfahren ..."

Aber eben weil ich hier nichts begreife und verstehe, darum heißt es in unserem Text: *„Haltet euch nicht selbst für klug"* – d. h. ihr mögt sonst ganz gescheite, tüchtige Leute sein in eurem Geschäft, in eurer Arbeit, aber von einem wisst ihr von Natur aus rein garnichts, in einem seid ihr so töricht und närrisch wie ein unmündiges Kind – nämlich in den göttlichen Dingen der Barmherzigkeit oder vielmehr wie aus einem Feind ein Freund wird, wie ein Feind Gottes überwunden wird.

Unser heutiger Text spricht von dem *Verhalten des Christen gegen seine Feinde* oder *wie der Christ seine Feinde* „überwindet". Diese Frage wird im Leben des Einzelnen und einer christlichen Gemeinde immer wieder von großer Wichtigkeit, und eben hier sind wir so ganz und gar unverständig, haben wir von uns aus so ganz und gar verkehrte Gedanken, dass unser Text damit beginnt: *Haltet euch nicht selbst für klug."* Das ist wohl zu allererst *eine Erinnerung daran*, wie unbegreiflich unserer Klugheit Gottes Weg mit uns war. Dass Gott uns suchte, uns vergab, dass er um unsertwillen seinen Sohn opferte, dass er uns darin das Herz abgewann und bekehrte, das ist unsrer Klugheit allerdings fremd und unzugänglich. Damit ist uns also gesagt: Wenn ihr einem Feind begegnet: Denkt zuerst an *eure eigene Feindschaft gegen Gott und an Gottes Barmherzigkeit gegen euch.*

„Haltet euch nicht selbst für klug" – das ist sodann eine

wichtige Erinnerung an den Anfang unseres Menschengeschlechtes. Der Teufel versprach Adam und Eva Klugheit. Klug wie Gott wollte er sie machen, sie sollten wissen, was gut und böse ist. Sie sollten damit zu Richtern über Gut und Böse gemacht werden. Seit Adam sich vom Teufel die Klugheit schenken ließ, meinen alle Menschen, dass sie in allen göttlichen Dingen etwas wüssten und mitzureden hätten. Sie meinten, sie wüssten nun, wie man mit Gott und mit Menschen umgehen müsste. Mithilfe ihrer Klugheit würden sie nun wohl eine gute Welt aufbauen. Aber was geschah? Der erste Sohn Adams und Evas war Kain, der Mörder seines Bruders. Der erste Mensch, der von Menschen auf dieser Erde geboren wurde, war ein Brudermörder. Da ging die Saat des Bösen auf. Das war die Frucht der Klugheit der ersten Menschen! Gibt uns das zu denken? „Haltet euch nicht selbst für klug" – auf dass ihr nicht zu Mördern eurer Brüder werdet. Glaubt nicht selbst zu wissen, wie man mit Menschen, wie man mit Feinden umgeht, oder was gut und böse ist, sonst fressen sich die Menschen untereinander auf – „haltet euch nicht selbst für klug" – sondern seht auf Gottes Weg zu den Menschen, zu seinen Feinden. Jenen Weg, den die Schrift selbst einen törichten Weg nennt, den Weg der Liebe Gottes zu seinen Feinden, die er ihnen erweist bis zum Kreuz. Das Kreuz Jesu Christi zu erkennen als die unüberwindliche Liebe Gottes zu allen Menschen, zu uns ebenso wie zu unsern Feinden, das ist die beste Klugheit. Oder meinen wir, Gott liebte uns mehr als unsre Feinde? Meinen wir, gerade wir seien die Lieblingskinder Gottes? Dächten wir so, dann stünden wir tief im Pharisäertum drin, dann hätten wir aufgehört Christen zu sein. Liebt Gott unsere Feinde etwa weniger, für die er doch ebenso gekommen ist, gelitten hat, gestorben ist wie für uns. Das Kreuz ist keines Menschen Privatbesitz, sondern es gehört allen Menschen, es gilt allen Menschen. *Gott liebt unsere Feinde* – das sagt uns das Kreuz, er leidet um sie, er hat Not und Schmerzen um sie, er hat für sie seinen lieben Sohn gegeben. Darauf kommt alles an, dass wir bei jedem Feind, dem wir begegnen, sogleich denken: Den liebt Gott, für den hat Gott alles gegeben. *Darum haltet euch nicht selbst für klug*: Das hieß für unsere Stellung zu unseren Feinden *zuerst*: Denke daran, dass *du auch Gottes Feind warst* und dass *dir Erbarmung* widerfahren ist ohne Verdienst und Würdigkeit. Es hieß *zweitens*: Denke daran, dass Gott auch für deinen *Feind ans Kreuz ging* und ihn *liebt wie dich.*

Darum „*vergeltet niemand Böses mit Bösem, fleißiget euch der Ehrbarkeit gegen jedermann. Ist es möglich so viel an euch ist, so habt mit allen Menschen Frieden.*" Also einmal ganz deutlich: Da ist irgendeiner, ein Nachbar oder ein anderer, der fortgesetzt böse Dinge von mir sagt, der mich schmäht, der mir offenes Unrecht tut, der mich quält und plagt, wo er nur kann. Wenn wir ihn nur sehen, steigt in uns das Blut in den Kopf, ein furchtbar drohender Zorn erfüllt uns. Das ist der Feind, der so etwas bei uns bewirkt. Aber nun gilt es auf der Hut zu sein. Nun gilt es ganz schnell sich zu erinnern: *Mir ist Erbarmung widerfahren*, nicht von Menschen, nein *von Gott* selbst, und *für ihn starb* Jesus Christus – und auf einmal wird alles anders. Wir hören nun: V*ergeltet nicht Böses* mit Bösem. Erhebe deine Hand nicht zum Schlag, öffne deinen Mund nicht im Zorn, sondern sei still. Was kann denn der dir schaden, der dir Böses antut. Nicht dir schadet es, aber ihm schadet es. Unrechtleiden schadet keinem Christen. Aber Unrecht tun schadet. Nur eines will ja der Böse bei dir erreichen, nämlich, dass du auch böse wirst. Aber damit hätte er ja gesiegt. Darum vergilt nicht Böses mit Bösem. Du schadest damit nicht dem, sondern dir selbst. Nicht du bist in Gefahr, wenn dir Böses geschieht, aber der andre ist in Gefahr, der dir Böses tut, und er kommt darin um, wenn du ihm nicht hilfst. Darum um des anderen willen und um deiner

Verantwortung für ihn – vergilt nicht Böses mit Bösem. Hat Gott denn dir je so vergolten?

„Fleißigt euch der Ehrbarkeit gegen *jedermann* … habt mit *allen* Menschen Frieden.“ Gegen jedermann, mit allen Menschen – es gibt keine Ausnahme. Nicht nur gegen die *Ehrbaren ehrbar* sein, sondern gerade auch gegen die Unehrbaren, nicht nur gegen die *Friedfertigen friedfertig* sein, sondern gerade gegen die, die uns nicht im Frieden leben lassen wollen. Das andere können die Heiden auch. Aber Jesus Christus starb nicht für die Ehrbaren und für die Friedfertigen, sondern gerade für die Sünder und Feinde, für die Unehrbaren, die Hasser, die Totschläger. Unser Herz steht immer darauf, nur unter den Freunden, unter den Gerechten und Ehrbaren zu bleiben. Aber Jesus Christus war mitten unter seinen Feinden. Gerade dort wollte er sein. Dort sollen wir auch sein. Das unterscheidet uns von allen andern Sekten und Religionen. Da wollen die Frommen unter sich sein. Christus aber will, dass wir mitten unter unsern Feinden seien, wie er war; mitten unter seinen Feinden starb er den Tod der Liebe Gottes und betete: Vater vergib ihnen, denn sie wissen nicht, was sie tun. Unter den Feinden will Christus seinen Sieg erringen. Darum zieht euch nicht zurück, sondert euch nicht ab, sondern „sinnt auf Gutes“ gegen jedermann, schaffet Frieden, soviel an euch ist, mit allen Menschen. „Soviel an euch ist“ – nicht ihr habt es in der Hand, wenn man euch den Frieden nicht lässt, wenn man euch schmäht und verfolgt. Aber „soviel an euch ist“, d. h. ihr sollt niemals die Quelle des Streites sein. Euer Herz soll immer des Friedens voll sein. Heißt das, dass wir auch das Wort Gottes verschweigen sollen um des lieben Friedens willen? Niemals – aber gibt es denn ein friedevolleres Wort und Werk als die Predigt von dem Frieden, den Gott mit seiner Welt, mit seinen Menschen gemacht hat? „Soviel an euch ist“ – eines ist nicht an euch, nämlich Gottes Wort zu verschweigen – aber es ist an euch es zum Frieden zu sagen, zum Frieden der Menschen mit Gott zu sagen, mitten in einer zerrissenen, entzweiten Menschenwelt. Jesus machte Frieden mit uns, als wir Feinde waren. Er hat auch Frieden geschafft mit allen unsern Feinden am Kreuz. Diesen Frieden lasst uns bezeugen vor jedermann!

„Rächet euch selber nicht ..." Wer die Rache in eigene Hand nimmt, der macht sich zum Richter der Welt und der Menschen, und die Rache, die er üben wollte, wird auf sein eigenes Haupt kommen. Wer Rache üben will, der nimmt das Leben seines Feindes in seine eigne Hand und vergisst, dass Gott bereits seine Hand auf diesen Menschen gelegt hat, indem er für ihn starb am Kreuz. Wer Rache sucht an einem Menschen, der macht den Tod Christi zunichte, der macht sich schuldig am Blut der Versöhnung. Christus starb für mich und für meinen Feind, uns beiden zum Heil. Suche ich Rache, so verachte ich das Heil des anderen. Dem anderen mag es nicht schaden, aber ich sage mich eben damit von den Taten Christi los.

Es ist ein schweres Opfer, das Christus von uns fordert, unsere Rache fahren zu lassen, vielleicht das schwerste; denn des Menschen ganzes natürliches Wesen schreit nach Rache gegen die Feinde. Die Lust der Rache geht unserm menschlichen Blut über jede andere Sucht. Aber – wir wissen es, wir können uns nicht mehr rächen. Steht da der Feind vor meinen Augen und überfällt mich die Sucht, endlich einmal Rache üben zu können, dann steht alsbald Jesus Christus hinter meinem Feind und bittet: Erhebe deine Hand nicht, lass mir die Rache, ich will sie üben.

„... gebt Raum dem Zorn Gottes ... Ich will vergelten, spricht der Herr." Ein furchtbares Wort. Können wir es hören und wissen, was es heißt, dass Gott Rache übt, ohne alsbald zu bitten: „Nein, übe du keine Rache, nein, auch meinem Feinde kann und will ich es nicht wünschen, dass er in Gottes zornige Hände fällt." Aber Gott spricht: „Die Rache ist mein, ich will vergelten" – Gott will und muss Rache üben über die Bösen. Aber – Wunder über Wunder – Gott hat schon Rache geübt in unbegreiflicher Weise, nicht an uns, die wir seine Feinde waren und noch täglich gegen ihn sündigen, nicht an unsern Feinden, sondern an sich selbst, an seinem lieben Sohn. An ihm suchte er alle unsere Sünde heim und strafte sie. Ihn verstieß er in die Hölle der Verzweiflung und Gottverlassenheit und in derselben Stunde betet Jesus: Vater, vergib ihnen … Das ist Gottes Rache, dass er sich selbst Schmerz und Leid zufügt, aber uns verschont und annimmt. Das ist Gottes Rache, dass er selbst das Leiden trägt und seinen Feinden vergibt. Klingt es nicht in uns nach: Haltet euch nicht selbst für klug! Gottes Wege zu euch sind zu wunderbar und hoch, zu barmherzig und liebevoll.

Ist es nun noch erstaunlich, dass es gleich nach diesem Wort von dieser Rache Gottes heißt: „So nun deinen Feind hungert … so speise ihn; dürstet ihn, so tränke ihn. Wenn du das tust, so wirst du feurige Kohlen auf sein Haupt sammeln." Gott gab für den Feind sein Leben, sein alles, nun gibst auch du ihm, was du hast: Brot, wenn ihn hungert, Wasser, wenn ihn dürstet, Hilfe, wenn er schwach ist, Segen, Barmherzigkeit, Feindesliebe. Ist er dessen wert? Ja, wer wäre denn der Liebe wert, wer bedürfte denn unsrer Liebe mehr als der, der hasst? Wer ist denn ärmer als er, wer ist hilfsbedürftiger, wer ist liebebedürftiger als dein Feind? Hast du so deinen Feind schon einmal angesehen, als den, der im Grunde bettelarm vor dir steht und dich bittet, ohne es selbst aussprechen zu können: Hilf mir, schenke mir das eine, was mir noch helfen kann aus meinem Hass, schenke mir Liebe, die Liebe Gottes, die Liebe des gekreuzigten Heilandes. Alles Drohen und Fäuste zeigen kommt ja aus dieser Armut, ist im Grunde ein Betteln um Liebe Gottes, um Friede, um Brüderlichkeit. Du weist den ärmsten der Armen von deiner Tür, wenn du deinen Feind von dir weist.

Feurige Kohlen. Kohlen brennen und schmerzen, wenn sie uns berühren. Auch die Liebe kann brennen und schmerzen. Sie lehrt uns erkennen, wie bettelarm wir sind. Es ist der brennende Schmerz der Buße, der sich bei dem einstellt, der trotz Hass und Drohung nur Liebe, nichts als Liebe findet. Gott hat diesen Schmerz uns kennen gelehrt. Als wir ihn empfanden, war die Stunde der Umkehr da.

Nun bist du am Ziel: „Lass dich das Böse nicht überwinden, *sondern überwinde das Böse mit Gutem.*" So tat es Christus an uns. Er ließ sich durch unser Böses nicht irremachen, nicht überwinden. Er überwand unser Böses mit Gutem. Noch einmal – wie geschieht das: nicht dadurch, dass wir dem Bösen des anderen Nahrung geben an unserm Bösen, dem Hass des anderen an unserm Hass, sondern dadurch dass das Böse ins Leere stößt und nichts findet, woran es sich entzünden kann. Wie überwinden wir das Böse? Indem wir es vergeben ohne Ende. Wie geschieht das? Indem wir ihn sehen als den, der er in Wahrheit ist, als den, für den Christus starb, den Christus liebt. Wie wird die Gemeinde den Sieg über ihre Feinde erringen? Indem sie die Liebe Christi über die Feinde siegen lässt. Amen.

Geheimnis

1. Korinther 2,7-10

27.5.1934, London, Trinitatis

Wir reden von der heimlichen, verborgenen Weisheit Gottes, welche Gott verordnet hat vor der Welt zu unsrer Herrlichkeit, welche keiner von den Obersten dieser Welt erkannt hat; denn wo sie die erkannt hätten, hätten sie den Herrn der Herrlichkeit nicht gekreuzigt. Sondern wie geschrieben steht (Jesaja 64,3): „Was kein Auge gesehen hat und kein Ohr gehört hat und in keines Menschen Herz gekommen ist, was Gott bereitet hat denen, die ihn lieben." Uns aber hat es Gott offenbart durch seinen Geist; denn der Geist erforscht alle Dinge, auch die Tiefen der Gottheit.

Die Geheimnislosigkeit unseres modernen Lebens ist unser Verfall und unsere Armut. Ein menschliches Leben ist so viel wert, als es Respekt behält vor dem Geheimnis. Ein Mensch erhält sich so viel vom Kinde in ihm, als er das Geheimnis ehrt. Darum haben die Kinder so offene, erwachende Augen, weil sie wissen, dass sie umgeben sind vom Geheimnis. Sie sind mit dieser Welt noch nicht fertig geworden, sie wissen sich noch nicht so durchzuschlagen und die Geheimnisse zu umgehen, wie wir es wissen. Wir zerstören das Geheimnis, weil wir spüren, dass wir hier an eine Grenze unseres Seins geraten, weil wir über alles verfügen und Herr sein wollen, und eben das können wir mit dem Geheimnis nicht. Das *Geheimnis* ist uns *unheimlich*, weil wir nicht bei ihm *daheim* sind, weil es von einem anderen „Daheimsein" redet als dem unseren. Geheimnislos leben heißt, von dem Geheimnis in unserem eigenen Leben, von dem Geheimnis des anderen Menschen, von dem Geheimnis der Welt nichts wissen, heißt, an den Verborgenheiten unser selbst, des anderen Menschen und der Welt vorübergehen, heißt, an der Oberfläche bleiben, heißt, die Welt nur so weit ernstnehmen, als sie *verrechnet* und *ausgenutzt* werden kann, hinter die Welt des Rechnens und des Nutzens nicht zurückgehen. Geheimnislos leben heißt, die entscheidenden Vorgänge des Lebens garnicht sehen oder sogar ableugnen. Dass die Wurzeln des Baumes im Dunkel des Erdreiches liegen, dass alles, was im Licht lebt, aus dem Dunkel und der Verborgenheit des Mutterschoßes herkommt, dass auch alle unsere Gedanken, dass unser ganzes geistiges Leben so aus dem verborgenen, heimlichen Dunkel kommt, wie unser Leib, wie alles Leben – das wollen wir nicht wissen. *Dass das Geheimnis die Wurzel alles Begreiflichen und Klaren und Offenbaren ist*, das wollen wir nicht hören. Und wenn wir es hören, so wollen wir diesem Geheimnis zu Leibe, wollen es errechnen und erklären, wollen es sezieren, und der Erfolg ist, dass wir das Leben dabei töten und das Geheimnis nicht entdecken. Das Geheimnis bleibt Geheimnis. Es entzieht sich unserem Zugriff. *Geheimnis heißt nun aber nicht einfach, etwas nicht wissen.* Nicht der fernste Stern ist das größte Geheimnis, sondern im Gegenteil, je näher uns etwas kommt, je besser wir etwas wissen, desto geheimnisvoller wird es uns. Nicht der fernste Mensch ist uns das größte Geheimnis, sondern gerade der Nächste. Und sein Geheimnis wird uns dadurch nicht geringer, dass wir immer mehr von ihm wissen; sondern in seiner Nähe wird er uns immer geheimnisvoller. Es ist die letzte Tiefe alles Geheimnisvollen, wenn zwei Menschen einander so nahe kommen, dass sie einander *lieben*. Nirgends in der Welt spürt der Mensch die Macht des Geheimnisses und seine Herrlichkeit so stark wie hier. Wo zwei Menschen alles voneinander wissen, wird das Geheimnis ihrer Liebe zwischen ihnen unendlich groß. Und erst in dieser Liebe verstehen sie einander, wissen sie ganz voneinander, erkennen sie einander ganz, und doch, je mehr sie einander lieben und in der Liebe voneinander wissen, je tiefer erkennen sie das Geheimnis ihrer Liebe. Also das Wissen hebt das Geheimnis nicht auf, sondern vertieft es. *Dass* der andere mir so nahe ist, das ist das größte Geheimnis.

Warum sagen wir das alles heute, am Tag, an dem wir von der *Dreieinigkeit* Gottes reden sollen? Wir sagen es, um auf ganz menschliche Weise aufmerksam zu machen auf jenen Begriff, der uns immer wieder verloren gehen will und ohne den es einfach keinen Zutritt gibt zum Verständnis des Gedankens der Dreieinigkeit Gottes – nämlich den Begriff des Geheimnisses.

„Wir reden von der heimlichen, verborgenen Weisheit Gottes ..." Gottes Gedanken liegen nicht auf der Hand, sind nicht common sense, Gott lässt sich nicht einfach fassen, wo wir ihn grade fassen wollen, sondern die Kirche redet von der *heimlichen, verborgenen Weisheit Gottes.* Gott lebt im Geheimnis. Sein Sein ist uns Geheimnis, Geheimnis von Ewigkeit her und zu Ewigkeit hin. Geheimnis, weil es von einer Heimat redet, in der wir – noch nicht – daheim sind. Alle Gedanken, die wir über Gott denken, dürfen nie dazu dienen, dies Geheimnis aufzuheben, Gott zu etwas allgemein Begreiflichem, Geheimnislosem zu machen, sondern vielmehr muss alles Denken über Gott nur dazu dienen, sein uns gänzlich überlegenes *Geheimnis* sichtbar zu machen, Gottes heimliche, verborgene Weisheit in ihrer Heimlichkeit und Verborgenheit sichtbar zu machen, sie nicht dieser zu berauben, dass vielleicht durch dies Geheimnis die Heimat sichtbar werde, aus der es kommt. Jedes Dogma der Kirche ist nur Hinweis auf das Geheimnis Gottes.

Aber die Welt ist gegen dieses Geheimnis blind. Sie will einen Gott, den sie verrechnen und ausnutzen kann oder sie will gar keinen Gott. Das Geheimnis Gottes bleibt ihr verborgen. Sie will es nicht. Sie macht sich Götter nach ihrem Wunsch, aber den nahen, heimlichen, verborgenen Gott erkennt sie nicht – „Welche keiner von den Obersten dieser Welt erkannt hat." Die Obersten dieser Welt leben vom Rechnen und vom Nutzen, dadurch werden sie groß in der Welt – aber das Geheimnis begreifen sie nicht; das begreifen ja nur die Kinder. Ein untrügliches Zeichen trägt die Welt, das von ihrer Blindheit gegen das Geheimnis Gottes zeugt: das Kreuz Jesu Christi. Hätten sie ihn erkannt, „so hätten sie den Herrn der Herrlichkeit nicht gekreuzigt." Das also ist das unerkannte Geheimnis Gottes in dieser Welt: Jesus Christus. Dass dieser Jesus von Nazareth, der Zimmermann, der Herr der Herrlichkeit selbst war, das war das Geheimnis Gottes. Geheimnis darum, weil Gott hier arm, niedrig, gering und schwach wurde aus Liebe zu den Menschen, weil Gott ein Mensch wurde wie wir, damit wir göttlich würden, weil er zu uns kam, damit wir zu ihm kämen. Gott als der, der um unsertwillen gering wird, *Gott in Jesus von Nazareth – das ist die heimliche, verborgene Weisheit*, ... die kein Auge gesehen, kein Ohr gehört und in keines Menschen Herz gekommen ist – Gottes Herrlichkeit in seiner Erniedrigung und Armut, Gottes Ehre in seiner Liebe zu den Menschen – dass Gott dem Menschen nicht fern bleibt, sondern dass er ihm *nahe* kommt und ihn liebt, *Gottes Liebe und Nähe – das ist das Geheimnis Gottes, das er denen bereitet hat, die ihn lieben.*

Dass es der eine Gott ist, der Vater und Schöpfer der Welt, der in Jesus Christus uns geliebt hat bis zum Tod, der im Heiligen Geist unser Herz zu ihm auftut, dass wir ihn lieben, dass es nicht drei Götter sind, sondern dass es einer ist, der die Welt vom Anfang bis zum Ende umfängt, schafft und erlöst, und dass er doch jedes Mal ganz Gott ist als der Schöpfer und Vater, als Jesus Christus und als der Heilige Geist – das ist *die Tiefe der Gottheit*, die wir *als Geheimnis anbeten und als Geheimnis begreifen.*

Und nun kann all unser Reden hiervon nichts anderes sein, als der Hinweis auf das Geheimnis Gottes, das in seiner Offenbarung in der Niedrigkeit Jesu Christi und in der Gabe seines Heiligen Geistes an alle Welt besteht. Gottes Selbstverherrlichung in der Liebe – das ist sein Geheimnis.

Wenn wir am Anfang des Gottesdienstes sagen: Im Namen Gottes, des Vaters und des Sohnes und des Heiligen Geistes, so rufen wir dies Geheimnis der Liebe Gottes an.

Wenn die Kirche seit Jahrhunderten von dem dreieinigen Gott lehrt, so ist dies gerade alles andere als rationalistische Verhärtung der Religion, sondern es ist nichts anderes als ein dauerndes Hinweisen wollen durch allerlei Weise auf das Geheimnis des lebendigen Gottes.

Der Sinn der Dreieinigkeitslehre ist ungeheuer einfach, sodass ihn jedes Kind verstehen kann: Es ist *wahrhaftig nur ein* Gott, aber dieser Gott ist die vollkommene Liebe und als solche ist er Jesus Christus und der Heilige Geist. Die Dreieinigkeitslehre ist nichts als der schwache Lobpreis des Menschen auf das Ungestüm der Liebe Gottes, in der er sich selbst verherrlicht und in der er die ganze Welt umfasst, ist Aufruf zur Anbetung, zur Ehrfurcht, zur Liebe, die sich in Gott versenkt. Dem Vater und dem Sohn und dem Heiligen Geist sei allein die Ehre von nun an bis in Ewigkeit. Amen.

Die Kirche

1. Korinther 12,27 u.26

29.7.1928, Barcelona, 8. Sonntag nach Trinitatis

[27]*Ihr seid aber der Leib Christi und Glieder, ein jeglicher nach seinem Teil.*
[26]*Und so ein Glied leidet, so leiden alle Glieder mit; und so ein Glied wird herrlich gehalten, so freuen sich alle Glieder mit.*

Es gibt ein Wort, das bei dem Katholiken, der es hört, alle Gefühle der Liebe und der Seligkeit entzündet, das in ihm alle Tiefen des religiösen Empfindens vom Schauer und Schrecken des Gerichtes bis zur Süßigkeit der Gottesnähe aufwühlt, das ihm aber ganz gewiss Heimatgefühle wachruft, Gefühle, wie sie nur ein Kind der Mutter gegenüber in Dankbarkeit, Ehrfurcht und hingegebener Liebe empfindet, Gefühle, wie sie einen überkommen, wenn man nach langer Zeit einmal wieder sein Elternhaus, seine Kinderheimat betritt. Und es gibt ein Wort, das bei den Evangelischen den Klang von etwas unendlich Banalem hat, etwas mehr oder weniger Gleichgültigem und Überflüssigem, das einem das Herz nicht höher schlagen lässt, mit dem sich so oft Gefühle der Langeweile verbinden, das aber zum Mindesten unseren religiösen Gefühlen keine Flügel verleiht – und doch ist unser Schicksal besiegelt, wenn wir nicht diesem Wort einen neuen – oder vielmehr den uralten Sinn wieder abzugewinnen vermögen. Weh uns, wenn uns dies Wort – das Wort von der Kirche – nicht in Bälde wieder wichtig, ja ein Anliegen unseres Lebens wird. Ja ‚Kirche‘ heißt dies Wort, dessen Herrlichkeit und Größe wir heute etwas schauen wollen. Wird’s uns gelingen etwas von dem Glanz und dem Schimmer, von der leuchtenden Pracht dessen, was Kirche ist, in der heutigen Stunde zu schauen? Ach, so viel Staub hat sich im Laufe der Jahrhunderte auf dieses Wort gelegt, dass ich es kaum zu hoffen wage. Aber es ist vielleicht die dringendste Not der Gegenwart, dass wir recht verstehen, was Kirche heißt, was Jesus in seinen Abschiedsreden so unendlich am Herzen lag, wovon Paulus uns so unübertrefflich schön im Epheserbrief gesprochen hat – wenn ich euch um etwas bitten darf, so lest heute Nachmittag die paar Kapitel des Briefes – nicht nur aber dass wir das alles verstehen, sondern dass wir selbst Kirche werden. Was das heißt, davon wollen wir heute reden. Es hat nichts, garnichts mit der Kirche als äußerer politischer Macht zu tun, ebenso wenig mit einem Gegensatz zur katholischen Kirche. Nein, Kirche sein und werden heißt etwas ganz anderes, unbeschreiblich viel Höheres und Größeres: Paulus nennt es ‚Leib Christi sein'. Paulus schreibt an die Gemeinde der Korinther, an Leute, die von allerlei Fragen geplagt werden und Paulus manche Schwierigkeiten entgegensetzen, Leute, die zum Teil die Auferstehung Jesu leugnen, Leute, in deren Mitte ein Blutschänder lebt, an eine Gemeinde, in der Sünde wirkt wie heute noch bei uns, in der mangelnder Glaube herrscht – an eine solche Gemeinde schreibt Paulus die Worte: Ihr *seid* der Leib Christi. Nicht ‚ihr sollt sein' – nein, gerade Ihr *‚seid'*. Darauf kommt ihm alles an, dass sie zum Leib Christi gehören, ob sie Sünder sind oder nicht. Ihr seid … so ruft es offenbar auch uns der Text zu, ‚ihr seid der Leib Christi', ihr braucht nur darauf hinzusehen, nicht braucht ihr etwas dazu tun, Gott hat schon alles getan, er hat uns aus freier Gnade geschenkt, dass wir der Leib Christi seien; das heißt aber, er hat uns alle zusammengeschweißt zu einem Leben, dessen Kraft, Atem, Blut und Geist Jesus Christus ist. Gott hat uns in sein Volk hineingezogen, er hat sich eine Gemeinde auf der Erde erwählt, deren Herr Jesus Christus ist und zu der wir gehören, deren Leben wir mitleben, wie das Blatt das Leben des Baumes mitlebt, wie ein Glied unseres Leibes unser Leben mitlebt. Gott hat uns in diese Gemeinde, das heißt aber in seine Kirche aufgenommen. Der Leib Christi, das Volk Gottes auf Erden, die heilige Gemeinde, die Gott sich erwählt hat – das ist die Kirche, von der wir reden wollen. Nicht dieses oder jenes Haus mit dem Glockenturm, nicht diese oder jene Organisation oder doch nur jedenfalls soweit sie irdische Herberge und Heimat sind des pilgernden Volkes Gottes, der geheiligten Gemeinde, der heiligen Kirche Jesu Christi, des Leibes Christi, dessen Glieder wir sind. Zur Kirche gehören heißt zur Gemeinde Gottes gehören, die durchaus nicht dasselbe ist wie die Gemeinde unserer Kirche, heißt von Gott der Teilhaberschaft an den Gaben der Ewigkeit gewürdigt zu sein, heißt unter dem von ihm erwählten Volk unter der Fahne Christi seine Pilgerschaft durch die Welt antreten, heißt aus Christus, das heißt aber aus Gott aus der Ewigkeit leben, nun aber nicht allein, sondern ein Leben mit allen denen, die Christus lieb haben; Kirche heißt Gemeinschaft mit dem Volk Gottes in Gott selbst.

Unterschiedliche Völker haben wir kennen gelernt, manche von uns sind weit durch die Welt gekommen, haben die Völker und ihre verschiedenen Sitten zu sehen bekommen. Da hören wir heute von einem Volk reden, das den wenigsten von uns begegnet sein wird, und das doch jedem, auch der nichts von der Welt sah als seine Vaterstadt, begegnet sein könnte: Es heißt das Volk Gottes. Das ist keine bloße Redensart dafür, dass man die vielen Einzelnen meint, die Gott suchen und vielleicht auch finden in aller Welt. Nein, es ist ein Volk im echten Sinne des Wortes, dieses Volk Gottes, mit eigenem Gesetz und Recht, ein Volk, das untereinander in heimlicher, geheimnisvoller Beziehung steht und wirkt für- und miteinander ganz im Stillen, unsichtbar und doch gewaltig machtvoll, ein Volk, das wie dereinst das Volk der Gralsritter den sterblichen irdischen Blicken unerfindlich war, unsichtbar blieb, ein Volk, das sich Tag um Tag und Nacht um Nacht zusammenfindet und zusammenschließt, ein Volk, das auf der Wanderschaft ist zu seiner Heimat, die in weiter Ferne herrlich schimmert und leuchtet, ein Volk das im Finstern wandelt, aber das das Licht gesehen hat und den Weg weiß, ein Volk nicht von Königen und Fürsten, sondern wo jeder seine Last mit sich schleifen muss, ein Volk von Beladenen und Mühseligen, und doch von Gott Begnadeten und Befreiten, ein Volk von Kreuzträgern, aber mit beseligten Augen, ein Volk, das seinen Herrscher hat, der es in der schwärzesten Nacht sicher zu führen weiß, ein Volk, wo einer den anderen, der auf dem Weg strauchelt, aufhebt und trägt, ein Volk kurz gesagt – das sich liebt, weil es von Gott geliebt ist. Nicht Deutschland, und nicht Frankreich und nicht Amerika, sondern ein Volk, das über die ganze Welt hinweggreift und seine Glieder hier und dort findet – und auch unter uns hat und noch sucht! Das ist das Volk Gottes, das ist die Kirche Christi.

Ein Volk, das sich liebt – das ist das unerhört Neue, über alle menschliche Erfahrung Hinausgehende. Wer wollte uns erzählen, dass er ein Volk kennte, das sich liebt, wo nicht ein jeder zuletzt doch das suche, was ihm nützt, wo nicht letztlich einer dem anderen fremd gegenübersteht; es ist eine einzig in der Welt stehende Tatsache, dass es ein ganzes Volk gibt, das sich liebt und in dieses Volk hat uns Gott eingereiht, so wahr wir Christus liebhaben; wir leben, ohne es vielleicht zu ahnen, in diesem Volk, werden von ihm getragen und gestützt, leben von seiner Liebe, wir sind nicht allein auf der Wanderschaft zur Heimat, nein, neben uns stehen viele, die uns helfen und tragen und stützen und den Weg weisen.

Aber wunderlich wie das Volk selbst, wie die Kirche Gottes, wie der Leib Christi, sind die Mittel seiner Hilfe. Drei alles menschliche Vermögen übersteigende Kräfte sind hier wirksam, sie sind die Gaben Gottes an jede Gemeinde, in ihr ist dem Christen, ist uns die größte Macht auf Erden verliehen. Das Erste ist, dass wir uns für die anderen freudigen Herzens opfern können, dass unser Leben ein Leben nur ist, wenn es ein Opfer ist, Gott und den Menschen dargebracht, ein sichtbares oder unsichtbares Opfer, gleichviel. Die Kraft des Opfers ist die Kraft der Gemeinschaft und weil im Volk Gottes sich einer für den anderen opfert, darum ist es das mächtigste Volk der Welt. Das andere ist – geheimnisvoll und wundersam, nur wenigen bekannt, aber die Kraft ohne die keiner von uns nur einen Funken von Glauben noch hätte: dass wir für den anderen beten können und dass Millionen Herzen täglich auch für uns, für unseren Glauben und unsere Kraft beten. Denken wir es nur aus, dass die Welt ein Altar ist, auf dem millionenfach Gebete zum Himmel dargebracht werden, dass keine Sekunde vergeht, ohne dass das Volk die Hände erhebt und Gnade erfleht für uns, für jeden von uns, dass um unser Heil die Herzen der ganzen Gemeinde beben und beten, und dass vielleicht der eine oder andere aus unserem näheren Freundeskreis Tag für Tag unsere Seele vor Gott trägt und für sie eintritt. Wer wollte bei solchen Gedanken nicht ganz bescheiden und klein werden, wer weiß, ob nicht der oder jener der Retter seiner Seele ist; wer weiß, ob manch einer für uns die Nächte durchwacht, auf den Knien liegt vor Gott und dass es nicht unser Verdienst, sondern Gottes unergründliche Gnade und Liebe zu unserm Nächsten und uns ist, die uns erhält. Wir alle aber bedürfen nur, dass die Gemeinde täglich für uns betet, tun wir es doch jeden Sonntag im großen Kirchengebet und heißt es doch auch im Gebet des Herrn nicht: „mein Vater" – sondern „unser Vater" und nicht „meine Schuld" sondern „unsere Schuld". Paulus und Moses: Gebet beider. Wie ein unsichtbares Netz hält die Fürbitte die Gemeinde auf der ganzen Welt zusammen. Niemand weiß, woher ihm auf einmal die Kraft kommt, die er nicht hatte, um die er nicht einmal gebeten hat – nur eines soll er wissen, dass er sie nicht zum geringsten dem Gebet der Gemeinde verdankt, die für ihn vor Gott steht.

Das Dritte aber ist das Höchste, Göttlichste, Wunderbarste und Geheimnisvollste und Heiligste, was es unter Menschen überhaupt gibt; dass der eine dem anderen – ich dir und du mir – im Namen Gottes seine Sünden vergibt und abnimmt; das ist das große Geheimnis der Beichte, der freiwilligen Beichte, die der eine dem anderen macht, dem er vertraut, seiner Mutter, seinem Ehegatten, seinem Freund, wo dann der andere aus der Vollmacht seines Glaubens heraus die drückende Last von der Schulter nimmt, ihm alle Schuld im Namen Gottes vergibt. Das ist das Tiefste und Ernsteste, was es im christlichen Gemeindeleben gibt, dass wir einer dem anderen die Schuld abnehmen können und es ist zugleich das Vergessenste unter allem, dass du mir und ich dir ein Christus werden kann und soll. Unsere Gemeinden haben vergessen, was für eine unüberwindliche Kraft von der Beichte und Sündenvergebung ausgeht, wo einer dem anderen nicht nur in Nöten beisteht, auch nicht nur für Vergebung seiner Sünden betet, sondern den anderen erlöst, versöhnt, indem er an Christi statt am anderen handelt, indem er dem anderen zum Christus wird. Das Opfer, die Fürbitte, die Sündenvergebung, das sind die wunderbaren Mächte der christlichen Gemeinde, die sich zusammenfassen in dem Wort – Liebe, wie sie Gott uns gezeigt, oder aber ‚dem anderen zum Christus werden.' Diese 3 Kräfte sind das Blut des Leibes Christi, das alles verbindet. *Ein* Leib, das heißt *ein* Leben, und so ist es. Alle die Glieder leben *ein* Leben, atmen eine Luft, werden gespeist von derselben Speise: vom Worte Gottes und getränkt vom selben Trank: vom Blute unseres Herrn Jesus. Wo der eine ist, da ist die ganze Gemeinde, keiner ist allein, keiner ist verlassen, keiner ist heimatlos, die Gemeinde ist bei ihm in Liebe, das heißt in Opfer, Fürbitte und Sündenvergebung. Keiner ist allein in der Freude, keiner ist allein im Schmerz. ‚Wird ein Glied verherrlicht, so freuen sich alle Glieder mit ...'; keiner ist allein, wenn er zum ersten Gang ans Taufbecken getragen wird, keiner ist allein, wenn er zum ersten Mal Gott in seinem Leben erfährt, keiner ist allein in den Kämpfen des Lebens, keiner, der auf dem Krankenbette verlassen von aller Hilfe schreit, keiner, der so einsam und heimatlos ohne Familie, ohne Trost alt wird, keiner, der auf dem Totenbett mit dem Tode ringt, keiner, der sich nicht fassen kann vor Trauer und Leid – die Gemeinde und der Herr der Gemeinde ist bei ihm, sei er noch so alleine, betet für ihn, steht mit ihm vor Gott, fasst ihn unsichtbar an der Hand und tröstet ihn, macht ihm das Elend zur Heimat, denn es umgibt ihn, umfängt ihn in Liebe. *Text[verlesung]*. Darum, ihr Trauernden, Kranken, Verlassenen, Heimatlosen, Sterbenden – ihr seid nicht allein, ihr seid umgeben von einem Volk, das euch liebt und trägt, wie eine Mutter ein Kind liebt, wie nur die Heimat ihren Sohn ans Herz zieht. Lasst euch tragen und lieben, aber liebt und tragt selbst mit: Einer trage des anderen Last, so werdet ihr das Gesetz Christi erfüllen. In der Gemeinde aber wirkt der Herr, wo die Gemeinde dort ist Christus, da ist Gottes Liebe. Darum hinein in die Gemeinde, hinein ins Volk Gottes, die Augen auf, seht dass ihr umgeben seid von Liebe: Ihr *seid* der Leib Christi. Ihr *seid* die Kirche Gottes, ihr *seid* seine geheiligte Gemeinde. Schaut hin und wundert euch und dankt.

Es gibt nur eine Hilfe für unsere Zeit, die so kraftlos, so schwächlich, so erbärmlich gering und jämmerlich und dabei so heimatlos ist – zurück zur Kirche, dorthin wo einer den anderen in Liebe trägt, wo einer des anderen Leben lebt, wo Gemeinschaft in Gott ist, wo Heimat ist, weil Liebe ist. Unsere Welt soll ein Teil des Volkes Gottes, soll Kirche werden, das aber ist das Ziel und der Sinn auch aller unserer Gemeinschaften, der Ehe wie der Freundschaft; erst wo eine

Ehe Kirche ist, wo einer dem anderen sich opfert, einer für den anderen bittet, einer dem anderen die Sünden vergibt, wo zwei ein Leben führen, da hat die Ehe ihren tiefsten Sinn getroffen und erfüllt.

Gott hat uns zu seinen Kindern berufen, er will unser lieber Vater sein, Gott unser Vater, die Kirche unsere Mutter, die uns trägt und liebt. Kirche, das ist unser Glaube – ich glaube an eine heilige Kirche – Kirche, das ist der Sinn unserer menschlichen Gemeinschaft, Kirche, das ist unsere Hoffnung für diese und jene Zeit. Mit den Worten eines alten Kirchenvaters gesprochen: Gott unser Vater, die Kirche unsere Mutter, Jesus Christus unser Herr – das ist unser Glaube. Amen.

Menschliche Größe unter dem Gericht der Liebe

1. Korinther 13,1-3

14.10.1934, London, 20. Sonntag nach Trinitatis

Wenn ich mit Menschen- und mit Engelzungen redete, und hätte der Liebe nicht, so wäre ich ein tönend Erz oder eine klingende Schelle. Und wenn ich weissagen könnte und wüßte alle Geheimnisse und alle Erkenntnis und hätte allen Glauben, also daß ich Berge versetzte, und hätte der Liebe nicht, so wäre ich nichts. Und wenn ich alle meine Habe den Armen gäbe und ließe meinen Leib brennen und hätte der Liebe nicht, so wäre mir's nichts nütze.

Die Gründe, die mich dazu geführt haben, dieses dreizehnte Kapitel des ersten Korintherbriefes fortlaufend auszulegen, sind folgende gewesen: Zuerst, es ist ein Kapitel, das unserer Gemeinde wie der in Korinth not tut. Was heißt schließlich eine christliche Gemeinde, wenn bei allem Schönen und Guten, was darin geschehen mag, das eine nicht ganz klar, ja selbstverständlich ist – dass sich die Glieder einer Gemeinde einfach untereinander liebhaben sollen – was für ein Bild bietet eine Gemeinde sich selbst und der Welt, wenn nicht einmal diese allererste Pflicht ernstgenommen wird. Wenn irgendetwas Menschliches in der ersten Christenheit die Heiden zu überzeugen vermochte, so war es doch einfach dies, dass sie sehen, jawohl mit ihren leiblichen Augen sehen konnten, dass die beiden Nachbarn, dass der Herr und sein Sklave, dass die verfeindeten Brüder auf einmal nicht mehr gegeneinander, sondern miteinander, füreinander waren. Da hatte sich einfach ganz äußerlich etwas verändert mit dem Christwerden. Meinen wir etwa, weil wir schon Christen seien, brauche sich da nichts mehr zu verändern? Oder wollen wir nicht lieber sagen: Wenn wir Christen würden, so würde sich auf einmal auch bei uns viel verändern? Wird nicht dies Wort auch einer Gemeinde zum Gericht ... und wenn in einer Gemeinde alles geschähe, wenn sie zur Kirche käme, wenn sie mancherlei Gutes täte – „und hätte der Liebe nicht, so wäre sie nichts."

Als Zweites hatte ich die besondere Lage unserer deutschen Kirchen im Auge. Ob man es sehen will oder nicht, ob man es für richtig hält oder nicht, die Kirchen stehen im Kampf um ihren Glauben, wie es seit mehreren Hundert Jahren nicht mehr gewesen ist. Es geht um nichts anderes – ob man es für richtig hält oder nicht – als um das Bekenntnis zu Jesus Christus als dem alleinigen Herrn und Erlöser dieser Welt. Aber wer an diesem Kampf um dieses Bekenntnis innerlich und äußerlich teilnimmt, der weiß, dass solcher Glaubenskampf eine große Versuchung in sich trägt, die Versuchung der Selbstsicherheit, Selbstgerechtigkeit und Rechthaberei, d. h. aber die Versuchung der Lieblosigkeit gegen den Gegner. Und doch kann ja dieser Gegner nie wirklich überwunden werden, es sei denn durch Liebe, wie überhaupt kein Gegner überwunden wird außer durch Liebe. Vater, vergib ihnen, denn sie wissen nicht, was sie tun – wieviel Menschen sind durch dieses Wort Jesu wirklich überwunden worden! Auch über dem leidenschaftlichsten Glaubenskampf könnte ja der Satz stehen: „... *und hätte der Liebe nicht, so wäre er nichts.*"

Und damit sind wir beim Dritten: Die protestantische Kirche hat es vermocht, unvergleichlich zuversichtlich den Sieg und die Kraft des Glaubens an den Herrn Jesus Christus allein zu verkündigen und sie hat damit die Botschaft der Bibel in ihrer Reinheit wieder in der Welt hörbar gemacht. Aber wer hört dieses Wort vom Glauben noch so, wie es gehört werden soll? So nämlich, dass es nichts anderes heißt, als dass Gott über alles *geliebt* werden soll – Gott lieben, das heißt ja nicht nur, dass wir dort, wo es uns einmal schlecht geht, sagen: Gott wird schon wieder helfen! Das ist wahrhaftig noch ein armer, schwacher Glaube, Gott lieben, das heißt, sich an ihm freuen, gern an ihn denken, gern zu ihm beten, gern vor ihm und mit ihm allein sein, voll Ungeduld auf ihn warten, auf jedes Wort, jede Bitte, ihn nicht betrüben, sondern sich in ihm freuen, einfach weil er es ist, weil er Gott ist, und weil wir ihn kennen und haben und mit ihm reden und leben dürfen. Gott lieben – und aus Liebe zu ihm die Brüder lieben – verstehen wir das noch in der ernüchterten protestantischen Kirche? Können wir das noch hören, ohne sogleich zu sagen: Das ist ja Pietismus – und wenn er's schon wäre – steht nicht auch über der protestantischen Kirche, die vom Glauben allein predigt, immer wieder dies Wort: „... und hätte der Liebe nicht, so wäre sie nichts".

Und nun wollen wir uns bei allem Folgenden eines fest vornehmen, nicht auf den anderen, sondern nur in uns selbst hineinzusehen und *uns* nach *unserer* Liebe fragen zu lassen. Wer weiß es denn, ob nicht jener scheinbar so einsame, wunderliche, eigenbrötlerische, unfreundliche, egoistische Nachbar im letzten Grund viel mehr weiß von der Sehnsucht nach einer großen Liebe, und dass es nur lange, lange dauert, ehe das Eis bricht, ehe das Herz frei wird – und wer weiß, ob all unsere Freundlichkeit und was wir sonst über ihn sagen mögen, den eigentlichen Durchbruch der großen Liebe zu Gott und den Brüdern umso mehr verhindert. Also, allein auf uns wollen wir sehen und zu uns reden lassen.

Es ist zunächst etwas sehr Einfältiges, was hier gesagt ist, nämlich dass ein Leben Sinn und Wert hat, nur sofern Liebe in ihm ist, und dass ein Leben nichts, garnichts ist und keinen Sinn und Wert hat, wenn keine Liebe in ihm ist. Ein Leben ist so viel wert, wieviel Liebe es hat. Alles andere ist nichts, gar nichts, ganz gleichgültig, ganz unwichtig, alles Schlechte und alles Gute, alles Große und alles Kleine ist unwichtig – wir sind nur nach einem gefragt, ob wir Liebe haben oder nicht.

Wir kennen alle den Augenblick, an dem Grab von Menschen zu stehen, über die es unsererseits schlechterdings nichts, gar nichts zu sagen gab – wo uns nur das eine furchtbare Gefühl niederdrückte: welch namenlose Armut in diesem Leben, welche Sinnlosigkeit, wieviel verlorene Zeit und Kraft in diesem Leben. Er hatte niemand, den er liebte, er hatte niemand, der ihn liebte. Stumpf, ohne Tränen, ohne Schmerz sehen wir zu, wie dieses Leben zur letzten Ruhe getragen wird, die es sich selbst vielleicht ersehnte – er war ein Geizhals, er war ein Eifersüchtiger, er war ein Tyrann, er kannte und suchte und wollte nur sich selbst – er hasste die anderen, jeder war ihm im Wege zu seinem Glück, das er doch nie fand – er blieb allein, einsam – ob er auch in Ewigkeit allein bleiben muss – es sind dies die Gräber, die uns vielleicht am meisten erschüttern, weil sie uns eine ganz einfältige, aber ganz lebendige Predigt halten über das Wort: „… und hätte der Liebe nicht, so wäre ich nichts“!

Und wir kennen die Gräber, an denen wir einer Mutter, einem treuen Vater, einem glücklichen Kind nachblicken und drum herum stehen alle die, die Liebe von diesem Menschen erfahren haben, eine unübersehbare Zahl, viele, die niemand kennt, aber die wohl wissen, warum sie da sind, und unser Mund tut sich auf und will nicht schweigen, die Liebe zu preisen, die in diesem Leben sich verherrlichte.

Das sind sehr einfache Erfahrungen des Lebens, in denen wir von ferne zu begreifen meinen, warum Paulus mit solcher Ausschließlichkeit die Liebe preist. Nichts, wirklich gar nichts, gar nicht lebenswert ist jenes Leben ohne Liebe, aller Sinn des Lebens aber ist erfüllt, wo Liebe ist. Dieser Liebe gegenüber wird dann alles andere ganz gleichgültig; was heißt Glück und Unglück, was heißt Armut und Reichtum, was heißt Ehre und Schande, was heißt Heimat und Fremde, was heißt Leben und Tod, wo Menschen in der Liebe leben? Sie wissen es nicht, sie unterscheiden es nicht, sie wissen nur, dass ihnen Glück wie Unglück, Armut wie Reichtum, Ehre wie Schande, Heimat und Fremde, Leben und Sterben nur dazu dienen, umso stärker, umso reiner und völliger zu lieben. Sie ist das Eine, jenseits aller Unterschiede, vor allen Unterschieden, in allen Unterschieden. Die Liebe ist stark wie der Tod. Vor der Liebe wird alles andere klein, wird alles scheinbar Große zunichte, zerfällt, ein Bild der Erbärmlichkeit und des Jammers. Was ist ein Leben voll Lust, voll Ehre, voll Ruhm, voll Glanz gegenüber einem Leben in der Liebe? Aber freilich, die Frage macht hier nicht halt; sie hat eine ungeheuer aggressive Kraft und drängt weiter: Was ist auch ein Leben voll Frömmigkeit, voll Moral, voll Zucht, voll Opfer und Entsagung, wenn es nicht ein Leben in der Liebe ist?

Da stehen in unserem Text Menschenbilder vor uns auf, die in ihrem Ernst, ihrer Kraft, ihrer Hingabe, ihrem Eifer um die Frömmigkeit zu denen gehören, auf die die Menschheit, auf die wir stolz sind, ja von denen wir meinen, der Schöpfer selbst dürfe stolz auf sie sein, zu denen wir aufsehen in Ehrfurcht und Verehrung, vor denen wir uns bedingungslos beugen – Menschen, an die sich kein Wort unserer Kritik heranwagen würde, Menschen, die schon jenseits alles Menschlichen zu stehen scheinen – Menschen in einsamer Hoheit und Größe – und nun geschieht hier das ungeheure Schauspiel, dass diese Menschen der Höhe, des von uns unerreichten Ernstes und der Frömmigkeit angegriffen werden und zu Fall kommen durch das eine Wörtchen: – und hätte der Liebe nicht – wie sie zu Nichts werden, die uns Alles zu sein schienen, zunichte vor Gott, der das Licht der Wahrheit über sie ausgießt und vor dem es nicht verborgen blieb, dass sie in aller Hoheit und Kraft ein kaltes, steinernes Herz in ihrer Brust trugen.

„Und wenn ich mit Menschen- und mit Engelzungen redete …“ wovon? – nun wohl von dem, was mir heilig ist und wichtig und ernst im Leben – zu wem? Zu dem wohl, dem ich diese Dinge nahe bringen möchte, den ich gewinnen möchte für die heilige Sache – gesetzt also, wir könnten es, so von den größten und heiligsten Dingen reden, dass wir alles andere darüber vergessen, dass uns die Begeisterung wegreißt – gesetzt also, es wäre uns die einzigartige Gabe mitgegeben, zu sagen, in Worte zu fassen, was wir empfinden, und was andere stumm in sich herumtragen müssen – und gesetzt, wir täten dies untereinander in aller Aufrichtigkeit, Hingabe – „Wenn ich mit Menschen- und mit Engelzungen redete und hätte der Liebe nicht, so wäre ich nichts, tönend Erz oder klingende Schelle.“ Das fährt wie ein lähmender und zerstörender Blitz hinein – das ist die Möglichkeit, mit der wir nicht gerechnet hatten, dass auch unsere heiligsten Worte unheilig, gottlos, gemein werden können – wenn ihnen das Herz fehlt, wenn sie ohne Liebe sind. Das also ist möglich, dass das *Wort*, das uns Menschen gegeben ist um unserer innersten Gemeinschaft willen, entheiligt wird, indem es von der Liebe losgerissen sich selbst dient, sich selbst liebt. Ein tönend Erz, eine klingende Schelle – ein hohles Getön, ein leeres Geplapper, ohne Herz, ohne Seele – das können unsere Worte werden, das sind unsere Worte, zueinander, das sind unsere heiligsten, ernstesten, ehrlichsten Beteuerungen, selbst wenn sie Beteuerungen unserer Liebe sind – wenn sie nicht selbst aus der Liebe sind. Das ist das Erste – der Mensch des ernsten, frommen Wortes unter dem Gericht der Liebe – ein tönend Erz, eine klingende Schelle – ein Nichts – und der Mensch vielleicht mit der schweren, stotternden Zunge des Mose, vielleicht mit dem stummen, verschlossenen Mund – er, gerettet von derselben Liebe – das Wort ohne Liebe – das ist das Erste.

Tiefer als das Wort liegt die Erkenntnis, das Wissen um die

Geheimnisse dieser und jener Welt, die Hingabe und die Andacht des an Gott Denkens, der Versenkung in Gegenwärtiges und Vergangenes, der Erleuchtung des Zukünftigen – ist nicht auch dies eine Gestalt des frommen Lebens, vor der uns fast erschauert. – Wieviel Opfer und Entsagung verlangt die Wahrheit, die Erkenntnis, bis man sie erringt – „und wenn ich weissagen könnte und wüsste alle Geheimnisse und alle Erkenntnisse …", ja packt uns bei solchen Worten nicht die leidenschaftliche Sehnsucht – ja hätte ich sie nur, dann wäre mein Durst gestillt, wenn ich wüsste, warum ich diesen Weg und warum jener jenen Weg gehen muss, wenn ich die dunklen Wege Gottes schon hier erkennen könnte – ja, wäre das nicht die Seligkeit? Und abermals heißt es: „… und hätte der Liebe nicht, so wäre ich nichts." Erkenntnis, Wissen, Wahrheit ohne Liebe ist nichts, sie ist nicht Wahrheit – denn Wahrheit ist Gott und Gott ist Liebe – darum ist Wahrheit ohne Liebe Lüge, nichts –, *„sagt die Wahrheit in der Liebe"*, sagt Paulus an einer anderen Stelle, Wahrheit für sich selbst, Wahrheit in der Feindschaft, im Hasse gesagt ist nicht Wahrheit, sondern Lüge, denn Wahrheit stellt vor Gott und Gott ist Liebe. Wahrheit ist die Klarheit der Liebe, sonst nichts.

Aber wir haben noch ein kleines Sätzchen, das dazwischen steht, ausgelassen und in diesem Satz ist ein furchtbares Rätsel vor uns enthüllt. „Und *hätte allen Glauben*, also dass ich Berge versetzte … und hätte der Liebe nicht, so wäre ich nichts." „Hätte ich allen Glauben …", was ist damit gesagt – Welche Saite unseres Inneren ist damit angeschlagen – allen Glauben, alle Zuversicht, alle Gewissheit, dass ich bei Gott bin und Gott bei mir ist in allen Sorgen und Ängsten meines Lebens – allen Glauben, sodass ich mich nicht mehr fürchte vor dem morgigen Tag – ist es nicht das, worum wir täglich bitten? Woran wir genug hätten – woran wir uns halten würden bis an unser Ende – und nun schlägt es auch hier ein – *und hätte der Liebe nicht, so wäre ich nichts.* Was ist das für ein rätselhaftes Ding, ein Mensch, der allen Glauben hat – und doch nicht liebt – Gott nicht liebt und seinen Bruder nicht liebt – was ist das für ein dunkler Abgrund, in den wir da hineinsehen müssen – ein Glaube, der im tiefsten Grund selbstherrlich und selbstsüchtig ist, der sich selbst sucht, ein gottloser Glaube – der nicht um Gottes willen, sondern um meinetwillen glaubt – Gott behüte uns vor diesem Abgrund, vor solchem Aberglauben, der uns täuscht, als wären wir bei dir – und wir sind dir doch fern – Gott, wer hilft uns aus solcher Not?

Und nun ist kein Halten mehr – es wird immer furchtbarer und verzweifelter – zu dem Glauben ohne Gott, ohne Liebe tritt die Tat der Liebe, die doch ohne Liebe ist, das Werk, das dem Schein nach der Liebe gleich ist – und ihr doch gänzlich fremd – und wenn ich alle meine Habe den Armen gäbe – wenn ich entsagte und opferte, wie es nur die Liebe kann und „hätte doch der Liebe nicht", sondern solches Opfer käme aus der Selbstsucht und Eitelkeit meines Herzens, *solches Opfer sollte Gott und den Nächsten betrügen um mein Herz* – so wäre mir's nichts nütze.

Und was kann der Fromme zuletzt noch geben als sein nacktes Leben selbst zum Opfer für Gott, für Christus, zum Martyrium? Und wenn ich meinen Leib verbrennen ließe, wenn ich selbst im Tode meinen Ernst, meine Frömmigkeit bewiese und besiegelte – wenn ich Märtyrer würde um Gottes Sache willen – Gott, welche Gnade, für dich sterben zu dürfen – und hätte der Liebe nicht, so wäre mir's wahrhaftig nichts nütze. Wenn ich Gott zu lieben schiene bis in den Opfertod – und liebte ihn doch nicht, sondern liebte nur mich selbst und meinen Märtyrerruhm und -traum – so wäre auch dem Märtyrer das Gericht gesprochen – die Liebe stürzt ihn ins Nichts hinab.

Wer begreift das noch? Oder auch: Wer begreift dies nicht? Wer weiß nicht, dass wir in allen Stücken die sind, die reden und Erkenntnis haben und Glauben und Taten tun und sich opfern – um unserer selbst willen, ohne Liebe, ohne Gott. Und wer begreift nicht, dass über solchem Tun Gottes Urteil ergehen muss, weil Gott Liebe ist und unsere ganze, ungeteilte Liebe will – und sonst nichts? Was ist diese Liebe? Diese Liebe zu Gott und zum Menschen? Sie ist nicht Wort, nicht Erkenntnis, nicht Glaube, nicht Liebestat und Lebensopfer in unserem Sinn. Haben wir sie? Ist auch über uns schon das Gericht gesprochen? Nun, wir rufen zu ihr, dass sie komme, von Gott selbst her und uns rette, uns dem Abgrund der Vernichtung entreiße. Du Gott aller Liebe, komm du in unser verwirrtes Herz und rette uns aus Liebe, durch Liebe. Amen.

Der unglaubliche Weg der Liebe

1. Korinther 13,4-7

21.10.1934, London, 21. Sonntag nach Trinitatis

Die Liebe ist langmütig und freundlich, die Liebe eifert nicht, die Liebe treibt nicht Mutwillen, sie blähet sich nicht, sie stellet sich nicht ungebärdig, sie suchet nicht das Ihre, sie läßt sich nicht erbittern, sie rechnet das Böse nicht zu, sie freuet sich nicht der Ungerechtigkeit, sie freuet sich aber der Wahrheit; sie verträgt alles, sie glaubet alles, sie hoffet alles, sie duldet alles.

Wir haben am vergangenen Sonntag gelernt, dass unser Leben mit allen Idealen, mit all unserem Ernst, unserer Erkenntnis, unserem Glauben, ja selbst unserer Liebestat und unserem Opfer *nichts* ist, wenn ihm das eine fehlt, was Paulus die Liebe nennt. Also es kann sein, dass unser ganzes Leben, das wir ernst und in voller Pflichterfüllung und ganzem Einsatz führen, einfach nichts ist, weil es nicht aus der Liebe kommt, sondern aus dem Stolz oder der Angst oder der Eitelkeit des eigenen Herzens; dass aber auch unsere ganze Frömmigkeit nichts ist, wenn es von ihr heißt: und hätte der Liebe nicht. Dass alles menschliche Leben und Tun nichts ist, es komme denn aus der Liebe – das stellt uns vor die Frage: Was *ist* denn diese Liebe, auf die so schlechterdings alles ankommt? Was ist diese Liebe, ohne die wir alle *nichts* sind?

Es ist wahr, es gibt keinen Menschen, der ohne Liebe lebt. Jeder Mensch hat Liebe, er weiß um ihre Macht und um ihre Leidenschaft. Er weiß sogar, dass diese Liebe den ganzen Sinn seines Lebens ausmacht, und dass er ohne diese Liebe, die er kennt und hat, sein ganzes Leben wegwerfen könnte, weil es sich nicht mehr lohnte zu leben. Diese Liebe aber, um deren Macht, Leidenschaft und Sinn jeder Mensch weiß, *ist die Liebe des Menschen zu sich selbst* – sie ist es, die ihn erfüllt, die ihn tatendurstig, erfinderisch macht, ohne die sich sein Leben nicht mehr lohnen würde. So kennen wir wohl die Liebe, aber nur in ihrem teuflischen Spiegel- und Zerrbild der Selbstliebe. Aber diese Selbstliebe ist die vom Ursprung abgefallene, verkehrte Liebe, die Liebe, die an sich selbst genug hat und darum zur Unfruchtbarkeit verdammt ist, die Liebe, die im Grunde Hass ist gegen Gott und gegen den Bruder, weil diese ja nur den engen Kreis meines Selbst stören können. Es ist wirklich dieselbe Macht, dieselbe Leidenschaft, dieselbe Ausschließlichkeit der Liebe – dort wie hier – es ist nur das unendlich verschiedene Ziel – hier ich selbst, dort Gott und der Nächste.

Aber die Selbstliebe ist klug – sie weiß, dass sie nur das Zerrbild des Urbildes der Liebe ist; darum verstellt sie sich, verhüllt sie sich, verkleidet sie sich in tausend Gestalten und versucht so, der wahren Liebe ähnlich zu werden – und es gelingt ihr, sodass es dem menschlichen Auge fast nicht mehr möglich wird, den Schein von der Wahrheit zu unterscheiden. Die Selbstliebe spielt sich auf als Nächstenliebe, als Vaterlandsliebe, als soziale Liebe, als Menschenliebe und will nicht erkannt sein. Aber durch alle Versuche der Vernebelung und allen Schein hindurch zwingt nun Paulus die Selbstliebe zur Verantwortung, indem er vor ihr, vor uns das Bild der Liebe entwirft, die vor Gott gilt.

Jeder einzelne dieser hier aufgezählten Züge kann für sich auch etwas anders gedeutet werden. Aber wo sie alle zusammen in Erscheinung treten, dort muss es wahr sein, dass der Bann der Selbstliebe durchbrochen ist und die Liebe zu Gott und zum Nächsten Wirklichkeit geworden ist. Aber wo geschieht das? Es heißt ja nicht *der Mensch, der liebt*, tut dies oder das, sondern *die Liebe* tut dies oder das –

die Liebe – wer ist das? Von wem gilt es? Woher wissen wir das?

Wir geben hier keine Antwort, sondern hören zunächst, was gesagt ist. „*Die Liebe ist langmütig und freundlich …*" d.h. die Liebe kann warten, lange warten, bis zum Letzten warten. Sie wird nie ungeduldig, sie will nichts übereilen und erzwingen. Sie rechnet mit langen Zeiträumen. Sie rechnet allein damit, dass der andere endlich, endlich doch überwunden wird. Warten, Geduld haben, weiter lieben und freundlich sein, auch wo es gänzlich fehlzuschlagen scheint – das allein überwindet Menschen, das allein löst die Fesseln, die jeden Menschen ketten, die Fesseln der Menschenfurcht und der Angst vor einem Umbruch, vor einem neuen Leben. Langmut – das passt so garnicht in unser gehetztes Leben; Freundlichkeit – das scheint oft so gänzlich unangebracht zu sein – *aber die Liebe ist langmütig und freundlich* – sie wartet, wie man auf einen, der sich verirrt und verlaufen hat, wartet und sich freut, wenn er überhaupt noch kommt.

Darum eifert die Liebe nicht – die Selbstliebe aber eifert. Sie will etwas für sich selbst, sie will den anderen gewinnen und besitzen für sich selbst, *sie* will etwas von dem anderen – die Liebe will dies nicht – *sie* will nichts von dem anderen, sie will alles für den anderen, sie will den anderen nicht haben und besitzen, sie will ihn erst recht nicht eifersüchtig allein besitzen – sie will nur den anderen lieben, weil sie nicht anders kann – sie will den anderen nur um seinetwillen – sie will nichts von dem anderen, sie will alles für den anderen. Die Eifersucht, die die Liebe steigern und schützen soll, zerstört die Liebe, verunreinigt sie, entheiligt sie.

Weil aber die Liebe nicht eifert, weil sie nichts für sich selbst will, darum macht sie auch nichts aus sich, sie will ganz unscheinbar sein, sie will am liebsten gar nicht gesehen werden, sie macht nie auf sich aufmerksam, sie spielt sich nicht auf, sie will nicht etwas Besonderes sein – sie treibt nicht

Mutwillen, sie blähet sich nicht, sie stellt sich nicht ungebärdig. Wir tun allerlei, um auf das Besondere unserer Liebe hinzuweisen, wir spielen uns in eine Rolle hinein als Heilige, als Unschuldige, als Toren oder auch als Märtyrer mit unserer Liebe, wir ängstigen den anderen damit, dass wir ihm plötzlich auch wieder unsere Liebe entziehen könnten, d. h. wir spielen mit der Liebe, wir treiben Mutwillen mit ihr. Wir sind sogar fähig und bereit, die Ordnungen des Anstandes und der Sitte, der Zurückhaltung und der Bescheidenheit zu durchbrechen, um auf unsere Liebe aufmerksam zu machen, *die Liebe aber stellt sich nicht ungebärdig* – sie tut das alles *nicht*, was wir tun, wenn wir zu lieben meinen – sie tut es nicht, *weil sie nicht das Ihre sucht*. Sie will ja nichts für sich, wirklich nicht, sie vergisst sich, sie sieht sich selbst ebenso wenig, wie das Auge sich selbst sieht – „das Ihre", was die Liebe suchen könnte, was unsere Liebe doch jedenfalls immer sucht, ist doch mindestens Gegenliebe, Dankbarkeit – aber auch das, was doch das Ihre wäre, was sie verdiente, *sucht sie nicht* – und allein wenn sie es nicht sucht, auch nicht irgendwie verstohlen und heimlich – wird es sie vielleicht finden. Sie ist froh und dankbar, wenn der andere das Seine findet, und sie sieht ohne Neid zu, wenn die Liebe des anderen sich auf einen anderen richtet, wie eine gute Mutter sich freut, wenn ihr Kind den findet, den es von ganzem Herzen lieben kann, auch wenn sie selbst dabei zurückstehen muss.

Aber selbst das Böse und die Sünde des anderen kann sie nicht erbittern, weil sie ja für sich selbst gar kein Gutes erwartet. Sie kennt sich selbst ja gar nicht, sie kennt ja nur den anderen. Sie trauert über dessen Böses und ist betrübt und liebt ihn darum umso mehr – aber sie lässt sich nicht erbittern. Wo uns versagte Gegenliebe vielleicht das ganze Leben verbittert, da sagt die Liebe zu uns: Du hast noch garnicht recht geliebt, wenn du durch den Hass oder die Unachtsamkeit des anderen deine Liebe zerbrechen lässt, sonst wärest du frei von jeder Bitterkeit, du lässt dich erbittern – aber die Liebe lässt sich nicht erbittern. *Sie rechnet das Böse nicht zu* – wo die Gerechtigkeit uns zu gebieten scheint, Gutes und Böses zu buchen und festzulegen, da ist die Liebe blind, wissend blind, sie sieht das Böse, aber sie rechnet es nicht zu, sie vergibt es – und nur die Liebe kann ja vergeben. Sie vergisst es, sie trägt es nicht nach. Wenn wir nur dies eine begriffen: Die Liebe trägt nicht nach. Sie tritt dem anderen jeden Tag neu und mit neuer Liebe gegenüber und vergisst, was dahinten liegt – sie macht sich damit zum Spott der Menschen, zum Narren – und sie wird auch dadurch nicht irre – sondern sie fährt fort zu lieben.

Ist sie denn gleichgültig gegen Recht und Unrecht? Nein, sie freut sich *nicht* der Ungerechtigkeit, sie freut sich aber der Wahrheit. Sie will die Dinge sehen, wie sie sind. Sie will lieber Hass und Unrecht und Lüge klar sehen als allerlei Masken der Liebenswürdigkeit, die doch wieder den Hass nur noch verbirgt und noch hässlicher macht. Die Liebe will klare Verhältnisse schaffen und sehen, sie freut sich der Wahrheit – denn nur in der Wahrheit kann sie aufs neue lieben.

Und nun kommen die großen Zusammenfassungen, die wir fast nicht mehr wagen auszulegen, so ungeheuer sind sie an Tiefe und Ernst und Weite – *sie verträgt alles, sie glaubt alles, sie hofft alles, sie duldet alles*. Auf das *alles* kommt es hier an; es ist kompromisslos gemeint – *alles* heißt hier wirklich *alles* – auch wir sagen vielleicht einmal in einem großen Augenblick – alles tue ich für dich, alles lasse ich für dich, alles trage ich mit dir – wobei wir doch immer die eine große stillschweigende Voraussetzung machen: Wenn du es ebenso mit mir hältst. Diese Voraussetzung kennt die Liebe nicht. Ihr Alles hat keine Bedingung – es ist bedingungslos *alles*.

Sie verträgt alles – d. h. sie erschrickt vor keinem Bösen mehr, sie vermag die Furchtbarkeit menschlicher Sünde ganz aufzunehmen und anzusehen – sie sieht nicht weg, weil sie es nicht vertragen kann, weil sie kein Blut sehen kann, die Liebe verträgt alles – keine Schuld, kein Verbrechen, kein Laster, kein Unheil ist so schwer, dass sie es nicht sähe und auf sich nähme, denn sie weiß ja: Die Liebe ist noch größer als die größte Schuld.

Sie glaubt alles – und wird darüber *zum Narren und behält doch recht* – sie wird darüber betrogen und belogen – und behält dennoch das Feld – aber ist es nicht ein Unsinn alles zu glauben? Fordert es die anderen nicht geradezu heraus mich für den Dummen zu halten? Ja, es ist ein Unsinn, wenn ich irgendetwas für mich selbst mit meiner Liebe bezwecke – aber wenn ich wirklich nichts anderes will als ohne Bedingung, ohne Grenzen, ohne Vorurteil zu lieben – dann ist es wohl kein Unsinn, sondern dann ist es *der* Weg, Menschen zu überwinden, der Weg, an dem Menschen stutzig werden und umkehren, – die Liebe glaubt *alles*, weil sie ja nicht anders kann als glauben, dass letzten Endes, wirklich zuletzt – ja alle, alle dazu gerufen sind, von der Liebe überwunden zu werden. Ist es euch einmal begegnet, dass ihr mit einem sehr schlechten Menschen gesprochen habt, von dem niemand etwas Rechtes und Aufrichtiges mehr erwartete, und dass ihr ihm zugehört und Glauben geschenkt habt – und dass dieser dann vor dem Glauben an ihn einfach zusammenbrach und euch sagte: Sie sind der erste Mensch, der mir wieder glaubt. Und dass er sich so an eurem Glauben an ihn wieder aufrichtete – sogar wenn er uns eben noch belogen hatte – und kennt ihr auch die Verzweiflung eines Menschen, dem wir misstrauten und der doch – wie sich später herausstellte – die Wahrheit redete – und der durch unser Misstrauen an allem Glauben irre wurde. Wer das erfahren hat, der begreift es, dass die Liebe keinen Unterschied macht – sondern mit sehenden Augen glaubt sie alles, oder mit blinden Augen sieht sie die wahre Zukunft.

Sie hofft alles. Sie gibt keinen Menschen auf, es kommt

doch noch die Stunde, in der der Verirrte umkehrt, in der er seine verleugnete, zerbrochene, erschütterte, vergessene Liebe wiedergeben muss, in der die Krankheit weicht und er geheilt aufsteht. Die Liebe ist wie der Arzt am Krankenbett, der „noch Hoffnung hat" für den Kranken, und an dieser Hoffnung richtet sich der Kranke auf. Und weil die Liebe nichts will, als dass der Kranke sich wieder aufrichte, darum gibt sie ihn *nie* auf, darum hofft sie alles – nicht nur für den Einzelnen, sondern auch für ein Volk, für eine Kirche. Ohne Liebe alles zu hoffen ist törichter Leichtsinn und Optimismus – aus Liebe alles zu hoffen ist die Kraft, an der sich ein Volk und eine Kirche wieder aufrichten kann. Das ist unsere Aufgabe – so bedingungslos zu hoffen, dass unsere Hoffnung der Liebe den anderen eine Kraft sei.

Wer alles glaubt und alles hofft um der Liebe willen, um des Aufrichtens und Helfens willen, der muss leiden und dulden – denn die Welt hält ihn für einen Narren und vielleicht sogar für einen gefährlichen Narren, weil er die Bosheit noch herausfordert mit seiner Narrheit. Aber erst, wenn die Bosheit ans Licht kommt, kann sie ja ganz geliebt werden. *Darum: Die Liebe duldet alles* – und ist in diesem Dulden selig, denn dieses Dulden macht sie immer größer, immer unwiderstehlicher. Die Liebe, die wenig erdulden musste, bleibt schwach. Die Liebe, die alles erduldete, behält den Sieg.

Wer ist diese Liebe – wenn nicht der, der als er alles ertrug, alles glaubte, alles hoffte – auch alles dulden musste bis zum Kreuz? Der sich nicht das Seine suchte, sich nicht erbittern ließ und das Böse nicht zurechnete – und darum vom Bösen überwältigt wurde? Der noch am Kreuz für die Feinde betete und darin das Böse gänzlich überwand. Wer ist diese Liebe, von der Paulus hier geredet hat, anders als Jesus Christus selbst? Wer ist hier gemeint, wenn nicht er? Welches Zeichen steht über diesem ganzen Abschnitt, wenn nicht das Kreuz?

Warum Liebe nie aufhört

1. Korinther 13,8-12

28.10.1934, London, 22. Sonntag nach Trinitatis

Die Liebe höret nimmer auf, so doch die Weissagungen aufhören werden und das Zungenreden aufhören wird und die Erkenntnis aufhören wird. Denn unser Wissen ist Stückwerk, und unser Weissagen ist Stückwerk. Wenn aber kommen wird das Vollkommene, so wird das Stückwerk aufhören. Da ich ein Kind war, da redete ich wie ein Kind und war klug wie ein Kind und hatte kindische Anschläge; da ich aber ein Mann ward, tat ich ab, was kindisch war. Wir sehen jetzt durch einen Spiegel in einem dunkeln Wort; dann aber von Angesicht zu Angesicht. Jetzt erkenne ich's stückweise; dann aber werde ich erkennen, gleichwie ich erkannt bin.

Wenn wir uns in unruhigen Zeiten einmal fragen, was eigentlich von all der Aufregung, von all dem Hin und Her der Gedanken und Überlegungen, von all den Sorgen und Befürchtungen, von allen Wünschen und Hoffnungen, die wir uns machen, wirklich zuletzt übrig bleibt – und wenn wir uns dann die Antwort der Bibel geben lassen wollen, so wird uns gesagt: Es bleibt von all dem zuletzt nur eines, nämlich die Liebe, die wir in unseren Gedanken, Sorgen, Wünschen und Hoffnungen gehabt haben. Alles andere hört auf, vergeht, alles, was wir nicht aus Liebe gedacht und ersehnt haben, alle Gedanken, alle Erkenntnis, alles Reden ohne Liebe hört auf – *nur die Liebe höret nimmer auf.*

Wovon wir aber wissen, dass es doch aufhört, das lohnt sich wohl garnicht erst anzufangen. Das Leben ist dafür zu kurz und zu ernst, als dass wir Zeit zu verlieren hätten, als dass wir uns mit den Dingen abzugeben hätten, die doch aufhören. Das geht uns hin und wieder selbst mit erschütternder Deutlichkeit auf. Wenn wir an der Jahreswende oder an unserem Geburtstag zurückblicken auf das, was wir nun eigentlich im vergangenen Jahr oder gar in dem hinter uns liegenden Stück unseres Lebens getan haben, dann überfällt uns manchmal ein Grauen, wenn wir sehen, dass wir so garnichts getan haben, was bleibt, dass alle unsere Sorgen und Mühen, alles, was wir gedacht und gesagt haben, schon längst verhallt sind ins Leere und dass nichts bleibt – nichts als vielleicht eine zufällige, vielleicht uns nicht einmal bewusst gewordene Tat der Liebe, ein Gedanke der Liebe, eine Hoffnung für einen anderen.

Hier ist das Ziel klar: Alles, unser Wissen, Erkennen, Denken, Reden soll zuletzt übergehen und aufgehen in Liebe. Und nur, was in Liebe und aus Liebe gedacht ist, bleibt bestehen, höret nimmer auf.

Warum muss alles andere aufhören und warum hört allein die Liebe nimmer auf? Weil allein in der Liebe der Mensch sich selbst aufgibt, seinen Willen drangibt für den anderen, weil also allein die Liebe nicht aus meinem eigenen Selbst kommt, sondern aus einem anderen Selbst, aus dem Selbst Gottes. Weil also allein in der Liebe Gott selbst durch uns handelt – während in allem anderen wir selbst handeln; es sind *unsere Gedanken, unser Reden, unsere Erkenntnisse*, aber es ist Gottes Liebe. Und was von uns ist, muss aufhören, alles – aber was von Gott ist, das bleibt. Weil also Liebe Gott selbst und sein Wille ist, darum hört sie nimmer auf, darum wird sie nie irre, darum bleibt sie bei ihrem Weg, darum geht sie ihn mit schlafwandlerischer Sicherheit, sie geht ihn mitten hindurch durch alle Dunkelheiten und Rätsel dieser Welt, sie geht in die Abgründe menschlichen Elends und auf die Höhen menschlichen Glanzes, sie geht zu den Feinden wie zu den Freunden, sie verlässt keinen, auch wenn sie von jedem verlassen wird – sie geht dem Geliebten nach in Schuld und Schande und Verlorenheit, sie kennt das alles nicht, sie ist einfach da und hört nimmer auf. Und sie heiligt jeden Ort, den sie betritt. Sie findet überall Stückwerk und zeugt überall von der Vollkommenheit.

Sie begehrt Einlass in die Welt unserer Gedanken und Erkenntnisse. Die Erkenntnis ist der Liebe am ähnlichsten. Auch sie hat den anderen zum Gegenstand, ist auf den anderen gerichtet. Sie will die Welt und den Menschen und die Geheimnisse Gottes begreifen und verstehen und erklären. Es gibt keinen Menschen, der nicht selbst an der Erkenntnis teilnähme, der Mensch ist ein erkennendes Wesen in seinem Urgrund, er muss erkennen – auch wenn er es nicht will, auch wenn er das Denken nicht zu seinem Beruf, nicht zum Selbstzweck gemacht hat. Es sind die großen Fragen, an denen jeder Mensch seine Erkenntnis versucht und an denen jeder auch zugleich die Grenzen seiner Erkenntnis kennen lernt – und diese großen Fragen sind: Was ist des Menschen eigener Weg? Was ist des anderen Menschen Weg? Und was ist der Weg Gottes, der hinter allen menschlichen Wegen geht? Es gibt keinen Menschen, der diese Fragen nicht kennt und sich nicht immer wieder stellen müsste, und es gibt andererseits keinen Menschen, der sie aus den Kräften seiner eigenen Erkenntnis zu beantworten imstande gewesen wäre.

Alle Lösungen, die Menschen hier versucht haben, die wir täglich versuchen, sind Stückwerk, das vergeht. Das weiß keiner besser als der, der viel gedacht hat und viel weiß. Das wissen heute wenige besser als die vor Kurzem noch so siegesgewissen und stolzen Naturwissenschaften. Das hat einer der größten Denker aller Zeiten selbst als das Ende und den Anfang aller Weisheit erkannt, indem er sagte: *Ich weiß, dass ich nichts weiß.* Aber das war nun auch das Ende, das war seine letzte Gewissheit.

Paulus aber hat über diese Gewissheit hinaus noch eine

unendlich größere Gewissheit: Unser Wissen ist Stückwerk – wenn aber kommen wird das Vollkommene, dann wird das Stückwerk aufhören. Dies Vollkommene aber ist die Liebe. Erkennen und Liebe verhalten sich wie Stückwerk und Vollkommenheit. Und je mehr Sehnsucht nach Vollkommenheit im erkennenden Menschen ist, umso mehr Liebe wird er haben. *Das vollkommene Erkennen ist die vollkommene Liebe*. Das ist ein seltsamer, aber doch sehr tiefsinniger und wahrer Satz des Paulus.

Vielleicht fragt einer: Was hat das Erkennen überhaupt mit der Liebe zu tun? Erkennen heißt doch gerade das ganz objektive, sachliche Erkennen, ohne alle persönlichen Urteile. Gewiss ist es so. Aber um die Sache selbst zu sehen zu bekommen, müssen wir sie lieben. Eine Sache oder einen Menschen, der uns gleichgültig ist, erkennen und *begreifen wir nie*. Eine Sache oder einen Menschen, den wir hassen, *verkennen* wir immer. Allein einen Menschen, den wir lieben, *erkennen wir* ganz. Wir erkennen an einem Menschen so viel, wie wir an ihm lieben. Der sogenannte weltkluge Menschenkenner kennt und versteht ja Menschen im Grunde garnicht – es ist vielmehr sein Trick, sich auf die Schlechtigkeit von Menschen zu verstehen und vor allem vorsichtig zu sein – das aber muss er gerade darum, weil er die Menschen nicht versteht. Denken wir nur, ein uns unsympathischer Mensch hat eine uns überraschende Tat getan, und ein Mensch, den wir sehr lieben, hat eine Tat getan, die wir einfach von ihm nicht begreifen können – dann werden wir bei dem ersten sofort allerlei Erklärungen zur Hand haben, aus welchen schlechten Motiven heraus jener gehandelt haben könnte – und wir werden andererseits suchen und fragen ohne Ende und Gründe der Entschuldigung finden, um recht zu verstehen, warum der Mensch, den wir liebten, so handelte. Und wir haben dann den Letzten gewiss besser erkannt als den Ersteren.

Alles wirkliche Erkennen ist ein Stück Liebe. Aber eben

von Eitelkeit und Ruhmsucht und Selbstsucht noch ganz umhüllte Liebe. Aber es steckt in ihm eine Sehnsucht nach Vollkommenheit, nach dem Aufhören des Stückwerkes, nach dem Anbruch der vollendeten Wahrheit, Erkenntnis und Liebe.

„*Wenn aber das Vollkommene kommen wird*, wird das Stückwerk *aufhören*" – es ist kein allmählicher Aufstieg, dass das Stückwerk zum Vollkommenen käme – sondern das Vollkommene, das vom Stückwerk nie Erreichte – *kommt* selbst, wird kommen, aus voller Freiheit, aus eigener Machtvollkommenheit, und das Stückwerk wird aufhören, es wird zerbrechen, wie man ein Spiegelbild zerbrechen kann, wenn man die Wirklichkeit sieht.

Es ist ein überraschendes Bild, wenn nun das Alter des Kindes mit dem Stückwerk des Erkennens und wenn das reife Mannesalter mit der Vollkommenheit der Liebe verglichen wird. „*Da ich ein Kind war*, redete ich wie ein Kind und war klug wie ein Kind und hatte kindische Anschläge" – Erkennen ohne Liebe ist kindisch, kindischer Anschlag, kindischer Versuch, der Welt auf einem Schleichweg Herr zu werden – der Stolz des Erkennens ohne Liebe ist wie Prahlerei eines dummen Jungen, die nicht einmal ernst genommen zu werden verdient, über die der reife Mann nur lächelt. „Da ich aber ein Mann war, tat ich ab, was kindisch war" – wir würden es gerade umgekehrt sagen – die Kinderei ist die Liebe in der Erkenntnis und die Reife ist nüchterne Erkenntnis ohne Liebe. Aber Paulus sagt: Die Liebe ist die Sache der reifen Einsicht, der wahren Erkenntnis, des Mannesalters. Der Weg der Liebe ist der Weg des männlichen Tuns. Das grenzt wohl diese Liebe deutlich von aller Schwärmerei ab, von aller Weichlichkeit und Sentimentalität ab – Liebe heißt Wahrheit vor Gott, heißt vollkommene Erkenntnis vor Gott.

Und noch ein zweites Bild: „Wir sehen jetzt durch einen Spiegel …" Gottes Gedanken sind in der Welt nur wie im

Spiegel aufgefangen. Wir sehen sie nur in der Spiegelschrift. Und die Spiegelschrift Gottes ist schwer zu lesen. Sie heißt ja wohl, dass Großes klein und Kleines groß, Rechtes verkehrt und Verkehrtes recht ist, dass Hoffnungsloses Verheißung und Hoffnungsvolles das Gericht erwartet, sie heißt ja wohl, dass Kreuz Sieg und Tod Leben bedeutet. Wir lesen die Spiegelschrift Gottes in Jesus Christus, in seinem Leben und Reden und Sterben. „Wir sehen durch einen Spiegel *in einem dunklen Wort*" – das dunkle Wort des Kreuzes als die Spiegelschrift Gottes, das ist wahrhaftig schwer zu erkennen und zu begreifen – und dennoch – wir sehen jetzt – aber freilich „*dann aber* von Angesicht zu Angesicht" – „*dann aber*" wenn nämlich das Vollkommene hereinbricht, wenn der Spiegel der Welt zerbricht und der Glanz und das Licht Gottes uns selbst umfangen wird – „*dann aber*" – am Ende, an unserem Ende, in der Stunde unseres Sterbens und Aufhörens und Davongehens – „*dann aber*" von Angesicht zu Angesicht ... Dann ist die Klarheit da, dann ist die vollendete Liebe bei uns. „*Von Angesicht zu Angesicht*" – Gott sehen, wie er ist, eine Liebe nicht nur glauben, sondern schauen, spüren, fühlen, empfinden, in seiner Liebe selig sein – „*Selig sind*, die reines Herzens sind, denn sie werden *Gott schauen*" – dann aber von Angesicht zu Angesicht.

„Jetzt erkenne ich's stückweise. Dann aber werde ich erkennen, gleichwie ich erkannt bin" – das ist die Lösung, „gleichwie ich erkannt bin" – das ist der Grund, warum allein ich hoffen darf, so zu erkennen und so das Vollkommene zu erfahren – dass ich erkannt bin von Gott, von der Liebe, von dem Vollkommenen, Sein Licht sucht meine Augen, Seine Liebe sucht mein Herz, Er hat mich schon längst erkannt und geliebt – und darum zieht es mich so unwiderstehlich dazu, ihn wieder zu erkennen und wieder zu lieben. Darum drängt es durch alles Stückwerk hindurch auf ihn hin, auf das Vollkommene hin. Ich könnte ihn nicht erkennen, wenn Er mich nicht erkannt hätte. – Gott und Mensch erkennen sich gegenseitig. Sie sehen sich von Angesicht zu Angesicht, sie wissen umeinander, sie wissen um ihre gegenseitige Liebe, sie wissen, dass sie nicht ohne einander sein können und sollen, sie sind nun miteinander, beieinander, ineinander, sind eins im Erkennen, eins in dem seligen Geheimnis ihrer Liebe – und der Mensch sinkt zu Boden und streckt seine Hände aus und ist nicht mehr er selbst – denn nun ist er in Gott. Das ist Vollendung. Amen.

Vor Erstarrung bewahrt allein die Liebe

1. Korinther 13,13

4.11.1934 London, Reformationsfest

Nun aber bleibt Glaube, Hoffnung, Liebe, diese drei; aber die Liebe ist die größte unter ihnen.

Mit voller Absicht haben wir unsere Predigtreihe über 1. Kor. 13 so eingerichtet, dass dieser Text auf den Reformationstag fällt. Wir wollen damit sagen, dass die Kirche, die von der alleinigen Kraft und dem Heil und dem Sieg des Glaubens an Jesus Christus so geredet hat wie wohl keine andere, dass die Kirche, die groß ist im Glauben, noch größer sein müsse in der Liebe; und wir wollen damit einerseits nichts anderes als zurück zur ursprünglichen Reformation, andererseits aber einer Gefahr und Entartung entgegentreten, die den Protestantismus von Anfang bedroht hat, nämlich dass die Botschaft von dem allein rettenden und erlösenden Glauben erstarrte, ein totes Wort wurde, weil sie nicht lebendig gehalten wurde durch die Liebe. Eine Kirche des Glaubens aber – und sei es der bekenntnistreueste und orthodoxeste Glaube –, die nicht noch vielmehr Kirche der reinen und allumfassenden Liebe ist, ist nichts nütze. Was heißt es auch, an Christus glauben, der die Liebe war, und selbst noch hassen? Was heißt es, Christus seinen Herrn nennen im Glauben und seinen Willen nicht tun? Solcher Glaube ist kein Glaube, sondern er ist Heuchelei. Es nutzt keinem Menschen etwas, seinen Glauben an Christus zu beteuern, wenn er nicht zuvor hingegangen ist und sich mit seinem Bruder – auch mit dem gottlosen, rassefremden, geächteten und verstoßenen Bruder – versöhnt hat. Und die Kirche, die ein Volk zum

Glauben an Christus aufruft, muss selbst in diesem Volk das brennende Feuer der Liebe sein, die Keimzelle zur Versöhnung, der Brandherd, in dem aller Hass erstickt wird und die Menschen aus Stolz und Hass zu Menschen der Liebe umgewandelt werden. Unsere Kirchen von der Reformation haben manche großen Taten getan, und doch scheint es mir, als sei ihnen diese größte Tat noch nicht gelungen, und sie ist heute notwendiger als je.

„Nun aber bleibt Glaube, Hoffnung, Liebe, diese drei." „Glaube" – das heißt ja nun freilich, dass kein Mensch und keine Kirche von der Größe ihrer eigenen Taten leben kann, sondern dass sie allein von der großen Tat leben, die Gott selbst tut und getan hat, und (das ist nun das Entscheidende) die großen Taten Gottes bleiben ungesehen, verborgen in der Welt. Es ist eben mit der Kirche nicht so, wie es in der Welt und in der Geschichte der Völker ist, dass es letztlich darauf ankäme, auf große Taten hinweisen zu können – die Kirche, die das versucht, wäre schon längst den Gesetzen und den Mächten dieser Welt verfallen, die *Kirche des Erfolges* ist wahrhaftig noch lange nicht die *Kirche des Glaubens.* Die Tat, die Gott in dieser Welt getan hat und von der seitdem alle Welt lebt – heißt das Kreuz von Golgatha. Das sind Gottes „Erfolge", und so werden die Erfolge der Kirche und des Einzelnen aussehen, wenn sie Taten des Glaubens sind. Dass der Glaube bleibt – das heißt, dass es wahr bleibt, *dass der Mensch vom Unsichtbaren leben muss*, dass er nicht von seinem sichtbaren Werk, sondern von der unsichtbaren Tat Gottes lebt. Er sieht Irrtum und er glaubt Wahrheit, er sieht Schuld und er glaubt Vergebung, er sieht Sterben und er glaubt ewiges Leben, er sieht nichts – und er glaubt die Tat und die Gnade Gottes. „Lass dir an meiner Gnade genügen, denn meine Kraft ist in den Schwachen mächtig". Und so ist es mit der reformatorischen Kirche. Sie lebt nie und nimmer von ihrer Tat, auch nicht von ihrer Liebestat, sondern sie lebt von dem, was sie nicht sieht und doch glaubt – sie sieht Verhängnis und sie glaubt Errettung, sie sieht Irrlehre und sie glaubt Gottes Wahrheit, sie sieht Verrat am Evangelium und sie glaubt die Treue Gottes. Die reformatorische Kirche ist niemals die sichtbare Gemeinschaft der Heiligen, sondern die Sünderkirche, die gegen allen Schein an die Gnade glaubt und von ihr allein lebt. „Heraus aus der Kirche, wer ein Heiliger sein will", hat Luther einmal gerufen. Sünderkirche – Gnadenkirche – Glaubenskirche – das ist es. „Nun aber bleibet Glaube" – weil er vor Gott und von Gott allein lebt. Es gibt nur eine Sünde, und die heißt, ohne Glauben zu leben.

Aber ein Glaube, der sich mutig an das Unsichtbare hält und von ihm lebt, als wäre es schon da, hofft zugleich auf die Zeit der Erfüllung und des Schauens und des Habens; er hofft darauf so gewiss wie das hungrige Kind, dem der Vater Brot versprochen hat, wohl eine Zeit warten kann, aber doch endlich Brot empfangen will, oder wie der Musikhörer einem dunklen Ineinander von Disharmonien willig folgt, aber doch in der Gewissheit, dass sich diese Disharmonien auch wieder lösen müssen; oder wie der Kranke eine bittere Arznei nimmt, damit der Schmerz endlich von ihm genommen werde. Ein Glaube, der nicht hofft, ist krank. Er ist wie ein hungriges Kind, das nicht essen, oder wie ein müder Mensch, der nicht schlafen will. So gewiss der Mensch glaubt, so gewiss hofft er. Und es ist keine Schande zu hoffen, grenzenlos zu hoffen. Wer wollte auch von Gott reden, ohne zu hoffen. Wer wollte auch von Gott reden, ohne zu hoffen, ihn einmal zu schauen? Wer wollte von Frieden und von der Liebe unter den Menschen reden, ohne sie einmal in Ewigkeit erleben zu wollen? Wer wollte von einer neuen Welt und einer neuen Menschheit reden, ohne zu hoffen, dass er an ihr teilhaben werde? Und warum sollen wir uns unserer Hoffnung schämen? Nicht unserer Hoffnungen werden wir uns einstmals zu schämen haben, sondern unsrer ärmlichen und ängstlichen Hoffnungslosigkeit, die Gott nichts zutraut, die in falscher Demut nicht zugreift, wo Gottes Verheißungen gegeben sind, die resigniert in diesem Leben und sich nicht freuen kann auf Gottes ewige Macht und Herrlichkeit. „Wir heißen Euch hoffen!" – „Hoffnung lässt nicht zuschanden werden." Je mehr ein Mensch zu hoffen wagt, desto größer wird er mit seiner Hoffnung: Der Mensch wächst mit seiner Hoffnung – wenn es nur die Hoffnung auf Gott und seine alleinige Kraft ist. Die Hoffnung bleibt.

„Nun aber bleibt Glaube, Hoffnung, Liebe, diese drei. Aber die Liebe ist die größeste unter ihnen."

Noch einmal klingt es aus den ersten Versen des Kapitels nach:

Und wenn ich allen Glauben hätte, also dass ich Berge versetzte – und wir fügen hinzu: Wenn ich alle Hoffnung hätte – und hätte der Liebe nicht, so wäre ich nichts. Denn die Liebe ist die größte unter ihnen.

Was kann größer sein, als sein Leben im Glauben *vor* Gott leben? Was kann größer sein, als sein Leben *zu* Gott *hin* leben? Größer ist die Liebe, die *in Gott* lebt. „Wandle *vor* mir!" „Wer in der Liebe bleibt, bleibt *in* ihm." Was ist größer als die Demut des Glaubens, die den unendlichen Abstand des Schöpfers vom Geschöpf nie vergisst; was ist größer als die Zuversicht der Hoffnung, die sich nach dem Kommen Gottes und dem Schauen seiner Wirklichkeit sehnt? Größer ist die Liebe, die hier schon seiner Nähe und Gegenwart überall gewiss ist, die an seiner Liebe hängt und weiß, dass seine Liebe nichts will als unsere Liebe. Was ist größer als der Glaube, der sein Heil in Christus erhofft und festhält und von ihm gerechtfertigt wird, was ist größer als die Hoffnung, die sich Stunde um Stunde auf ein seliges Sterben und Heimgehen richtet? – größer ist nur die dienende Liebe, die für die anderen alles vergisst, die sogar das eigene Heil hergibt, um es den Brüdern zu bringen – denn wer seine Liebe verliert um meinetwillen, der wird sie gewinnen.

Es bleiben Glaube und Hoffnung. Dass nicht einer meine, er könne die Liebe haben ohne den Glauben und ohne Hoffnung! Liebe ohne Glauben ist wie ein Strom ohne Quelle. Das hieße ja, er könne die Liebe haben ohne Christus. *Der Glaube allein rechtfertigt* vor Gott, die Hoffnung richtet uns aufs Ende hin, die Liebe vollendet.

Der Glaube allein rechtfertigt – auf diesem Satz ist unsere protestantische Kirche erbaut. Auf die Frage des Menschen: Wie kann ich vor Gott bestehen? fand Luther in der Bibel als einzige Antwort: Indem Du seiner Gnade und Barmherzigkeit in Jesus Christus glaubst. Auf die Frage, wie der Mensch vor Gott rechtfertig werde, heißt die Antwort: durch Gnade allein, durch Glauben allein. – Wir können daher hier am Ende mit allem Recht den Satz unseres Kapitels auch umdrehen und sagen: – *und wenn ich alle Liebe hätte, sodass ich alle guten Werke vollbrächte,* und hätte *den Glauben* nicht, so wäre ich nichts. Der Glaube allein rechtfertigt – aber die Liebe vollendet.

Glaube und Hoffnung gehen in die Ewigkeit ein in der verwandelten Gestalt der Liebe. Es muss am Ende alles Liebe werden. Vollendung heißt Liebe. – Aber das Zeichen der Vollendung in dieser Welt heißt Kreuz. Das ist der Weg, den die vollendete Liebe in dieser Welt gehen muss und immer wieder gehen wird. Das aber zeigt uns erstens, dass diese Welt reif ist zum Abbruch, überreif; dass es nur Gottes unbeschreibliche Geduld ist, die noch wartet bis zum Ende. Zweitens, dass die Kirche in dieser Welt Kirche unter dem Kreuz bleibt. Besonders die Kirche, die Kirche der sichtbaren Herrlichkeit schon hier werden will, sie hat ihren Herrn am Kreuz verleugnet. Glaube, Hoffnung, Liebe führen allesamt durchs Kreuz zur Vollendung.

Wenn wir jetzt aus der Kirche herausgehen, so gehen wir in eine Welt hinein, die sich nach den Dingen sehnt, von denen wir hier geredet haben, freilich nicht nur nach den

Worten, sondern nach der Wirklichkeit. Die tausendmal betrogene und enttäuschte Menschheit braucht Glauben, die wunde und leidende Menschheit braucht Hoffnung, die in Zwietracht und Misstrauen gefallene Menschheit braucht Liebe – und wenn wir schon kein Mitleid mehr haben mit unserer eigenen armen Seele, die dieses alles wahrhaftig auch braucht, so habt Mitleid wenigstens mit der armen Menschheit. Sie will von uns lernen, aufs Neue zu glauben, zu hoffen, zu lieben; versagt es ihr nicht. Lassen wir es uns zurufen am Reformationstag: Glaubt, hofft, und vor allem liebt – und ihr werdet die Welt überwinden. – Amen.

Auferstehung statt Unsterblichkeit

1. Korinther 15,17

8.4.1928, Barcelona, Ostersonntag

Ist Christus aber nicht auferstanden,
so ist euer Glaube eitel,
so seid ihr noch in euren Sünden.

Ein gefährlicher Ostertext. Denn wenn wir ihn uns genau ansehen, uns von ihm beeindrucken lassen, so könnte es sein, dass er uns um unsere ganze Osterfreude bringt, und so scheint es, als schicke es sich nicht an Ostern von so ernsten, so gefährlichen Dingen zu reden. Und doch – es gibt unter den christlichen Festen nicht Eines, das uns nicht, wenn wir es ganz ernst nehmen, bedrohlich ansieht, dass es uns angst und weh wird im Herzen; unsere ganze Existenz und unser gesamtes geistiges Sein wird angegriffen und vor Gericht gezogen, vor die Entscheidung gestellt; von der Weihnachtsbotschaft nicht anders wie von der Ostergeschichte. Nur dann aber, wenn wir den Angriff immer von Neuem aufs Tiefste auf uns wirken lassen, können wir seiner Herr werden und etwas von der eigentlichen Osterfreude – die alles andere ist als Sentimentalität – verspüren.

Ist Christus nicht auferstanden, dann ist unser Glaube eitel, das heißt weiter, dann leben wir noch in Schuld gegen Gott, das heißt zuletzt wir sind die elendesten Menschen auf der Erde. Mit anderen Worten: Ist Christus nicht auferstanden, dann ist der Stützpunkt, der unser Leben trägt, hinweggezogen und alles bricht zusammen; unser Leben verfällt der Sinnlosigkeit. Alles Reden von göttlichen Dingen ist illusorisch, alle Hoffnung Luftgespinst. An Ostern hängt unser Leben, sagt uns Paulus. Was haben wir dazu zu sagen?

Jedem von uns ist Ostern, seit er ein Kind ist, mit der Freude über den kommenden Frühling, mit all dem Glück, das uns die warme Sonne ins Herz legt, ein Fest geworden, das ihm ans Herz gewachsen ist, an dem er hängt mit mancherlei freundlichen Erinnerungen, von denen er sich nicht trennen möchte. Wer von uns möchte auch nur um einen Frühling seines Lebens ärmer sein? Aber sagen, dass an diesem Osterfest sein ganzes Leben hängt, dass seine Existenz bedroht ist, wenn es Ostern nicht gäbe – wer unter uns möchte oder könnte das? Paulus aber hat das gesagt. Und da er sich diese Frage ein wenig gründlicher überlegt hat, als wir zu tun pflegen, dürfen wir annehmen, dass hinter einem solchen Satz auch ein gewisser Sinn steht, dem nachzudenken es sich vielleicht verlohnt. „Ist Christus nicht auferstanden, so ist euer Glaube eitel."

Es wird demnach offenbar alles darauf ankommen, dass wir recht verstehen, was Paulus mit dem Wort „auferstanden" meint. Was heißt Auferstehung und was kann sie für uns bedeuten. Das sind die alten Osterfragen, um deren Beantwortung zu ringen wir nun einmal nicht herum kommen, ohne eine Gedankenlosigkeit zu begehen. Es ist die überwältigende Tatsache des immer sich erneuernden Frühlings gewesen, die die Menschheit in aller Welt etwas ahnen ließ von einem Urkampf zwischen Finsternis und Licht, in dem nach hartem Ringen das Licht den Sieg davonträgt – aus dem dunklen Winter ist es Frühling geworden; jedes Jahr erneuert sich das ungeheure Schauspiel der Natur und weckt in der Menschheit eine Ahnung von einer Auferstehungshoffnung; alles Dunkel muss endlich hell werden. Das ist ein Gesetz der Natur, ja, das Dunkel ist ja garnicht eigentlich ein Wesen für sich; es besteht ja nur darin, dass das Licht nicht da ist, ein Strahl der Sonne vernichtet es. Und die Sonne kommt, kommt ganz gewiss, und mit ihr die Auferstehung der Natur.

Im Tode der Natur liegen schon die Keime des Lebens. Der Tod ist ja garnicht eigentlich Tod, sondern eine Epoche des Lebens, das keimhaft weiter besteht in den scheinbar erstarrten Körpern. Das Leben und das Licht muss siegen und Tod und Dunkel sind nur dessen Erscheinungsformen. Solche Gedanken sind Gemeingut und Urgut der Menschheit bis in ihr primitivstes geistiges Leben hinein und solche Gedanken sind es, auf die sich unser modernisierter Osterglaube zurückzieht und dabei ja nicht einmal sieht, dass das Christentum über Ostern ganz andere Dinge zu sagen hat.

Nicht um einen Kampf von Dunkel und Licht, der schließlich doch dem Licht den Sieg bringen muss, weil das Dunkel ja eigentlich ein Nichts ist, weil der Tod ja schon Leben ist; nicht um einen Kampf von Winter und Frühling, von Eis und Sonne handelt es sich Ostern, sondern um den Kampf der schuldigen Menschheit gegen die göttliche Liebe, besser: der göttlichen Liebe gegen die schuldige Menschheit; einen Kampf, in dem Gott zu unterliegen scheint am Karfreitag und in dem er grade, indem er unterliegt, – siegt – an Ostern. Siegt Gott – oder siegt Prometheus? Das ist die Frage, die an Ostern durch eine Machttat Gottes beantwortet wird. Der Karfreitag ist nicht das Dunkel, das dem Licht unbedingt weichen muss. Er ist nicht der Winterschlaf, der die Keime des Lebens in sich verbirgt und nährt, es ist der Tag, an dem der menschgewordene Gott, die Person gewordene Liebe umgebracht wird von den Menschen, die zu Göttern werden wollen, an dem der Heilige Gottes, d. h. Gott selbst, stirbt, wirklich stirbt – aus eigenem Willen und doch aus Schuld der Menschen – ohne dass ein Keim des Lebens in ihm bliebe, sodass sein Tod dem Schlaf gliche. Der Karfreitag ist nicht wie der Winter ein Übergangsstadium – nein, er ist wirklich Ende, Ende der schuldigen Menschheit und letztes Gericht, das sie sich selbst gesprochen hat. Und hier kann nur eines helfen, die Machttat Gottes aus seiner Ewigkeit heraus unter der Menschheit. Nicht ein immanentes, das heißt innerweltliches, sondern ein transzendentes, das heißt überweltliches Geschehen ist Ostern, ein Eingriff Gottes aus der Ewigkeit, kraft dessen er sich zu seinem Heiligen bekennt, ihn vom Tode auferweckt. Nicht von Unsterblichkeit ist Ostern die Rede, sondern von Auferstehung, Auferstehung vom Tode, der wirklich ein Tod ist mit allen Schrecken und Furchtbarkeiten, ein Tod des Körpers und der Seele, des ganzen Menschen, kraft Gottes Machttat. Das ist Osterbotschaft. Nicht von göttlichen Keimen im Menschen, die wie in der Natur immer wieder Auferstehung feiern, sondern von der Schuld der Menschen und vom Tod, aber auch von der Liebe Gottes und dem Tod des Todes ist Ostern die Rede, von der ewigen Machttat Gottes, nicht von immanenten Gesetzen der Natur.

Hätte die Geschichte Gottes unter den Menschen ihr Ende gefunden am Karfreitag, dann wäre das letzte Wort über die Menschheit: Schuld, Empörung, Entfesselung aller menschlich-titanischen Gewalten, Erstürmung des Himmels durch die Menschen, Gottlosigkeit, Gottverlassenheit, damit aber letzten Endes Sinnlosigkeit und Verzweiflung. Dann ist euer Glaube eitel. Dann seid ihr noch in eurer Schuld. Dann sind wir die elendesten unter allen Menschen. Das heißt, das letzte Wort ist der Mensch. Am Kreuz Jesu Christi wird nicht nur unser sittliches und religiöses Leben zuschanden, indem es seiner Schuldhaftigkeit überführt wird, es wird auch unsere gesamte Kultur gerichtet; wäre es mit dem Kreuz zu Ende gewesen, so wäre es aus mit der Wissenschaft und mit der Kunst. All unser kulturelles Handeln ist Streben auf ein Letztes, auf einen Sinn, auf einen Logos, auf Gott. Was soll ein Suchen nach Wahrheit, wenn es Wahrheit nicht gibt, wenn nicht Gott, sondern der Mensch letzter Maßstab für wahr und falsch ist; man zerschneidet unserer Kunst den Lebensnerv, wenn man ihr die Richtung auf ein Letztes, auf ein Sinnhaftes, Göttliches nehmen will. Ist Gott tot – nun so sind wir die elendesten Menschen. Das verstehen wir jetzt mit dem Apostel.

Eine seltsame Geschichte aus dem Altertum erzählt uns, wie ein kleines Schiff von griechischen Seeleuten an der Küste Süditaliens vorüber gefahren sei und wie man da plötzlich eine gewaltige klagende Stimme den Namen des Steuermanns rufen gehört habe. Als dieser antwortete, hörte man eben dieselbe Stimme rufen: Der große Pan ist tot, der große Pan ist tot. Da habe sich auf dem Schiff eine große Angst und Verwirrung verbreitet und überall, wo die Botschaft hindrang, sah man die Menschen bestürzt und entsetzt davonflüchten. Die Geschichte ist rätselhaft und vielfach gedeutet. Eins scheint mir gewiss: Es ist ein heidnisches Widerspiel der Karfreitagsbotschaft: Gott ist tot, die Welt ist gottlos, gottverlassen. Und die Bestürzung und Verwirrung der Menschen ist Ausdruck für die erschrocken-entsetzte Frage: Was wird nun? Die Welt scheint zusammensinken zu müssen, in Sinnlosigkeit vergehen zu müssen, wenn Gott tot ist. Die antike Welt hat auf die große Klage „Der große Pan ist tot“ keine Antwort gewusst. Die Antwort hat die christliche Osterbotschaft gegeben. Der Sinn der Osterbotschaft ist: Gott ist des Todes Tod, Gott lebt und so lebt auch Christus, der Tod hat ihn nicht halten können gegen die Übermacht Gottes. Gott hat ein Machtwort gesprochen über den Tod, hat ihn vernichtet, hat Jesus Christus auferweckt.

Was heißt das? Wie lässt sich das verstehen? Eine Fülle von Fragen wird bei uns wach: Was ist's mit der leiblichen Auferstehung? Was mit dem leeren Grabe? Was mit den Erscheinungen? Eine Fülle von Fragen – der Neugierde, der Lust an abergläubischen Dingen, der Geheimniskrämerei, an denen wir kein Vergnügen haben können; Fragen die vom 100. ins 1000. gehen und nimmersatt sind. Gewiss wird das Grab leer gewesen sein. Wichtig aber ist nur eines: Gott hat sich zu Christus bekannt und hat ihn berührt mit seinem ewigen Leben. Nun lebt Christus, lebt, weil Gott lebt, und weil Gottes Liebe lebt. Das genügt uns. Über das „wie" können wir grübeln. An dem „dass" wird es nichts ändern.

Lebt aber Gott – nun so lebt die Liebe trotz des Kreuzes, dann leben wir nicht mehr in der Schuld, dann hat Gott uns ja vergeben. Er hat sich zu Jesus bekannt, Jesus aber hat sich zu uns bekannt. Lebt Jesus, dann bekommt unser Glaube neuen Sinn. Dann sind wir die seligsten aller Menschen. Ein Ja Gottes zur schuldigen Menschheit, ein neuer Sinn für all unser Tun – das ist Ostern. Nicht „der große Pan ist tot", sondern Gott lebt und mit ihm wir. Das ist Ostern. Nicht Gottverlassenheit – sondern Gottesfülle, nicht der Mensch und sein titanischer Sieg über die Gottheit, sondern Gott und sein machtvoller Sieg über die Menschheit, über Tod und Schuld und Empörung, das ist Ostern.

Aber es ist noch eins. Ganz zart und heimlich wächst uns am Ostertag eine Hoffnung zu. „Hoffen wir allein in diesem Leben …", sagt Paulus. Ostern ist Gottes Eingriff aus der Ewigkeit, sagten wir. Ostern ist Vorspiel allerletzter, unaussprechlicher Dinge. Dinge, die einst geschehen werden, wenn's der Vollendung entgegen geht. Dinge, von denen wir nur in Bildern und Gleichnissen reden können. Nicht nur heute geht uns Ostern etwas an – nein, es offenbart uns die ganze Herrlichkeit und Macht Gottes. Gott ist der Herr des Todes, nicht nur Jesu Christi, sondern auch meines und deines Todes. Wie aber Gott in unsagbarer Machtfülle Jesus auferweckt hat, so wird er auch sein heiliges Volk aus dem Tod zum Leben führen. Dahin richtet sich heute unser hoffnungsvoller Blick.

Ein Tag von beängstigender Helle

2. Korinther 5,10

19.11.1933, London, Bußtag

Denn wir müssen alle offenbar werden vor dem Richtstuhl Christi, auf daß ein jeglicher empfange, nach dem er gehandelt hat bei Leibesleben, es sei gut oder böse.

Es bleibt nichts geheim, nichts verborgen, gar nichts. „Es ist nichts so fein gesponnen, es kommt doch endlich an die Sonnen“ – sagt das Sprichwort und meint diese unsere Sonne, die immer wieder ganz plötzlich, ganz überraschend zum Entsetzen aller Betroffenen irgendetwas ganz in der Dunkelheit Geschehenes zum Vorschein bringt. Dann greift man sich an den Kopf und sagt, wie war so etwas nur möglich, entrüstet sich fürchterlich und gebärdet sich schrecklich moralisch und hat doch im Stillen nur selbst Angst vor derselben Sonne. Und es ist manchmal nur ein Augenblick, in dem eines Menschen ganzes Leben und Schicksal und Geheimnis bloßgestellt wird. Es braucht nur einmal eine kräftige Hand nichtsahnend irgendeinen Stein aufzuheben und alsbald erblickt er unter ihm das Gewühl von schmutzigem Ungeziefer und Nachtgetier, das sich hier vor der Sonne verborgen hatte und das nun in seiner ganzen Hässlichkeit und Schreckhaftigkeit aufgedeckt ist und sich zu flüchten versucht. Diese Steine können jahrelang unbeachtet herumliegen, bis ein ungeschickter Fuß sie beiseite stößt. Und solche Steine, hinter denen niemand so etwas erwartet, werden von diesem Ungeziefer unseres Herzens rasch und leicht aufgefunden, um sich dahinter zu verbergen. Aber Angst hat das Ungeziefer immerfort, bei jedem herannahenden Schritt, dass es entlarvt werden könnte. Wovor eigentlich Angst? Angst vor den anderen Menschen – die doch vermutlich alle miteinander in derselben Verdammnis sind, die aber solange mit ihren langen Fingern auf den anderen zeigen, bis ihre eigenen Verborgenheiten an den Tag kommen. Aber nun ist der Lauf dieser Welt insofern scheinbar ungerecht, dass eben nicht alles an die Sonne kommt, sondern nur hier und da etwas, und dass jeder andere darum sich so schrecklich moralisch empören kann, weil er immer noch einen Rest von Hoffnung hat, dass ihm das nicht so geschieht, nicht etwa, weil er nichts zu verbergen hätte. Also das Sprichwort stimmt eben doch nicht so ganz und weil es nicht so ganz stimmt, darum spaltet sich die ganze Menschheit in solche, deren Verborgenheiten an die Sonne kamen, und solche, deren Verborgenheiten nicht an die Sonne kommen, und die einen nennt man moralisch, anständig und die anderen unmoralisch, verächtlich.

Es gibt allerdings ein mehr oder weniger vorsichtiges Leben. Vorsichtiger heißt hierbei ein Leben, das sich dem Licht besser zu entziehen weiß, das in der Verborgenheit der Gedanken und Gefühle tut, was ein anderer in der Sichtbarkeit der Tat geschehen lässt. Und es ist in dieser Welt eben so, dass die Sonne nur die Taten, aber nicht die Gedanken an den Tag bringen kann.

Aber wie furchtbar würden wir uns irren, wenn wir uns mit dieser Feststellung nun einfach zufrieden geben wollen und auf sie hin friedlich – vorsichtig – aber tief im Innersten verdorben – weiterleben wollten.

Der Bußtag und unser Text hat mehr zu sagen als jenes Sprichwort. Darum eignet er sich auch schlecht als Sprichwort. Denn Sprichwörter müssen moralistisch sein und wenigstens einer Gruppe von Menschen recht geben. Das tut unser Text nicht, er gibt keinem Menschen recht, er ist auch durchaus nicht moralistisch, sondern er ist durchaus realistisch. Dieser Text gießt ein Licht über den Bußtag, das so hell, so grell, so blendend ist, dass wir aufs Äußerste erschrecken. Bußtag ist wahrhaftig kein dunkler Tag, sondern ein Tag von einer beängstigenden Helle, Durchsichtigkeit, einer unbändigen Lichtfülle. Es gibt manchmal solche Tage in der Natur, in denen die Luft so unheimlich durchsichtig ist, sodass man das, was Dunst und Ferne gewöhnlich verhüllen, bis ins Einzelne hinein erkennt. Ein solcher Tag ist auch der Bußtag. Vom hellen Bußtag wollen wir reden. Hier hat eine Sonne etwas an den Tag zu bringen, aber die Sonne, das Licht, das hier und heute schonungslos in alle Winkel dringt und Verborgenes aufdeckt, heißt Christus. Und damit wendet sich die Sache ganz und gar.

Bußtag ist der Tag, an dem wir durch ein Wort der Bibel, wahrhaftig ein unscheinbares Mittel, daran erinnert werden, dass das Ende unseres Daseins eine völlige Aufdeckung, Bloßstellung unseres gesamten Lebens bringen wird. „Wir müssen alle offenbar werden vor dem Richtstuhl Christi."

Wir unchristlich lebenden und denkenden Menschen von heute, haben uns mit einer doppelten Täuschung über unser Leben abgefunden, die es uns ermöglicht, mit einer gewissen Ruhe unser Leben zu führen. Die erste Täuschung besteht darin, dass wir meinen, das Vergangene, Geschehene, von uns Getane, versinke in den dunklen Abgrund der Vergessenheit und sei dadurch, dass wir und andere es mehr oder weniger vergessen haben, überhaupt vergessen. Mit anderen Worten: Wir leben in dem Glauben an die letzte, stärkste Macht des Vergessens. Ewigkeit heißt Vergessen! Die zweite Täuschung, von der wir leben, ist die, dass wir Verborgenes und Offenbares, Geheimes und Öffentliches unterscheiden zu können meinen. Wir führen ein öffentliches, sichtbares, offenbares Leben und völlig daneben ein verborgenes, geheimes Leben von Gedanken, Empfindungen, Hoffnungen, die kein anderer Mensch je erfährt, und es würde uns ein lähmender Schrecken überfallen, wenn wir wüssten, dass all unsere Gedanken und Empfindungen, die wir nur an einem Tag gehabt haben, auf einmal offen vor jedermann sichtbar lägen. Wir leben unter der selbstverständlichen Voraussetzung, dass Verborgenes verborgen bleibt.

Und nun werden uns diese selbstverständlichen Voraussetzungen unseres Lebens zerstört, als völlig ungerechtfertigte Illusionen hingestellt. Ewigkeit ist nicht Vergessen, sondern Ewigkeit ist Gedächtnis, ewiges Gedächtnis. Was auch immer in der Zeit geschieht, in der Welt geschieht, ist in alle Ewigkeit aufgehoben, es hinterlässt seine Spur unvermeidlich in der Ewigkeit. Die Alten prägten dafür das Bild vom Buch des Lebens, in dem unser Leben eingezeichnet ist. Das weiße Blatt ist nun beschrieben. Es bleibt nichts vergessen. Weil alles, was wir tun, vor der Ewigkeit Gottes geschieht, darum bleibt es auch aufbewahrt und aufgehoben in Ewigkeit. Ob wir vergessen oder nicht, das ist ganz gleichgültig, Gott vergisst nicht.

Und das andere ist: Es gibt vor Gott keinen Unterschied zwischen Verborgenem und Geheimem. Vor Gott ist alles durchsichtig wie Licht. „Denn auch die Dunkelheit muss Licht sein vor dir“, sagt der Psalm. Weil Gott Licht ist, weil Gott offenbar ist, darum müssen auch wir im Licht sein und vor ihm offenbar sein. Darum gibt es vor Gott kein Geheimnis mehr. Darum muss vor ihm jedes Geheimnis offenbar werden. Darum ist das Ende aller Dinge die Enthüllung aller Geheimnisse, der Geheimnisse Gottes und des Menschen.

„Wir müssen alle offenbar werden vor dem Richtstuhl Christi, auf dass ein jeglicher empfange, nach dem er gehandelt hat bei Leibesleben, es sei gut oder böse.“ Das geht gegen des Menschen innerste Natur. Wir alle haben etwas zu verbergen, wir haben Geheimnisse unseres Lebens, Sorgen, Gedanken, Hoffnungen, Wünsche, Leidenschaften – von denen kein Mensch auf der ganzen Welt etwas zu wissen bekommt. Wir sind auf nichts empfindlicher, als wenn Menschen mit ihren Fragen in die Nähe solcher Gebiete kommen. Und nun wird gegen alle Regeln des Taktes in der Bibel davon geredet, dass wir einst am Ende mit allem, was wir sind und waren, vor Christus offenbar sein werden und nicht nur vor Christus, sondern auch vor den Menschen, die neben uns stehen werden. Und wir alle wissen, dass wir vor manchem menschlichen Gericht bestehen könnten, aber vor diesem Gericht Christi nicht. Herr, wer wird bestehen? …

Christus wird richten. Sein Geist wird die Geister scheiden. Er, der als der Arme und Schwache unter uns war, er wird am Ende über alle Welt sein Gericht ergehen lassen. Es gibt also für den Menschen nur eine Frage, auf die es in seinem Leben ankommt: Wie stellst du dich zu diesem Geist, wie stellst du dich zu diesem Mann Jesus Christus? Zu jedem anderen Geist, zu jedem anderen Menschen gibt es mehrere Möglichkeiten der Stellungnahme. Von ihr hängt das Letzte nicht ab. Jesus Christus gegenüber gibt es nur ein reines Ja oder ein reines Nein. Denn Er ist der Geist, an dem jeder Menschengeist gerichtet werden muss. Ihm allein kann keiner ausweichen, an ihm kann keiner vorübergehen – und wenn er auch meint, er könne auf sich selbst stehen und er sei sein eigener Richter. Kein Mensch ist sein eigener Richter. Christus allein ist des Menschen Richter. Kein Mensch ist des anderen Menschen Richter – Christus allein ist Richter. Und sein Gericht ist ewig. Und wer hier an ihm vorbeiging, ohne sein Ja oder Nein klar gesagt zu haben, der wird in der Stunde des Todes, dort, wo sein Leben gewogen wird in Ewigkeit, ihm gegenüberstehen müssen, ihm ins Angesicht sehen müssen. Und seine Frage wird sein: Hast du in der Liebe zu Gott und den Menschen gelebt oder hast du dir selbst gelebt? Hier gibt es keine Ausflüchte mehr, keine Entschuldigungen, kein Herumreden, … hier liegt das ganze Leben offen vor dem Lichte Christi, „auf dass wir empfangen, nach dem wir gehandelt haben bei Leibesleben, es sei gut oder böse“.

Es ist eine angstvolle Stunde zu denken, dass das Buch unseres ganzen Lebens geöffnet wird, dass vor uns tritt, was wir gegen Gottes Gebot gesprochen und getan haben, dass wir Christus gegenüberstehen und uns nicht verteidigen können. Herr, wer wird bestehen?

Aber die Bibel will uns nie Angst machen. Gott will nicht, dass der Mensch sich fürchtet. Auch nicht vor dem letzten Gericht. Sondern er lässt den Menschen das alles wissen, damit er erkenne, was es um das Leben und um seinen Sinn ist. Er lässt es die Menschen heute schon wissen, damit sie heute schon in der Offenheit und im Licht des letzten Gerichtes ihr Leben führen. Er lässt es uns wissen – nur allein darum, damit wir Menschen den Weg finden zu Jesus Christus, damit wir umkehren von unserem bösen Weg und ihm, Jesus Christus, zu begegnen suchen. Gott will den Menschen nicht erschrecken, er schickt uns das Wort vom Gericht nur, damit wir umso leidenschaftlicher, umso gieriger nach der Verheißung der Gnade Gottes greifen, damit wir erkennen, dass wir vor Gott nicht bestehen können aus unserer Kraft, dass wir vor ihm vergehen müssten, aber dass er trotz allem nicht unseren Tod, sondern unser Leben will.

Christus richtet. Das ist wahrhaftig ernst. Aber Christus richtet, d. h. doch auch: Der Barmherzige richtet, der unter Zöllnern und Sündern gelebt hat, der versucht ist gleich wie wir, der unsere Leiden, unsere Angst, unsere Wünsche am eigenen Leibe getragen und erlitten hat, der uns kennt und uns bei unserem Namen gerufen hat. Christus richtet, d. h. die Gnade ist Richter und die Vergebung und die Liebe – wer sich an sie klammert, der ist schon freigesprochen. Wer sich freilich auf sein eigenes Werk berufen will, den wird Christus nach diesem Werk richten und verurteilen. Wir aber sollen Freudigkeit haben zu jenem Tag, wir sollen nicht zittern und zagen, sondern uns seiner Hand gern anvertrauen. Vom lieben jüngsten Tag – hat Luther geredet. Lasst uns nicht mit verzagten, sondern mit freudigen und glaubenden Herzen aus dem Bußgottesdienst gehen. Komm, du jüngster Tag – freudig warten wir auf dich, denn wir sollen den barmherzigen Herrn sehen und seine Hand fassen und er wird uns lieb haben.

Was ist beim letzten Ende das „Gut und Böse", nach dem Christus fragt? Das Gute ist ja nichts anderes, als dass wir nach seiner Gnade fragen und sie ergreifen, das Böse ist nichts als die Angst und das Selbst-vor-Gott-stehen-Wollen, Selbst-gerecht-sein-Wollen. Buße tun – das heißt ja eben nichts anderes als in dieser Wendung, in dieser Umkehr mitten drin stehen vom eigenen Werk zu Gottes Barmherzigkeit; Umkehr, Umkehr!, ruft und jubelt uns die ganze Bibel zu – Umkehr, wohin? Zur ewigen Gnade Gottes, der uns nicht lässt, dem das Herz über uns bricht, weil er uns, seine Geschöpfe über alle Maßen liebt. Er wird barmherzig sein – so komm also Jüngster Tag. Herr Jesus, mach uns bereit. Wir freuen uns. Amen.

Botschafter der Versöhnung

2. Korinther 5,20

22.10.1933, London, 19. Sonntag nach Trinitatis

So sind wir nun Botschafter an Christi statt, denn Gott vermahnt durch uns; so bitten wir nun an Christi Statt: Lasset euch versöhnen mit Gott!

Jeder Pfarrerwechsel ist in einer Gemeinde verbunden mit allerlei menschlichen Empfindungen. Wenn in einer Gemeinde alles recht und in Ordnung ist, so sieht man mit Schmerz den Pfarrer, der der Gemeinde treu gedient hat, davongehen. Es sind ja so viele Dinge, die eine rechte Gemeinde mit einem rechten Pfarrer verbinden; und wie sollte das anders sein, wenn einer Sonntag für Sonntag mit seiner Gemeinde von den letzten Dingen des Lebens und Sterbens redet, wenn er mit den Gläubigen, den Betrübten, den Armen, den Hungernden und Dürstenden, den Friedfertigen und Geduldigen das Heilige Abendmahl hält; wenn er Tag für Tag in den Häusern seiner Gemeindeglieder sucht, ob er nicht eine Seele finde, die sich nach Liebe, nach Kraft, nach Gerechtigkeit, nach Frieden, nach Freiheit sehne, und wenn er dann davon sprechen darf, dass nicht nur der Mensch seinen Gott sucht, sondern dass Gott den Menschen sucht mitten in seiner Unsicherheit, in seinem Fragen und Zagen und Lasttragen, mitten in seiner Einsamkeit – und wenn sich dann eine solche Seele ganz in der Stille Gott und dem Nächsten erschließt – wie nah kommt dann in solchen Stunden der Pfarrer seiner Gemeinde, jedenfalls dem lebendigen Teil seiner Gemeinde, wie viel weiß er dann von den Nöten und Schwierigkeiten, was kein anderer Mensch je wissen wird, wie viel trägt er dann in der Stille und in Demut mit seiner Gemeinde mit, indem er es vor Gottes Angesicht im Gebet bringt als der treue Hirte seiner Gemeinde – ja, wenn es recht ist zwischen Pfarrer und Gemeinde, dann ist es wohl sehr begreiflich, wenn die menschliche Traurigkeit einen bei der Trennung überkommt. Dann sieht man wohl auch etwas besorgt, etwas zurückhaltend, etwas ängstlich in die Zukunft, wie das nun mit dem Neuen werden wird, ob es mit ihm ebenso gehen wird, ob er sein Amt ebenso oder vielleicht ganz anders auffassen wird; und ebensolche Fragen und Gedanken werden nun natürlich auch bei den beiden Pfarrern wach. Und so ist ein solcher Augenblick sehr voll und geladen von Empfindungen allerpersönlichster Art, Schmerz, Freude, Sorge, Zuversicht.

Und darum ist es wohl gut, wenn wir in solcher Stunde uns über das ganz Persönliche hinausheben lassen zu einer weiteren, großzügigeren Betrachtung der Dinge. Es soll uns ja ein solcher Pfarrwechsel gerade nicht in so ganz persönlichen Empfindungen stecken bleiben lassen, sondern vielmehr soll er uns das ganz Große erkennen lassen, dass es *hier* überhaupt nicht um Personen geht, nicht um den Alten und nicht um den Neuen, sondern dass es einzig und allein ohne Ansehen der Person um den Auftrag geht, der diesem wie jenem befohlen ist, dass es allein um den geht, der diesen Auftrag gegeben hat, und nicht um den, der ihn ausführt, dass es allein um den Herrn und nicht um den Diener geht, dass nur Eines not ist, nämlich dass der Auftrag dieses Herrn ausgerichtet werde, ob Pfarrer darunter zerbrechen oder nicht, ob sie oft seltsame Menschen sind, vielleicht gerade weil sie mehr von den Seltsamkeiten des Lebens wissen als andere, ob sie die Menschen leicht für sich gewinnen oder ob sie es schwer haben mit sich und anderen, wenn nur der Auftrag ausgerichtet wird, in Predigt und Leben, wenn nur dies des Pfarrers einzige Sorge ist, dass er sein Leben diesem Herrn und diesem Auftrag verschrieben hat.

Das bedeutet nun aber für die Gemeinde, dass auch für sie alles darauf ankommt, dass sie in solcher Stunde von der Frage nach der Person weg zu der Frage nach dem Herrn der Kirche geführt werde, dass sie nicht auf den Verkündiger, sondern auf die Verkündigung achte, dass sie eigentlich nur eine Frage kenne: Ist es das Evangelium unseres Gottes selbst, das wir hier hören? Oder sind es willkürliche, selbstgemachte Gedanken von Menschen, die heute blühen und morgen vergehen, wie das Gras auf dem Felde. Es gibt eigentlich nur eine echte Frage der Gemeinde an ihren Pfarrer: Dient er uns mit dem ewigen Wort Gottes, mit dem Wort des Lebens, wo er kann, auf der Kanzel und im Alltag? Oder gibt er Steine statt Brot, gibt er uns Ersatzmittel, die vielleicht angenehmer eingehen, aber die unsere Seele nicht sattmachen? Gib uns sättigendes Brot für unsere Seele, mit dieser Bitte soll die Gemeinde täglich vor ihrem Pfarrer stehen, und der Pfarrer soll für diese Gabe für seine Gemeinde als ihr Pastor, ihr Hirte vor Gott stehen und beten.

Es soll zwischen euch und eurem Pfarrer nur eines geben: Christus. Es soll zwischen euch und eurem Pfarrer, wo wir uns auch begegnen in Ernst und Freude, nur um eines gehen: um Christus.

So sind wir nun Botschafter an Christi statt … d. h. nicht eigenmächtig gehen wir ans Werk, nicht aus eigener Sendung, auch nicht weil wir selbst Bürgen für das seien, was wir zu sagen haben, sondern weil Christus allein für die Wahrheit des Evangeliums bürgt, predigen wir, von ihm gerufen, von ihm entsandt, von ihm beauftragt, seine Botschaft auszurichten und mit all unseren Worten nur eines im Auge habend, auf eines hinweisend: auf Christus, auf den Herrn, auf das Wort Gottes, das über all unsere Worte hinaus ist, das Er spricht, wann und wo Er will und mit dem Er des Menschen Herz trifft und erschließt, ängstigt und tröstet, wann und wo Er will. Nicht unser Wort, sondern Gottes Wort; aber eben Gottes Wort durch unser Wort soll es sein. Darum ist die Predigt etwas so ganz Einzigartiges in der ganzen Welt, etwas so ganz anderes als alles sonstige Redenhalten. Wenn der Prediger seine Bibel aufschlägt und das Wort des Evangeliums auslegt, so geschieht das Geheimnis, das Wunder, die Gnade Gottes, dass er vom Himmel herab mitten unter uns kommt und zu uns redet, anklopft, fragt, uns ermahnt, bedrängt, erschreckt, droht und uns wieder froh macht und frei und gewiss. Wenn in einer Kirche die Heilige Schrift vergegenwärtigt wird, so steigt der Heilige Geist von seinem ewigen Thron herab in unsere Herzen, während draußen die geschäftige Welt nichts davon sieht, nichts davon weiß, dass hier Gott selbst zu finden wäre. Da jagen sie den Sensationen, den Aufregungen des Abends in der Großstadt nach und wissen nicht, dass die eigentliche Sensation, das unendlich viel Aufregendere, hier geschieht, wo Ewigkeit und Zeit Zusammenkommen, wo der ewige Gott sich des sterblichen Menschen annimmt durch sein Wort, wo menschliche Seelen die letzten Schrecken der Verzweiflung und die letzten Tiefen der Ewigkeit Gottes zu schmecken bekommen.

Warum wissen die das nicht? Warum ist es möglich, dass Tausende und Abertausende an der Kirche gelangweilt vorübergehen? Warum ist es so geworden, dass das Kino oft wirklich interessanter, aufregender, menschlicher, packender ist als die Kirche? Sollte das wirklich nur die Schuld der anderen sein und nicht auch unsere? Die Kirche war doch einmal anders. Es wurden doch einmal die Fragen des Lebens und des Todes hier ausgetragen und entschieden. Warum ist das nicht mehr so?

Weil wir selbst die Kirche zu etwas gemacht haben und immer wieder machen, was sie nicht ist. Weil wir zu viel von falschen, nebensächlichen, menschlichen Dingen und Gedanken in der Kirche reden und zu wenig von Gott selbst. Weil wir die Kirche zu einem Tummelplatz unserer verschiedensten Empfindungen machen statt zum Ort, an dem Gottes Wort gehorsam vernommen und geglaubt wird. Weil wir immer wieder die Ruhe und die Erbaulichkeit der heiligen Unruhe des gewaltigen Gottes und Herrn vorziehen, weil wir immer wieder meinen, Gott schon in der Gewalt zu haben, statt uns von ihm ganz in seine Gewalt nehmen zu lassen, ihm allein recht zu geben und alle Welt vor ihm unrecht haben zu lassen. Weil wir zu gemütlich von Gott reden und denken und uns von ihm und seiner Gegenwart nicht stören und beunruhigen lassen wollen; weil wir selbst im Grunde nicht glauben wollen, dass er wirklich jetzt hier mitten unter uns ist und unser Leben und Tod, Herz und Seele und Leib von uns fordert. Und schließlich, weil wir Pfarrer immer wieder zu viel von kurzlebigen Gedanken reden, von dem, was wir vielleicht selbst erdacht oder erfahren haben, statt zu wissen, dass wir nichts sind als die Botschafter der großen Wahrheit des ewigen Christus.

Jedes Reich dieser Welt schickt seine Botschafter aus, damit sie in aller Welt sichtbar den Willen und die Macht ihres Reiches zum Ausdruck bringen. Sie sollen nichts sein als solche Repräsentanten ihres heimatlichen Reiches und ihres Herrn. Der deutsche Botschafter oder französische Botschafter sollen der Deutsche oder Franzose schlechthin sein. Auf die Person kommt dabei nichts an, es geht alles um den Auftrag. Und um diesen Auftrag auszuführen, sind sie ausgerüstet mit allerlei Vollmacht ihres Reiches. Sie handeln und reden an ihrer Herren statt.

So sendet nun auch der unsichtbare Herr des ewigen Reiches und der Kirche seine Botschafter in diese Welt, mit einem Auftrag, der um so viel größer ist als jeder andere, wie der Himmel größer ist als die Erde, wie die Ewigkeit größer ist als die Zeit. Und die Vollmacht, die dieser Herr seinen Botschaftern gibt, ist ebenso viel größer als alle Vollmachten dieser Welt. Gottes ewiges Wort, Gottes ewige Entscheidung, Gottes Gericht und Gottes Gnade, Gottes Zorn und Gottes Barmherzigkeit, Heil und Verdammnis, Versöhnung durch Christus, diese Worte sind in die Hände der Botschafter Christi gelegt als heiligstes und kostbarstes Gut, das auszuteilen sie mit der Gnade Gottes berufen sind. Sie werden ihrem Herrn, dem Erzhirten, Rede und Verantwortung stehen müssen für jedes Wort, das sie in seinem Namen in seiner Gemeinde gesagt haben, sie werden als die Hirten der Gemeinde die Schuld und die Verantwortung tragen müssen. Das ist der letzte Sinn des Pfarramtes!

Und nun fragen wir: Welcher Mensch kann das? Wer kann diesen Auftrag erfüllen? Wer kann diese Last tragen, ohne unter ihr zusammenzubrechen. Kein Mensch kann es, auch der frömmste nicht, und kein Mensch wird sich nach diesem Auftrag vorwitzig drängen. Aber weil es Auftrag ist, weil Christus gepredigt werden muss, und weh uns, wenn wir ihn nicht predigten, darum trägt uns dieses Muss, dieser Auftrag. Wir können ja nicht anders, auch wenn wir es schlecht und verkehrt machen, auch wenn wir immer wieder zusammenbrechen und versagen unter dieser Last; aber wir müssen dann wissen, dass die Gemeinde mit uns trägt, uns hilft, uns beisteht, uns auf Fehler hinweist und für uns betet, und uns unsere Schuld vergibt. Kein Pfarrer, der das nicht wissen darf, kann sein Amt recht führen, und es ist so mancher Pfarrer hieran gescheitert, dass er seine Gemeinde tragen wollte, aber seine Gemeinde ihn nicht getragen hat. Eine Gemeinde, die nicht für das Amt des Pfarrers betet, ist keine Gemeinde mehr. Ein Pfarrer, der nicht täglich für seine Gemeinde betet, ist kein Pfarrer mehr.

Und nun wird in unserem Text die Botschaft, die wir auszurichten haben, in einem kurzen Satz zusammengefasst: „So bitten wir nun an Christi statt: Lasset euch versöhnen mit Gott.“ Was das bedeutet, das können wir heute nicht erschöpfen. Es ist ja im Grunde eben jede Predigt eine Auslegung dieses Satzes und dieser kurze Satz wird erst dann voll ausgelegt sein, wenn die Welt ihrem Ende naht und die letzten Predigten gehalten werden, wenn dann Christus selbst kommt und uns in alle Wahrheit führen wird.

„So bitten wir nun an Christi statt." Christus bittet durch uns, Er herrscht uns nicht an, Er, der über alle Welt herrscht, Er tut nicht Gewalt, Er, der alle Gewalt hat, er zwingt nicht, Er, der jeden zwingen könnte, er kommt zu uns als Bittender, als Bettler, als Armer, als ob er etwas von uns bedürfe, und dass er so zu uns kommt, ist das Zeichen seiner Liebe, er will uns nicht trotzig machen, sondern will unser Herz auftun, damit er einziehen könne. Es ist Gottes seltsame Herrlichkeit, dass er in Armut zu uns kommt, damit er unser Herz gewinne.

Und was Er erbittet, ist wiederum so seltsam, dass wir aus dem Staunen garnicht herauskommen: Lasset euch versöhnen mit Gott. D. h. doch nichts anderes als: Lasset euch ein Königreich schenken, lasset euch den Himmel zum Geschenk geben, lasset euch die Liebe des Höchsten, des Herrn aller Welt schenken, werdet seine Freunde, seine Kinder, seine Schützlinge: Kommt, ergebt euch ihm und seinem Willen und ihr werdet frei sein von allem Bösen, von aller Schuld, von allen Fesseln. Ihr werdet frei sein von euch selbst, ihr werdet die Heimat gefunden haben, ihr werdet zu Hause sein bei eurem Vater.

Wir sind unversöhnte Menschen – das ist unser Geheimnis, das allein Christus erkannt hat. Wir sind unversöhnte Menschen, daher unsere Sorgen, unsere Selbstsucht, unsere Unfreundlichkeit, unser Misstrauen, daher unsere Unwahrheit und Feigheit, daher unsere Einsamkeit, und daher unsere Schuld. Lasset euch versöhnen mit Gott – gebt ihm sein Recht über euch und ihr findet mit Gott auch den Bruder, den Nächsten wieder, lasset euch versöhnen mit Gott, so seid ihr versöhnt mit eurem Bruder. Blickt in diesen Abgrund eurer Seelen hinein. Lasst euch von Christus fragen, ob ihr versöhnt seid mit Gott, oder mit ihm zerfallen und in Unfrieden, und dann blickt auf ihn und kehrt zu Gott zurück. Gebt ihm euer unversöhntes und unversöhnliches Herz. Und er wird euch ein neues Herz geben.

Herr gibt uns allen ein neues Herz, das dir bereit und gehorsam sei, ein Herz, das den Bruder liebe und zu dir für die Gemeinde bete. Herr, gib einen guten Anfang, tu uns dein väterliches Herz auf und führe uns dermaleinst heim in das Reich der ewigen Versöhnung durch Christus, den Herrn! Amen.

Religion und Glück

2. Korinther 12,9

9.9.1928, Barcelona, 14. Sonntag nach Trinitatis

Und er hat zu mir gesagt: Laß dir an meiner Gnade genügen; denn meine Kraft ist in den Schwachen mächtig. Darum will ich mich am allerliebsten rühmen meiner Schwachheit, auf daß die Kraft Christi bei mir wohne.

Wenn wir einmal mitten drin stecken in der Schuld, in der Not, im Elend, wenn uns ein Verhängnis einmal bedroht, wie auf jenem berühmten Bild einer gefesselt einem furchtbaren, ihm immer näher kommenden Ungeheuer gegenübersteht und sich nicht mehr wehren kann, wenn die Wasser steigen und steigen und uns bis an den Hals reichen, wenn der Alp schwerer und schwerer wird und wir vor lauter Herzensangst nicht mehr aufatmen, nicht mehr schreien können, dann ringt sich wohl aus unserer Brust mit letzter Kraft einmal ein Ruf, ein Hilferuf: Herr Gott, komm und hilf du; ich kann nicht mehr; deine Wasser gehen zu hoch, ich versinke, halt auf das Unheil, reiß mich aus dem Elend, hemme das Verhängnis, zieh mich aus meiner tiefen Schuld.

Auch Paulus hat einmal so zu Gott geschrien; Paulus war ein schwer kranker Mann, er war Epileptiker. Immer wieder fasste ihn die furchtbare Krankheit und nahm ihm Kraft und Mut zum Leben und Arbeiten. So hat er denn dreimal zu Gott in seiner Not geschrien: Nimm von mir den Dorn, den du mir ins Fleisch gesenkt hast, und hat gehofft und gebetet, dass Gott ihm willfahren würde – und er hat sich getäuscht, er blieb krank, ihm wurde nicht geholfen, er hatte vergeblich gehofft. Dafür aber hat Gott ihm eine Antwort gegeben, die größer ist als alle irdische, leibliche Hilfe: Lass dir an meiner Gnade genügen; denn meine Kraft ist in den Schwachen mächtig. Um unseren Text verstehen zu können, gehen wir einmal von einer ganz anderen Frage aus: Wozu ist die Religion da? Was ist eigentlich ihr Sinn und ihr Nutzen? Fragen wir herum bei den Religionen der Welt, so bekommen wir eine einzige Antwort: um den Menschen glücklich zu machen, äußerlich und innerlich. Glück und Religion gehören zusammen wie der Glanz zum Gold; Religion, die nicht glücklich macht, ist keine Religion. Das heißt aber, die Religion wird vom Menschen aus gedacht und nur in Beziehung auf den Menschen als den Mittelpunkt der Welt bewertet. Was sagt nun die Bibel hierzu? Sie legt den Finger auf ein einziges Ereignis, ein einziges Zeichen und überlässt es uns darüber nachzudenken: auf das Kreuz Jesu. Hier ist das Unerhörte geschehen, die Gleichung zwischen Religion und Glück ist ein für alle Mal zerbrochen am Kreuz, wo Gott für den Menschen in Liebe stirbt. Oder will es einer wagen hier vielleicht von innerem Glück zu reden, wo Jesus, der Gesandte Gottes, mit dem Schrei: Mein Gott, warum hast du mich verlassen? – stirbt? Religion und Glück, inneres und äußeres sind auseinandergebrochen in diesem Augenblick, dafür ist der Himmel zerrissen und über dem Kreuz erschien das neue, unbekannte, unbegreifliche Wort: Gnade, Liebe, nicht als ein neues Geschehen auf der Erde, sondern als ein neues Wort Gottes; und dies Wort wurde nicht gesprochen über einem Kaiserthron eines messianischen Weltreiches, nicht auf den Höhen der Menschheit, sondern über einem Verbrecherhügel, dort, wo ein frommer Mann mit dem Schrei der Gottverlassenheit am Kreuz stirbt. Damit ist von vornherein der Unterschied von Christentum und sämtlichen anderen Religionen klar: hier Gnade, dort Glück, hier Kreuz, dort Krone, hier Gott, dort Mensch.

Lass dir an meiner *Gnade* genügen – das ist das Wort des

Kreuzes, erraffe das Glück – das ist die Predigt des Heidentums.

Wo willst du dich hin entscheiden? Zur Gnade Gottes, die den Kreuzeshügel in Licht umflutet und die du dort findest, wo dein eigenes Kreuz steht, in der Entsagung, im Verzicht auf Erfüllung deiner Lust, auf Glück – oder zum Glück innerlich und äußerlich, das die Welt verklärt? Zur Gottesreligion oder zur Menschenreligion? Da kann man nicht schnell ja oder nein sagen, dazu muss man erst ein Stück Wirklichkeit von beiden kennengelernt haben. Es ist gewiss nicht leicht, dort, wo uns alles versagt wird, Gott zu finden, dort wo wir verzichten müssen, Gnade zu *sehen*, die wir doch nicht sehen können, uns an der Gnade Gottes wirklich genügen zu lassen. (Wer nimmt uns die Last von der Schulter, wer trägt unser Kreuz. Wer hilft dort, wo wir am Rande der Verzweiflung sind?) Es blühen so schöne Blumen, es reifen so goldene Früchte im Garten der Welt, die uns versagt bleiben, so lange wir leben.

Da liegt ein treuer Freund, der Gatte, das einzige Kind auf dem Krankenbett, und wir sinken auf die Knie, Herr hilf du, schone uns, nimm uns nicht das Liebste, was wir auf der Welt haben, und Gott hört nicht, der Tod streicht durchs Zimmer und über dem geliebten Toten ruft eine unsichtbare Stimme uns ins Herz: Lass dir an meiner Gnade genügen. Wir möchten auffahren in wildem Schmerz, ist es ein Hohn auf unser Elend und Weh dies Wort von der Gnade, die doch nicht hilft, wenn man zu ihr schreit – oder ist's vielleicht die tiefste Wahrheit und das gewaltigste, königlichste Geschenk, wenn einem das Wort gesagt wird?

So manches zerbrochene Leben, viel weinende Augen und blutende Herzen hat dies Wort gesehen, über viel Gräbern hat es geleuchtet, zu Krankenbetten ist es gedrungen, es ist überall dort hineingezogen, wo Gott dem Menschen Verzicht, Entsagung geboten hat. Gewiss, es ist furchtbar, wenn uns unser Leben eines Tages scheitert, zerbricht und aus allen Fugen geht, aber es gibt eine Wirklichkeit, die noch viel, viel furchtbarer ist auf der Welt. Und sie gerade entspringt aus der Religion, aus der Sittlichkeit. Nicht vom Glück der Welt entsagen ist das Härteste, vor was uns Gott stellt, sondern dem Guten, ja Gott selbst entsagen müssen, das ist das, woran wir am allerschwersten tragen und was uns zu Boden wirft immer wieder. Dem Guten, Reinen, Göttlichen entsagen müssen – was heißt das? Nur der versteht es, der einmal in seinem Leben ernst machen wollte mit dem Willen Gottes, der Einkehr und Umkehr halten wollte, der einmal zusammenbrach unter der Last des Bösen, die er auf sich geladen hatte, der die Hässlichkeit und Niedertracht seiner Art ganz tief eingesehen hatte, und der dann in Tränen sich zurückwandte und den Weg Gottes gehen wollte; und dann kam die Hoffnung, dass nun alles gut und recht gehen würde, wenn man nur wollte – und dann, ja dann kam der erste Rückfall und wir erschraken bis ins Innerste davor, Herr Gott, es war wirklich das letzte Mal, vergib noch diesmal – und dann ging es weiter und es kam die große Enttäuschung, die größte und entsetzlichste, die wir in unserem Leben erfahren, dass wir nicht gut, nicht rein sein können, dass wir immer wieder absinken hinter dem, was wir uns vornahmen, dass der Augenblick stärker ist als der Vorsatz, und dass wir das Gute nicht erreichen können. Wir liegen auf den Knien vor Gott, mach mich rein, mach mich gut, und schon der nächste Tag bringt die erschütternde Erkenntnis, dass wir untreu werden. – Du meinst, das sei übertrieben – schau nur einmal hinein in den Willen Gottes ganz ernst. Schau Jesus an und dann ebenso fest in dich selbst, und du wirst erschaudern. – Es ist so, das Böse, Sündige, Gemeine ist übermächtig in uns, und wir bleiben in seinem Bann, solange wir leben – und wir würden am Guten, am Heiligen, an uns selbst und an Gott verzweifeln, wenn uns nicht das Wort gegeben wäre: Lass dir an meiner

Gnade genügen, denn meine Kraft ist in den Schwachen mächtig.

Damit ist es also klar, dass uns *die Religion* nicht die Erfüllung dessen gibt, was die Welt versagt, dass die Religion nicht Glückstifterin auf Erden ist. Nein, mit der Religion ist das Unglück, die Unruhe, die Entsagung in der Welt mächtig geworden. Allem, was in der Welt geschieht, tritt gegenüber das Wort von der Gnade. Lass dir an meiner *Gnade* genügen. *Was ist Gnade?* Sie ist etwas Unanschauliches, was wir in unserem Leben nicht unmittelbar zu spüren bekommen, im Gegenteil, sie ist etwas durch und durch Unwahrscheinliches, Unglaubwürdiges nach dem zu urteilen, was wir hier erleben. Sie redet von einem Geschehen jenseits aller Welt und will uns von unserer eigenen Welt hinwegziehen zu jener hin. Ein dunkler Abgrund tut sich auf, und eine Stimme befiehlt, spring hinüber, ich nehme dich auf; ich halte dich fest; ich strecke meine Hand aus, nun wag dein Leben daran, verlass dich auf mich, und auf nichts anderes. Meine Gnade genügt dir; ich bin die Liebe, ich habe dich bei deinem Namen gerufen. Du bist mein.

Ja, wenn nur nicht in der Welt alles so anders aussähe, als ob es einen Gott der Liebe gäbe, wenn Gott nur schon hier meine Wünsche erfüllte, dann wäre es leicht, den Schritt zu wagen; da aber fällt uns Gott ins Wort: Meine Gedanken sind nicht eure Gedanken, meine Wege sind nicht eure Wege … Das heißt was auf der Welt geschieht, das verstehen wir noch nicht, nur eines sollen wir wissen, dass es von Gott geschieht und dass er unser Bestes will und dass er, mag es gehen so oder so, mit seiner Gnade bei uns ist. Wir werden die Gedanken Gottes über uns nicht verstehen, wir werden auch seine Gnade nicht fühlen, nicht tasten, nicht sehen, sondern gerade nur seinen Zorn – weil Gott Gott ist, und weil er es sagt, darum können wir auch dort, wo uns alles versagt wird, an Gottes Gnade glauben. *An Gottes Gnade glauben* – das heißt aber plötzlich sich den Boden unter den Füßen weggezogen fühlen, heißt dort stehen, wo eigentlich kein Mensch stehen kann, heißt etwas grenzenlos widersinniges und grenzenlos mutiges unternehmen, heißt nicht mehr die Welt sehen, sondern Gott, heißt nicht mehr unser Unheil und unsere Schuld sehen, sondern die Überfülle Gottes; heißt, selbst ganz klein werden, und Gott groß werden sehen, heißt den unbegreiflichen Widerspruch ernst nehmen, dass Gott mit der Welt etwas zu tun haben will – trotz allem, heißt erkennen, dass Gott größer ist als alle Not, dass Gott größer ist als unser Herz, das uns verdammt.

Nicht wühlen in unserem Elend, in unserer Schuld, sondern hinauskommen über sich selbst und auf das Kreuz schauen, wo Gott alles Elend und alle Schuld selbst auf sich geladen und getragen hat, und damit über all die, die schwer tragen müssen, seine Liebe ausgegossen hat. Elend und Schuld der Menschen und Gnade und Liebe Gottes – das gehört zusammen. Dort wo viel Elend und viel Schuld ist, da ist erst recht viel Gnade und erst recht viel Liebe Gottes. Das heißt dort, wo der Mensch ganz klein und schwach wird, da hat Gott seine Herrlichkeit offenbart. Nicht bei den Starken, bei den Behüteten, den ‚Gerechten', sondern bei den Elenden und Schuldigen, die zu ihm schreien, ist Gottes Liebe; seine Kraft ist in den Schwachen mächtig; wo ich schwach bin, da bin ich stark. Das heißt gerade weil die Welt uns die Erfüllung unserer Sehnsucht nicht bringt, weil es eine Welt des Entsagens und Verzichtens, eine Welt des Leidens im tiefsten Sinne ist – darum kann ich gewiss sein, dass Gott bei ihr ist. Wo das Herz des Menschen zertrümmert ist, da zieht Gott ein, wo ein Leben an den Felsen der Wirklichkeit zerschmettert, da leuchtet plötzlich das Licht der göttlichen Hilfe. Wenn das Meer in der Nacht am wildesten wütet, da geht die Sonne auf. Dort wo der Mensch groß sein will, da will Gott nicht sein, dort wo der Mensch im Dunkel zu versinken scheint, da richtet Gott das Reich seiner Herrlichkeit und Liebe auf, wie der Täufer Johannes sagte: ‚Ich muss abnehmen, er aber muss wachsen.' Je schwächer die Menschen, desto gewaltiger Gott. Das ist so gewiss, wie dass am Kreuz Christi sich Liebe Gottes und menschliches Unglück treffen, so gewiss, wie dass das Kreuz Christi die Gleichung Religion = Glück zerbrochen hat. Lass dir an meiner Gnade genügen, denn meine Kraft ist in den Schwachen mächtig. Hoffe nicht auf Glück, hoffe nicht auf Erfüllung in dieser Welt. Dort wo die ganze Heillosigkeit der Menschheit, ihre ganze Sehnsucht und ihr ganzes Entsagenmüssen am deutlichsten zu Tage tritt, dort über dem Elend und der Schuld der Großstädte, dort in den Häusern der ‚Zöllner und Sünder', dort über den Anstalten menschlichen Jammers und Elends, dort über den Gräbern unserer Lieben, dort in dem Herzen dessen, dem seine Lebensfreude genommen ist, dort in der Brust dessen, der über seiner Schuld sich nicht wieder aufrichten kann, dort triumphiert das Wort von der göttlichen Gnade, hier unanschaulich, unsichtbar, dort in Herrlichkeit, hier unwahrscheinlich, dort Wirklichkeit, hier als ein Wetterleuchten am Horizont der Zeiten, dort als das blitzende Licht der Ewigkeit.

Wir, die wir in der Welt des Entsagenmüssens leben, und an der Unerfülltheit unserer Sehnsüchte leiden, in Elend oder Schuld, wir sehen nicht mehr uns, wir schauen auf's Kreuz, wo Gott in Liebe uns nahen kann, mag's nun stürmen und wettern, mag der Bau unseres Lebens wanken und zittern, mag die Not des Sterbens ihre Opfer fordern, mag unsere Schuld bis zum Himmel wachsen – wir fassen die Hand unseres Erlösers am Kreuz und rufen über das Tosen der Welt hinaus zu ihm: Ich lasse dich nicht, du segnest mich denn.

Bleibt der Erde treu

Kolosser 3,1-4

19.6.1932, Berlin, 4. Sonntag nach Trinitatis

Seid ihr nun mit Christo auferstanden, so suchet, was droben ist, da Christus ist, sitzend zu der Rechten Gottes. Trachtet nach dem, das droben ist, nicht nach dem, das auf Erden ist. Denn ihr seid gestorben, und euer Leben ist verborgen mit Christo in Gott. Wenn aber Christus, euer Leben, sich offenbaren wird, dann werdet ihr auch offenbar werden mit ihm in der Herrlichkeit.

Liebe Gemeinde, es ist, wie wenn unser ganzes Leben getragen, gehoben und aufgehoben würde in diesen Worten. Man mag gegen dies „Trachtet nach dem, was droben ist" sagen, was immer man will. Man mag die Vermutung hegen, dass denen, die ständig nach oben trachten, der Boden unter den Füßen weichen möchte. „Hebt er sich aufwärts und berührt mit dem Scheitel die Sterne, nirgends haften dann die unsicheren Sohlen, und mit ihm spielen Wolken und Winde." Doch stehe es mit ihm selber, wie immer es wolle: Die menschliche Gesellschaft hegt gegen solche Wolkenwandler den begründeten Verdacht, sie möchten unnütze Esser sein hier auf Erden, anstatt mit brennendem Herzen und tätigem Arm Ordnung und Aufstieg zu wirken; sie träumten von einem besseren Jenseits und würden untüchtig zur großen revolutionären Tat, die jede Generation tun muss, alte Tafeln zu zerschlagen und neue bessere aufzurichten.

Um solcher Sätze willen, „Trachtet nach dem, was droben ist und nicht nach dem, was auf der Erden ist", werden

Christen an die Wand gestellt und erschossen. Um solcher Sätze willen wird das Christentum des Verrates an der Erde bezichtigt. Bleibt der Erde treu, trachtet nach dem, was auf Erden ist. Das ist zahllosen Menschen ein heiliges Anliegen – und wir begreifen ihren Eifer. Wir begreifen ihre Eifersucht, mit der sie Planen und Wirken und Streben der Menschen an diese Erde ketten wollen. Denn wir sind ja an diese Erde gekettet. Sie ist der Ort, wo wir stehen und fallen. Was auf Erden geschieht, davon wird Rechenschaft gefordert. Und wehe uns Christen, wenn wir da zuschanden werden sollten, wenn es von dem Gottlosen [am] Ende aller Enden heißen müsste: Ei du frommer und getreuer Knecht, du bist über Wenigem getreu gewesen; ich will dich über Vieles setzen, gehe ein zu deines Herren Freude; weil er den irdischen Aufgaben, die ihm gestellt, irdisch getreu gewesen wäre, weil er gewuchert hätte mit den Talenten, die ihm anvertraut [waren]. Während es von uns Christen heißen müsste: Und den unnützen Knecht werft in die Finsternis hinaus, weil wir unser Talent verborgen hätten in der Erde – vor lauter Trachten nach dem, was droben ist. Der Russenfilm „Der Weg ins Leben" hat wohl manchen Menschen einen erschütternden Eindruck hinterlassen. Da sah man, wie ganze Banden verwahrloster, verbrecherischer Buben und Burschen von einem überlegenen Führer gesammelt wurden und durch freiwillige und geordnete Arbeit aus Vagabunden zu Menschen gemacht wurden. Und das Erschütternde daran war eben dies: Das Gebäude, darin diese Arbeitsgemeinschaft untergebracht wurde, war eine Klosterkirche. Die Geistlichkeit war vertrieben, Kultus und Gebet hatten ein Ende. Aber nun flutete durch diese Räume eine neue Zeit und ein großes irdisches Ziel: Menschen aus der irdischen Nacht zum irdischen Licht zu führen. Trachtet nach dem, was auf Erden ist!

Daran entscheidet sich heute Gewaltiges, ob wir Christen Kraft genug haben, der Welt zu bezeugen, dass wir keine

Träumer und Wolkenwandler sind. Dass wir nicht die Dinge kommen und gehen lassen, wie sie nun einmal sind. Dass unser Glaube wirklich nicht das Opium ist, das uns zufrieden sein lässt inmitten einer ungerechten Welt. Sondern dass wir, gerade weil wir trachten nach dem, was droben ist, nur umso hartnäckiger und zielbewusster protestieren auf dieser Erde. Protestieren mit Worten und Taten, um um jeden Preis voranzuführen. Muss es denn so sein, dass das Christentum, das einstmals so ungeheuer revolutionär begonnen, nun für alle Zeiten konservativ ist? Dass jede neue Bewegung ohne die Kirche sich Bahn brechen muss, dass die Kirche immer erst zwanzig Jahre hinterher einsieht, was eigentlich geschehen ist? Muss dem wirklich so sein, dann müssen wir uns nicht wundern, wenn auch für unsere Kirche wieder Zeiten kommen werden, wo Märtyrerblut gefordert werden wird. Aber dieses Blut, wenn wir denn wirklich noch den Mut und die Ehre und die Treue haben, es zu vergießen, wird nicht so unschuldig und leuchtend sein wie jenes der ersten Zeugen. Auf unserem Blute läge große eigene Schuld: Die Schuld des unnützen Knechtes, der hinausgeworfen wird in die Finsternis.

Und dennoch, mag die Gefahr noch so ungeheuer sein, die in diesen Worten liegt: „Trachtet nach dem, was droben ist, da Christus sitzet zur Rechten Gottes“ – die Gefahr, dass wir sie missverstehen könnten; die Gefahr, dass wir zu unnützen Knechten würden; die Gefahr, dass Menschen uns des Verrates an der Erde beschuldigen. Wir ahnen ja doch, dass in diesen Worten unser Leben getragen, gehoben und aufgehoben wird, dass in diesen Worten unser Leben erst einen Sinn bekommt, den es ganz und gar nicht hätte, und wenn wir noch so sehr der Erde treu wären, wenn wir noch so tatendurstig und mit dem heiligsten Drang, die Welt zu verbessern, dahinstürmen würden. Es mag Zahlloses geben, das dringlich und nötig ist, aber es gibt nur eines, das not ist; das eben, dass unser ganzes Leben aufgehoben wäre bei

Gott. Und das eben, wofür wir Menschen nicht von ferne auch nur zu bitten wagten, das wird uns einfach zugesprochen: Ihr seid mit Christus auferstanden und euer Leben ist mit Christus verborgen in Gott.

Nicht wahr, es würde uns gelüsten, das alles moderner und schlichter und einfacher zu sagen; so wie es gepredigt wird in manchen Kirchen und wie es geglaubt wird von nur zu vielen Christen: Trachtet nach dem, was droben ist, denn euer Leben ist in Gott geborgen. Das ist doch eigentlich, was wir am Sonntag gerne hören möchten: Die ganze Fülle, den ganzen Reichtum unseres Lebens bringen wir mit in die Kirche. Und hier sollte der Priester seines Amtes walten, sollte segnen und weihen, sollte über den Tiefen und Höhen unserer Tage, über Leid und Freud, über Kummer und Tränen, über Arbeit und Sorgen das eine erlösende Wort sprechen: dass es alles aufgehoben und geborgen sei in Gott, dem Schöpfer der Welt. Da draußen in der Welt, da wird uns freilich anderes gesagt. Da wird uns gesagt, dass wir mit unserer Arbeit und mit unseren Plänen in eine Krise versinken, dass wir mit all unseren Bemühungen doch nur ins Dunkle und Uferlose vordringen. Da wird uns vielleicht gesagt, dass es hoffnungslos sei mit unserem Leben, dass wir in Krankheit und Not und Schuld ersticken müssten. Da dringt vielleicht mitten in ein glückliches Familienleben hinein der verlockende Ruf: Trachtet nach dem, was drunten ist, denn der Mensch kommt vom Tier und muss zum Tiere werden. Und aus dieser ganzen Unheimlichkeit der wirklichen Welt könnten wir uns in die Kirche flüchten wie in eine alte, traute Heimat. Da, da wäre alles hell und licht: Siehe, es ist alles, was ihr plant und tut und leidet, aufgehoben in Gott, dem Schöpfer der Welt. Darum trachtet nach dem, was droben ist.

Ob wir es nicht alle schon gespürt haben, dass die unheimliche Wahrheit der Welt dies kirchliche Gerede einfach verschlingt? Wenn das Tier in uns seine Rechte geltend macht, was nützt uns da das Gerede von der Göttlichkeit des Menschen? Wenn der Ruf in uns lockt: Trachtet nach dem, was drunten ist, was hilft uns da die flehentlichste Mahnung: Trachtet nach dem, was droben ist? Wenn verheerende Dämonien uns überfallen und uns das Steuer entreißen, dass uns zumute ist, als werden unsere Weltgeschicke getrieben vom tobenden Orkan, was tröstet uns da der Gedanke, dass das alles Gottes Wille sei? Und wenn gar der Tod nach uns greift, was soll uns da alle Berufung auf Unsterblichkeit?

Trachtet nach dem, was droben ist, denn unser Leben ist geborgen in Gott, das mag ein schöner frommer erbaulicher Satz sein, aber er hält nicht stand in der Wirklichkeit der Welt. Und diesem Satz, dem muss widersprochen werden von der Welt. Der muss im Verdacht stehen, er verleite uns zum Verrat an der Erde, er lulle uns ein in eine falsche Gottgeborgenheit, er raube uns die Initiative des Kämpfers und lasse uns zur Ruhe kommen mitten in der schreiendsten Ungerechtigkeit der Welt.

Aber dieser Satz steht eben nicht in der Bibel. Der Apostel weiß wohl, was er tut, wenn er ganz unbekümmert um unser Geschrei, es sei zu wenig modern, es sei zu wenig verständlich, es sei nicht schlicht und einfach genug, mit aller Beharrlichkeit daran festhält: Trachtet nach dem, was droben ist, da Christus sitzet zur Rechten Gottes, denn euer Leben ist verborgen mit Christus in Gott. Und wie wir uns eifrig mit allem gesunden Menschenverstand herzudrängen und vielleicht auch mit sehr viel menschlicher Weisheit, um zu ergründen, was denn dies „verborgen mit Christus in Gott“ heißen könnte – da steht wie ein Cherub mit blitzendem Schwert jenes andere Wort mitten im Text: „Ihr seid gestorben“. Das ist das Unheimliche, dass, wo vom lebendigen Gott die Rede ist, immer dies Sterben dazwischen steht; dass, wo vom Leben-Gewinnen die Rede ist, immer dies Leben-Verlieren dazwischen steht. Was soll denn das eigentlich, dies Sterben oder gar dieses Gestorbensein mitten im Leben?

Da wird unserem ganzen Leben gegenüber eine unüberschreitbare Grenze verkündigt, eine Schranke und Grenze, von der wir nicht nur nichts wissen wollen, sondern von der wir unheimlicherweise auch nichts wissen können. Ihr seid gestorben, das heißt nicht etwa nur: Ihr geht alle ausnahmslos dem Tod entgegen, ihr seid mit Schritt und Tritt dem Tod verfallen. Sondern das muss doch wohl heißen: Das, was im Tod das eigentliche Rätsel ist, diesem Rätsel ist schon das Leben verfallen. Jenes letzte tiefste Menschenschicksal, davon unser Sterben so unheimlich Zeugnis gibt, das ist auch das Schicksal unseres Lebens. Es steht eine Macht hinter unserem Leben und unserem Sterben – und diese Macht ist gerade nicht dem Leben zu vergleichen, wie es uns immer wieder zu tun gelüstet, sondern diese Macht ist, wenn man für sie denn schon ein Gleichnis finden soll, dem Tod am ehesten zu vergleichen.

Tod und Leben so auf einer Linie, und zwar auf der Todeslinie zu sehen, das vermöchte man nur, wenn man mit Gottes eigenen Augen zu schauen vermöchte. Denn für uns Menschen sind die Unterschiede zwischen Tod und Leben ungeheuer groß – für Gott fallen sie in eins zusammen. Für Gott ist der Mensch nicht mehr und nicht weniger, nicht ferner und nicht näher, ob er lebt oder stirbt. Aber eben: soll in menschlichen Worten und für menschliches Verständnis darüber geredet werden, wie es denn nun um den Menschen steht, ob er lebt oder stirbt, ob wohl in Gottes Augen auch das menschliche Sterben wie ein Weiterleben ist – dann mahnt uns unser Text mit aller Bestimmtheit, gerade das Gegenteil zu bedenken. Wie, wenn es so wäre, dass in Gottes Augen auch unser Leben wäre wie der Tod? Gerade nicht das triumphierende „Leben“, damit wir Menschen so viel Aufhebens machen, sondern eigentlich und im Grunde genommen ein völlig haltloses, aussichtsloses, hoffnungsloses, gottverlorenes „Sterben"? „Ihr seid gestorben". Die Bibel wagt es noch, jenen ungeheuren Gedanken zu denken, für den wir moderne Menschen viel zu schwächlich sind, dass es nicht das „Nichts" ist, dem wir da ausgeliefert sind, ob wir sterben oder ob wir leben, dass wir nicht einfach frei von aller Verantwortlichkeit ins Leere sinken, sondern dass wir an Gott selber zuschanden werden und zerschellen; an Gott, der uns ja näher ist als unser eigenes Blut, dass Gottes Zorn uns begegnet. „Ihr seid gestorben", das heißt letzten Endes nichts anderes als: Ihr seid verloren, gottverloren, ob ihr sterbt oder lebt. Das ist die unheimliche Grenze, die uns da verkündigt wird. Das ist die Kunde, gegen die wir uns zuinnerst auflehnen. Wir lassen uns gern belehren, wir lassen uns auch über religiöse Dinge belehren, aber es soll dies alles so geschehen, dass wir, die wir reden, und wir, die wir hören, miteinander in den schön geschmückten wohnlich warmen Räumen unseres Lebens auf und nieder schreiten. Wir lassen uns anpredigen, wir lassen uns schelten, lassen uns raten und helfen. Aber an jene Grenze darf uns keiner führen. Da sind wir längst mit uns im Reinen. Jene Grenze, dass wir, ob wir leben oder sterben, gottverlorene Menschen sein könnten – das haben wir längst entlarvt als eine veraltete, irrige Lehre. Wir wissen es ja so viel besser, dass [es] gerade umgekehrt ist, dass wir, ob wir leben oder sterben, gerade geborgen sind in Gott; dass es nur ein Schritt ist von uns hinüber zu Gott, dass Gott gleichsam im Nebenzimmer haust, wie Rilke das gelegentlich angetönt hat.

Weil wir das wissen, dass unser Leben letzten Endes gottgeborgenes, göttliches Leben ist, darum wissen wir auch, was für Ansprüche wir der Kirche gegenüber zu stellen haben. Von unserem sichtbaren Leben soll geredet werden. Es soll durchleuchtet werden bis in seine göttlichen Tiefen, es soll verklärt werden mit göttlicher Weihe und göttlichem Segen.

Aber woher wissen wir denn das alles? Haben die Naturwissenschaften uns zu der Erkenntnis gebracht, dass es nicht so schlimm bestellt sei um den Menschen vor Gott? Oder soll es etwa darum wahr sein, weil Goethe und Hölderlin dieser Ansicht waren?

„Ihr seid gestorben", sagt der Apostel, und er weiß es wohl: Wenn es wirklich wahr ist, dass es mit unserem Leben und Sterben nichts ist vor Gott, dann ist es auch nichts mit unserem Denken. Dann können wir uns tausendmal Gedanken darüber machen, wie viel schöner und schlichter und erbaulicher es wäre, einen Gott zu haben, an dem wir nicht verloren gehen könnten – so würden doch diese tausend Gedanken in die Irre gehen. Wenn es denn wahr ist, dass wir gestorben sind, so müssen wir uns schon dies, dass wir gestorben sind, von Gott selber sagen lassen. Denn ein verlorenes Denken weiß auch nichts von seiner Verlorenheit. Weder Paulus noch wir wüssten etwas von dieser Todeslinie, von dieser Grenze, von dieser Verlorenheit, wenn Gott nicht selbst uns all dies kundtun würde. Gott selbst redet mit uns, Gott selbst kommt zu uns, Gott selbst tut uns unsere Verlorenheit kund. Aber wenn er es tut, dann ist der ja auch schon bei uns, den wir verloren haben; dann ist uns ja auch längst geholfen; da spottet Gott ja dieser unserer ganzen Verlorenheit; da triumphiert Gott über alles, was uns von ihm scheiden könnte. Da hat seine Liebe uns zu sich gezogen und keine Macht der Welt vermag uns aus seiner Hand zu reißen.

Dies unbegreiflich Wunderbare will uns der Apostel sagen. Ihr seid gestorben, das sagt er uns nicht, um uns zu quälen, nicht um uns in Betrübnis zu stürzen, sondern einzig und allein darum, weil er in einem Atemzuge fortfahren kann: „Und euer Leben ist verborgen mit Christus in Gott." Wir sind ja gar nicht allein gelassen in unserer Verlorenheit, sondern da ist einer, der hat die Grenze, die uns vom Schöpfer und vom wahren Leben trennt, überschritten, ist hereingebrochen in unseren Todesbezirk, hat unser Leben und Sterben durchkostet bis in seine tiefste Tiefe und ist doch hindurchgebrochen durch diesen Tod, hindurch zum ewigen Vater, zum ewigen Leben, da er sitzet zur rechten Hand Gottes. Und hat die ganze Welt mit sich hinaufgerissen zum Leben und zum Licht, hat den Tod verschlungen in den Sieg, hat unser ganzes Gefängnis gefangen geführt und uns die Freiheit gebracht, die herrliche Freiheit der Kinder Gottes.

Liebe Freunde, wir wollen nicht den Anschein erwecken, als verstünden wir das alles. Das ist das eine Geschehen, das jenseits der Grenze alles menschlichen und darum auch jenseits der Grenze unseres Verständnisses verläuft. Dass Jesus, der große Weise aus Galiläa, der Christus sein soll, der die ganze Todeslinie des menschlichen Sterbens und Lebens durchbricht und uns im Triumphe hinführt zum Vater – das hat noch kein Mensch begriffen. Da gäbe es tausenderlei Bedenken und Zweifel. Da gäbe es unüberwindbare Schwierigkeiten.

Aber dazu ist Christus nicht in die Welt gekommen, dass wir ihn begriffen, sondern dass wir uns an ihn klammern, dass wir uns einfach von ihm hineinreißen lassen in das ungeheure Geschehen der Auferstehung. Dass wir es uns einfach sagen lassen, in seiner ganzen Unbegreiflichkeit sagen lassen: Ihr seid gestorben – und doch seid ihr auferstanden! Ihr seid im Dunkel – und [doch] seid ihr im Licht. Ihr habt Angst – und doch könnt ihr euch freuen. Haarscharf nebeneinander dies gänzlich Unvereinbare; haarscharf nebeneinander, so wie eben die beiden Welten, unsere Welt und die Welt Gottes, haarscharf nebeneinander sind.

„Ihr seid gestorben und euer Leben ist mit Christus verborgen in Gott.“ Das ist die eine leuchtende Verheißung, die uns gegeben ist. Es mag mit unserem sichtbaren Leben stehen, wie immer es will: Ob es hoch dahinfährt und reiche Ernte einführt an Anerkennung, Ehre und Ruhm; ob es schmählich unten durch muss und zusammenbricht unter der Überlast von Not und Schuld, ob es heldenhaft und edel und groß ist oder kleinlich, töricht und stumpf, ob das Gewissen jubelt in seliger Freude oder hämmert in furchtbarer Anklage: Dies Leben soll von uns Menschen nicht verherrlicht und nicht in den Himmel gehoben werden. Wollten wir dieses tun, wir könnten nur zuschanden werden vor Gott. Aber gerade zuschanden werden müssen wir nicht, stehe es mit unserem sichtbaren Leben, wie immer es wolle; wenn wir es denn preisgeben, vor Gott preisgeben, wenn wir es denn verlieren, um Christi willen verlieren, dieses ganze zugleich so erhebende und trostlose und sichtbare Leben.

Denn dicht neben uns in jener majestätischen Verborgenheit, da Gott ist alles in allem, da der Sohn thront zur Rechten des Vaters – da ist, o Wunder aller Wunder, unser wahres Leben bereitet. Unser Leben ist mit Christus verborgen in Gott. Wir selbst sind schon daheim mitten in unserer Heimatlosigkeit.

Unser sichtbares Leben rinnt dahin als wie ein Traum und oft als wie ein Fluch. Von Dämonien beherrscht, in Krisen verwickelt, von Not und Schuld überhäuft – dies Leben ist ein gestorbenes Leben. Es geht seine nur allzu bekannten dunklen Wege, aber all das ist aufgehoben in Gott. Als das dem Tod verfallene ist es von Gott dem Tod entrissen, als das verlorene ist es von Gott gerettet.

O, Gott hätte wohl die Macht, uns sündige Menschen zu vernichten und neue Menschen zu schaffen. Er hätte wohl die Macht, unser Leben erst einmal auszulöschen und hernach ein völlig neues, erlöstes Leben für uns bereit zu halten. Aber nein, so wie es ist unser Leben, so hebt er es empor in seine majestätische Verborgenheit; so wie es ist, wird es verherrlicht in seiner überschwänglichen Herrlichkeit. Unser sichtbares Leben mit seinen Freuden und Erfolgen, mit seinen Sorgen und seinem Kummer und seinem wehen Ungehorsam: Heilig und unsträflich und vollkommen steht es um Jesu Christi willen in jener verborgenen Gotteswelt vor den Augen des Allmächtigen, jetzt und morgen und in alle Ewigkeit. Und keine Träne rinnt umsonst und kein Seufzen wird überhört, kein Schmerz wird verachtet und kein Jubel ist verloren. Die sichtbare Welt schreitet brutal und herzlos und gewalttätig über all das hinweg. Aber aus Gnade und Barmherzigkeit und großer Güte sammelt Gott unser brennendes, glühendes Leben; verherrlicht er es um Jesu Christi willen; baut er es neu und gut in jener verborgenen Welt, da die Todeslinie, die uns von Gott scheidet, hinweggetan ist. Verborgen ist unser wahres Leben – aber es ist fest gegründet in Ewigkeit. „Wenn aber Christus, euer Leben, sich offenbaren wird, dann werdet ihr auch offenbar werden mit ihm in der Herrlichkeit.“ Amen.

Ohne Freude keine Kirche

1. Petrus 1,7c-9

25.5.1933, Berlin, Himmelfahrt

Wenn nun offenbart wird Jesus Christus, welchen ihr nicht gesehen und doch lieb habt und nun an ihn glaubet, wiewohl ihr ihn nicht sehet, und werdet euch freuen mit unaussprechlicher und herrlicher Freude und das Ende eures Glaubens davonbringen, nämlich der Seelen Seligkeit.

„Jesus meine Freude" – so haben wir gesungen, und so mit aufrichtigem Herzen sprechen zu können, ist der Sinn eines mit Christus geführten Lebens. Wem dieser Klang ganz fremd ist, oder wer in ihm nichts als weichliche Schwärmerei hört, der hat das Evangelium überhaupt noch nicht gehört. Jesus Christus, den Menschen zugute ein Mensch geworden im Stall zu Bethlehem – freue dich, oh Christenheit. Jesus Christus, den Sündern ein Geselle geworden unter Zöllnern und Dirnen – freue dich, oh Christenheit. Jesus Christus, den Gerichteten zugute ein Gerichteter geworden am Kreuz zu Golgatha – freue dich, oh Christenheit. Jesus Christus uns allen zugute zum Leben erstanden – freue dich, oh Christenheit. Jesus Christus – seiner Gemeinde zugute von dieser Erde heimgekehrt in sein himmlisches Reich – freue dich, oh Christenheit. Jesus Christus, von Gott gekommen und zu Gott gehend – das ist nicht eine neue Welt von Problemen, von Fragen und Antworten, d. h. nicht ein neues moralisches Gesetz, d. h. nicht eine neue Last zu den Lasten, die der Mensch schon zu tragen hat, es heißt eigentlich und vor allem Gottesfreude in der Welt, Gottesfreude in der nach Freude hungernden Menschheit angezündet. Tausendfach fragen sie heute: Wo ist der Weg zur Freude? Kirche Christi, du weißt es allein, sag es laut: Christus, meine Freude.

Christi Himmelfahrt steht unter einem doppelten Zeichen. Sie ist der Abschied Jesu von seinen Jüngern, von der Welt, die er liebt. Es war ein langer, schwerer Weg, den sie miteinander gegangen waren. Er hat ihnen viel gesagt – aber nun ist die Stunde da, wo er sie allein lassen muss. Nun müssen sie gehen können, ohne dass sie immer wieder auf ihn sehen. Nun ist das Ende seiner Erdenzeit da. Ein letztes Stück Weg legen sie miteinander zurück – dann ist der letzte Augenblick gekommen, er legt segnend seine Hand auf sie, und dann ist er ihren Blicken entnommen. Sie sind allein. Der Vorhang ist gefallen. Er ist von der argen Welt zu seinem himmlischen Vater eingegangen. Herr, erbarme dich unser. – Freue dich, oh Christenheit, er ist zum Vater heimgekehrt, er bereitet dir die Wohnung, die Heimat in seinem Reich, er wird dich heimholen zu seiner Zeit. Warte nur ... und freue dich. Er wird wiederkommen.

Aber wie kann der Verlassene sich freuen, wie kann der Verwaiste sich trösten, wie kann der, den das Heimweh zerreißt, fröhlich sein? Du verlassene, verwaiste Kirche, du Kirche, die du Heimweh trägst nach Jesus Christus und nach seiner und deiner Himmelfahrt, freue dich, denn du darfst den lieben, den du nicht siehst, du darfst an den glauben, den die Augen nicht fassen können. Und deine Liebe und deinen Glauben kann dir kein Mensch nehmen. Es ist unsere Kirche, die Kirche zwischen Christi Himmelfahrt und seiner Wiederkunft, von der unser Text sagt: welchen ihr nicht gesehen und doch lieb habt und nun an ihn glaubet, wiewohl ihr ihn nicht sehet. Es ist die Kirche, die allein im Warten, allein im Glauben steht, und allein im Glauben ihre Freude hat. Herr, lehre du diese Kirche, die dich nicht sieht, die rechte Christusfreude. Ohne Freude keine Kirche. Von der Christusfreude lasst uns heute reden.

Luther hat einmal ungefähr so gesagt: Da er auf Erden war,

war er uns fern, seit er im Himmel ist, ist er uns nah. Was heißt das? Es heißt, dass er nun nicht mehr der König der Juden, sondern der König aller Welt geworden ist; es heißt, dass er vom Himmel her sein ganzes Reich regiert und seiner ganzen Gemeinde, die über alle Welt unter Juden und Heiden verstreut ist, unsichtbar nah und gegenwärtig ist. Er ist uns nah in seiner Kirche, in seinem Wort, in seinem Sakrament, in der brüderlichen Liebe. Hier tröstet er uns Verlassene, hier stillt er immer neu unser Heimweh, hier macht er uns in unserer Gottesferne, in unserer Öde und Leere, in unserer Weglosigkeit, in unserem Alleinsein seiner Christusnähe froh. Predigtfreude, Sakramentsfreude, Freude am Bruder – das ist die Freude der glaubenden Gemeinde an ihrem unsichtbaren, himmlischen Herrn.

Predigtfreude – wie schwer finden wir heutigen Menschen sie. Das liegt daran, wir hören auf den Prediger und nicht auf Christus. Wir vergällen uns selbst die Freude, weil wir irdische und himmlische Freude verwechseln. Irdische Freude schenkt uns unsere arme evangelische Kirche nur wenig. Sucht sie bei uns nicht. Aber himmlische Freude schenkt Christus durch seine schwache Kirche selbst; und von ihm allein, nicht vom Prediger sollen wir sie uns schenken lassen. In der Predigt will Er uns heimsuchen und unsere himmlische Freude selbst sein.

Predigtfreude – Sakramentsfreude – wieviel mehr ist uns noch die letztere verloren gegangen als die erste. Sakramentsfreude – das klingt katholisch, könnte man meinen. Mag sein, es klingt katholisch, aber hauptsächlich: Es klingt urchristlich. Da ist das Sakrament, das Abendmahl mit dem himmlischen Herrn, die unaussprechliche Freude seiner Gegenwart, da ist das Sakrament das Freudenmahl, zu dem sich in dieser argen Welt eine Gemeinde der erlösten Sünder zusammenschart und um die Wiederkunft ihres himmlischen Königs fleht. Da ist das Sakrament die Gemeinschaft der Brüder, die ihre Freude aneinander haben. Sakramentsfreude – das ist die Freude des verlangenden, sehnsüchtigen, begierigen Herzens an seinem Gott, den es gefunden hat, das ist die Vorfreude der Fremdlinge, der Heimatlosen, in der sie ihre ewige Heimat herbeiflehen. König der Kirche, Freudenmeister ohnegleichen, gib uns großes Verlangen, große Begierde, großes Heimweh nach dir – und dann komm und tröste uns mit deiner Himmelfahrt, mach uns gewiss deiner Verheißung, dass dereinst der Vorhang, der uns trennt, fallen wird. Wir sehen dich nicht, aber wir haben dich lieb, wir schauen dich nicht, aber wir glauben an dich, wir haben viel Kummer und Betrübnis, aber deine Predigt und dein Sakrament freuen uns. Herr, gib deiner Kirche mehr Freude, ohne Predigtfreude, ohne Sakramentsfreude keine Kirche. Ohne Kirche aber ist die ganze Welt freudlos und elend, in Hunger und Durst ohne Ende.

Himmelfahrtsfreude – man muss innerlich sehr still geworden sein, um den leisen Klang dieses Wortes überhaupt zu hören. Freude lebt von der Stille und von der Unbegreiflichkeit. In der Tat, begreiflich ist diese Freude nicht. Aber das Begreifliche macht nie Freude, es ist das Unbegreifliche und doch Wahre, Wirkliche, Lebendige, an dem Freude sich entzündet. Darum ist rechte Freude selbst immer etwas Unbegreifliches, sowohl für die andren als auch für den, der sie empfindet. Freude ist einfach da, Himmelfahrtsfreude ist einfach da, wo in der Kirche von Christi Erhöhung über alle Welt und von seiner Wiederkunft geredet wird, wo er selbst seiner freudig wartenden Gemeinde im Sakrament begegnet. Sie ist da, nicht laut, sondern verhalten, die Welt macht ihr Angst, die Sünde macht ihr Angst – aber sie ist da als die himmlische Freude der Knechte, die des Nachts wachen und Ausschau halten bei brennenden Kerzen, bis ihr lieber Herr heimkommt. Alle Christusfreude in dieser Welt ist ja Vorfreude – und wer wird seine Vorfreude laut verraten? Und doch welche Freude ist stärker als die Vorfreude?

Vorfreude – in welcher Erwartung denn? In der Erwartung der letzten Dinge. Denn der himmlische Herr, der Hunger und Durst seiner verlangenden Gemeinde im Sakrament im Glauben stillt, der Herr, den wir nicht sehen, aber dennoch lieb haben, er wird wiederkommen. Der Vorhang öffnet sich. Wir werden ihn sehen von Angesicht zu Angesicht. Er wird noch einmal auf diese Erde, in der wir Fremdlinge sind, kommen, und er wird die Heimatlosen, die in der Kirche im Glauben auf Gottes neues Land gehofft haben, in die Heimat des himmlischen Vaters führen. „Wenn aber offenbaret wird Jesus Christus, den ihr nicht gesehen und doch lieb habt, dann werdet ihr euch freuen mit unaussprechlicher und herrlicher Freude und das Ende eures Glaubens davontragen, nämlich eurer Seelen Seligkeit." Dann ist die Zeit der wartenden Kirche vorbei, dann ist das Ende der Zeit des Glaubens gekommen; dann ist Freude nicht mehr gehüllt in verhaltene Angst; dann ist die Zeit der Erfüllung, dann ist die Zeit ewigen Schauens, dann ist die Seligkeit angebrochen. Dann wird er hervortreten, der Bruder, der Herr, und seine Kirche wird in heiliger Freude vor ihm niederfallen. „Dann werdet ihr euch freuen mit unaussprechlicher und herrlicher Freude." Dann wird die Welt, dann wird die Kirche zerfallen, und Jesus selbst unsere Freude sein. Wir haben hier keine bleibende Stadt, sondern die zukünftige suchen wir. Himmelfahrt Christi – der Vorhang fällt, die Kirche des Glaubens wartet, das Sakrament ist ihre Freude – Wiederkunft Christi – der Himmel tut sich auf. Die Heimat ist da, der Durst ist gestillt – die Gemeinde der Seligen schaut das unbegreifliche Geheimnis – Jesus Christus, Gott selbst ist ihre Freude. Noch sind wir Fremdlinge, zwischen Himmelfahrt und Wiederkunft auf der Wanderschaft in langem, bangem Warten – aber die Erlösten des Herrn werden kommen mit Jauchzen, und ewige Freude wird über ihrem Haupte sein. Freue dich, oh Christenheit. Amen.

Durch Gehorsam frei!

Jakobus 1,21-25

17.7.1926, bestimmt für einen Jugendgottesdienst

Darum so leget ab alle Unsauberkeit und alle Bosheit und nehmet das Wort an mit Sanftmut, das in euch gepflanzt ist, welches kann eure Seelen selig machen. Seid aber Täter des Worts und nicht Hörer allein, wodurch ihr euch selbst betrügt. Denn so jemand ist ein Hörer des Worts und nicht ein Täter, der ist gleich einem Mann, der sein leiblich Angesicht im Spiegel beschaut. Denn nachdem er sich beschaut hat, geht er davon und vergißt von Stund an, wie er gestaltet war. Wer aber durchschaut in das vollkommene Gesetz der Freiheit und darin beharrt und ist nicht ein vergeßlicher Hörer, sondern ein Täter, der wird selig sein in seiner Tat.

Es ist keine klassische Zeit der Weltgeschichte, in der wir leben, aber es ist noch viel weniger eine Zeit, über die man in einem späteren Jahrhundert zur Tagesordnung übergehen können wird. Eine Zeit, die den Tod so nah und so furchtbar sah, die Krieg, Not, Hunger, Teuerung so an sich erfuhr wie unsre, hat zu viel Narben, um ein klassisches Aussehen, erst recht aber um ein gleichgültiges Antlitz zu haben. Die Not hat ihr allzu deutlich ihre Furchen auf die Stirn gedrückt. Wo schaust du aber das Antlitz, das eine Zeit trägt, am unverkennbarsten? Du schaust es an der Jugend! Eine Jugend, die den Tod und den Hunger und einen verlorenen Krieg sah, trägt andre Züge als die Jugend des Schäferidylls und des Krieg*spielens*. Warum sollen wir's nicht ruhig sagen? Wir wissen ja alle drum. Gott bewahre uns, uns darauf etwas zugute zu tun. Wahrhaftig, wir wären kindischer als je eine Jugend war!

Ja, die Jugend heute trägt andre Züge. Aber sind es wirklich nur die Züge der Not? Gottlob nein! Aber es sind immer die Züge unerbittlichen Ernstes, aber nicht eines Ernstes, der resignierte, sondern eines Ernstes, der sucht, der weiß, dass er suchen muss, wenn nicht alles vorbei sein soll. Ich weiß, wir alle wollen uns nicht füttern lassen von unsern Eltern, wir wollen uns unsre Nahrung selbst suchen. Wir wollen nicht nur die Luft des elterlichen Hauses atmen. Wir wollen uns einen Ort suchen, wo der Wind freier bläst. Wir wollen, wir suchen, wir hoffen, wir ersehnen, wir kämpfen – immer wir, wir! Immer voller Tatendrang! Mitten in diesem Treiben und Drängen regt sich die Frage nach Gott mit furchtbarem Ernst, die Frage nach der Wirklichkeit des Heiligen; mitten in der Zeit der sogenannten Autoritätslosigkeit redet man wieder von einer Autorität, die wert ist, eine solche zu heißen; mitten in den Tagen der Sitten- und Zuchtlosigkeit hört man das Wort vom Gericht und von der Gnade laut rufen. Man fragt, man versucht, man philosophiert, man erschleicht sich Wege zum Verkehr mit einer andern Welt, aber man schläft nicht, man ist wirklich wach, freilich nicht nüchtern. Unter dem Stimmengewirr hören wir eine Stimme, der wir heute einmal lauschen wollen. Sie schreit nicht auf dem Markt, sie ist nicht sensationell, aber sie ist wach und sie ist nüchtern. „So leget ab alle Unsauberkeit … nehmet das Wort an mit Sanftmut, das in euch gepflanzt ist, welches kann eure Seelen selig machen."

„Ein Weg unter vielen", wollen wir vielleicht sagen, „noch dazu ein höchst altmodischer und nicht recht klarer". Ja, ein Weg und doch der einzige. Denn es ist keiner der menschlichen Wege, die nun einmal keine Wege sind. Es ist der Weg von Gott zum Menschen. Hört doch recht hin! Das Wort, das es zu ergreifen gilt, ist doch *Gottes* Wort. Ja, aber wie sollen wir Menschen denn Gottes erhabenes Wort fassen? Ist es *Gottes* Wort, so ist es viel zu groß und gewaltig für den Menschen! Ja gewiss, es ist Gottes Wort. Aber Gott hat es uns ja schon längst eingepflanzt. Wir haben's vielleicht nur noch nicht gemerkt. Mitten in all unsrer Schmutzigkeit hat Gott sein heiliges Wort gepflanzt, ganz leis, vielen ganz unsichtbar wohnt's da drinnen. Gott ist ja schon bei uns, ja Gott ist ja schon *in* uns. Glaubt's doch nur, nehmt's doch nur an! In unsern argen Herzen hat Gott seine Wohnung aufgeschlagen, da hat Gott sein Wort hineingesenkt, das Wort, das eure Seelen kann selig machen! In der Taufe hat er's euch versprochen. Und Gott ist getreu. Vielleicht haben wir es schon manchmal gespürt in Anklage oder Gnadenverheißung und haben uns nicht drum gekümmert. Wir haben's hochmütig und eingebildet davongestoßen und haben große Worte in den Mund genommen, etwas von Philosophie und Nietzsche und vom Größersein als seine Sünde gemurmelt und unsre weisen Köpfe furchtbar hoch getragen. Ach, wisst ihr, wenn's nicht so traurig wäre, dann wäre es zum Lachen, und ich kann's mir nicht anders denken, als dass unser himmlischer Vater auch das Lächeln kennt über den menschlichen Hochmut, oh weh, sonst wär's schlimm!

Nehmt das Wort an, mit Sanftmut, das in euch gepflanzt ist. Glaubt's nur, dass Gottes Wort schon da ist, euch richtet und begnadigt und seid demütig, indem ihr euch ihm unterordnet. Nehmt es ernst, wenn's im Gewissen ruft: Du hast dich versündigt. Und dann glaubt's doch, dass Gott bei euch wohnen will und immer schon wohnt. Nehmt's ernst, denn es ist Gottes Wort. Hier geht es um Gottes Treue. Und da sagt man Ja oder Nein; ich glaube oder ich glaube *nicht*, hier nimmt man an mit Sanftmut im Vertrauen auf *Gottes* Wort und Weg, oder man verweigert mit Hochmut im Vertrauen auf eigene Wege. Das einfache Ja Sagen, das gehorsame Hinhören, das ist Glaube, Hören und Annehmen des Worts, wie es Jakobus meint.

Was heißt es aber, dass Gott spricht und dass wir es *hören?* Wenn Gott, der die absolute Heiligkeit, das absolute Soll ist, spricht, so ist sein Wort immer der Anspruch, dem absoluten Soll zu genügen. Es ist Forderung der Heiligkeit: Ihr sollt heilig sein, wie ich auch heilig bin. Und mit dieser Forderung trifft er uns im Gewissen. Er erschüttert uns. Er macht uns zittern vor seiner Heiligkeit. Was soll es da, wenn wir vom Hören dieses Wortes reden? Ja, gewiss, wir hören es, wir glauben ihm ganz und gar, wir wissen, mit wem wir es zu tun haben und doch, ist das genug? Auch die Teufel glauben und – zittern. Wenn Gott von mir etwas verlangt, soll ich da wirklich nur sagen: „Ich habe es gehört“, und damit genug? Nein, das geht ja gar nicht, wenn ich weiß, dass *Gott* es gesagt hat, dann gibt es nur eine Antwort: Gehorsam. *Beuget* euch unter die allmächtige Hand Gottes. Ein Glaube, der hört, aber nicht gehorcht, ist ganz gewiss kein Glaube!

Ja, wirklich Gehorsam, wir können uns da nichts abschwatzen lassen. Gehorsam – ein Wort, das wir heute nicht sehr gern hören, dessen Sinn wir nicht mehr recht verstehen wollen, ein Wort, das wir seit Nietzsche mit Verachtung aus der Moral und erst recht aus der Religion hinausstoßen. Moral ist freie Selbstbestimmung der Person. Was soll da der Gehorsam? Religion ist irgendwie gefühlsmäßige Verschmelzung mit der Gottheit, vielleicht ihre theoretische Erkenntnis. Aber was soll der Gehorsam, wo ich selbst zum Gott werde? So denken viele aus unserm Kreise. Der Sklave gehorcht, der selbst denkende Mann ist frei. Aber ich will euch etwas anderes sagen: Religion ist Unterwerfung vor der deutlich erkannten Autorität, schlechthinnige Unterwerfung, Moral ist der Versuch, dieser Autorität zu gehorchen, ist die Demonstration, die wir der Autorität zu Ehren in unsrer Welt machen. Denkt doch nach, Gehorsam ist immer dort, wo Autorität ist. Nun ist es aber einfach undenkbar, dass ein ernsthafter Mensch in nichts eine Autorität verwirklicht sieht! Und sei es schließlich sein Verstand, der alle Autoritäten absetzte, ihm muss er wenigstens als Autorität gehorsam sein.

Aber nun sind alle für uns denkbaren Autoritäten ja nur leichte Abbilder, Schatten der einen Autorität, die wirklich verdient so zu heißen, ohne die es auch keine irdische Autorität gäbe. Grund und Sinn aller Autoritäten dieser Erde, die wir, erkennen wir sie nicht von jener Einen als bedingt, zu unsern Götzen machen, Staat, Kirche, Ratio und Genie: Ist sie für uns nicht anschaubar als dort, wo sie sich selbst uns offenbarte in ihrer unbedingten Überweltlichkeit? Gott offenbart sich in seinem heiligen Wort. Der Weg von Gott zum Menschen ist Jesus Christus. Alle menschlichen Wegtafeln, welche Aufschriften sie auch tragen: zu Gott, zum Mysterium, zur Geisterwelt, zur Seele, zum Übermenschen, erhalten durch jenen Weg von Gott her ein deutliches Fragezeichen. „Nehmt an das Wort mit Sanftmut, das in euch gepflanzt ist. Seid aber Täter des Wortes und nicht Hörer allein, dadurch ihr euch selbst betrüget." Also: Die Autorität Gottes verlangt Gehorsam. Sein Wort tritt mit diesem Anspruch an uns heran. Das haben wir nun eingesehen. Sollen wir uns dessen schämen?

Kommt's denn gar nicht darauf an, in wessen Gehorsam wir stehen? Gibt es denn nicht einen rechten Stolz, im Gehorsam eines Gewaltigen zu sein? Aber gleichviel, ob bequem, ob nicht, wir sind doch nicht zum Spaß auf der Welt. Nehmt es doch nur einen Augenblick für wahr und wirklich, dass es einen Gott, einen heiligen Anspruch und einen heiligen Weg von Gott zum Menschen gibt, Jesus Christus, und dann versucht noch einmal, den Mund aufzutun und vom Übermenschen und vom ‚größer als seine Sünde sein' zu reden oder seichtes Epikuräertum zu predigen, ich sage euch, das Wort bleibt euch bei *dem* Gedanken im aufgerissenen Munde stecken. Und nur ein Wort bleibt: Auf zum Dienst, zum Gehorsam! Wir alle kennen Menschen, die meinen das nicht. Sie kommen oft zur Kirche, Gottes Wort zu ‚hören', wie sie sagen. Die lassen sich auch, wie mir neulich jemand sagte, ganz gern ein bisschen in der Predigt auszanken. Die haben ihre Freude an den ‚wundervollen' Paradoxien des Evangeliums. Die haben einen gewissen Stolz, sich wenigstens einmal wieder ehrlich gegenüber gewesen zu sein und manche Schlechtigkeit an sich entdeckt zu haben; und denken, mit dem „Erkenne dich selbst" genug getan zu haben. Dann gehen sie nach Haus und haben für eine Weile genug davon. Und sie sind nicht anders als jemand, der sich im Spiegel einen Augenblick betrachtet und sieht, dass vieles nicht so ist, wie es sein sollte. Aber kaum hat er sich weggewandt, so ist ihm das Bild entfallen und alle Unordnung bleibt. Flüchtig wie der Blick ist bei jenem der Wille zum Ernstmachen. Und diese Menschen betrügen sich ja selbst. Sie machen sich vor, mit dem bloßen Hinhören schon genug getan zu haben und daran, dass sie das glauben, sehen wir schon, dass sie nicht einmal richtig gehört haben. Denn wie kann einer, der Gott hat sprechen hören, glauben, mit dem Hören sei's genug? Gottes Wort drängt zur Tat im Gehorsam. Es ist ein lebendiges und mächtig schaffendes Ding, das man nicht in sich aufnimmt, wie wenn es gar nichts wäre. Als Gottes Wort Fleisch ward, da „schauten wir seine Herrlichkeit". Gewiss, wir schauten und hörten. Aber als Gottes Wort Fleisch ward, da ward Gottes heiliger Anspruch Fleisch und wir mussten gehorchen!

„Seid *Täter* des Worts!" Wer nicht, ist gleich dem Mann, der sein Haus auf Sand baute, und bald war es vom Winde abgerissen. Seid *Täter* des Worts! Eigentlich brauchte man es gar nicht zu sagen, so selbstverständlich ist's für den, der wirklich *Gott* gehört hat; wie dass der gute Baum gute Früchte bringt. Seid Täter des *Worts!* Also keine selbsterfundenen Gesetze und Moralen, die euch noch so bedeutend erscheinen, Täter des Worts! Steht in Gottes Gehorsam und sonst in niemands. Wenn ihr aber im Gehorsam an Gott gebunden seid, so seid ihr recht frei geworden. Frei allem gegenüber, wovon man frei sein soll; frei von Menschen und Mächten, denn ihr seid gebunden in Gott – frei von Gott aber heißt gott-los! Denkt daran! Sind wir im Gehorsam Gottes, so haben wir ein Gesetz der Freiheit; ein Gesetz, das uns frei macht von allem, was uns Zwang ist; ein Gesetz, das wir selbst aus freiem Gehorsam erfüllen. Aber noch einmal: Wie kommen wir zu diesem Gehorsam? Ist er uns etwa angeboren? O nein, das gewiss nicht. Fliehen möchten wir zuerst, wenn Gott uns ruft, wie Adam uns verstecken. Es wird uns angst und bang bei dem Gedanken, wir sollen's mit Gott zu tun kriegen. Schrecklich ist es, in die Hände des lebendigen Gottes zu fallen. Nein, von uns kommt dieser Gehorsam sicher nicht. Aber indem wir das Wort Gottes recht hören, werden wir gehorsam. Das Wort vom Anspruch und vom Geschenk Gottes, von der heiligen Liebe, dies Wort lockt in uns den Willen hervor. Gott *hat* geliebt – sollten wir hassen? Gott ist schon da – sollen wir ihn abweisen? Das Wort ist eingepflanzt – sollen wir's nicht annehmen und Täter des Wortes werden?

Auf Worte und Gedanken sind wir gestoßen, die uns allen höchst unangenehm und unbequem sind: Autorität, Gehorsam, Gesetz. Und da wollen wir noch von Freiheit reden? Ja. Freiheit ist immer da, wo der Wille Ja sagt zu Gott, aber wirklich zu *Gott*, nicht zu einem Götzen. Dadurch wird der Mensch unfrei, denn er bindet sich an Irdisches. Aber bindet er sich wirklich an Gott, so wird er recht frei vom Irdischen, durch Gehorsam – frei! Beharrt er im Gehorsam, so wird er selig sein in seinem Tun. Gott wird bei ihm sein und wird die Gewissheit seiner Gottgebundenheit haben in allem, was er tut. Aber unser Brief sagt kein Wort davon, dass alles, was ein Christ tut, nun rein und vortrefflich sein wird. Eine Warnung ist nötig! Kein Heiligkeitsdusel. Unser Tun bleibt sündig, bleibt Demonstration und Hinweis. Tägliche Buße ist unsre Arbeit, grade weil wir im Gehorsam Gottes stehen. Buße ist das Erste und Letzte dessen, der Täter des Worts geworden ist. Tut Buße, *denn* das Himmelreich ist nahe gekommen! Der von Gott Angerufene, in seinen Gehorsam Gezwungene, grade er weiß, was tägliche Buße ist. Nimm mein gehorsames Tun als mein Opfer hin, als sonst gar nichts. „Herr, wir sind unnütze Knechte, wir haben getan, was wir zu tun schuldig waren.“ Aber weil das Tun gehorsames Tun ist, spricht Gott nicht Gericht, sondern Gnade.

Nun wissen wir, dass das Wort „seid Täter“ nicht heißt: „Verschafft euch Lorbeeren, auf denen ihr bei Gott ruhen könnt.“ Sondern: Zeigt, dass euer Glaube zu Gott wirklich ein Glaube zu *Gott* ist, dass er Unterwerfung unter die Autorität ist; zeigt, dass ihr gehorsam seid; „schafft, aber nicht zu eurer, sondern zu Gottes Ehre.“ „Schaffet, dass ihr selig werdet, mit Furcht und Zittern.“ Gottes Anspruch und Liebe ist euch zuvorgekommen. Nehmt sein Wort an, hört's und tut's!

Wollen wir wirklich noch fragen, was es zu tun gibt? Müssen wir wirklich noch reden von dem Ablegen von Unsauberkeit und Schlechtigkeit? Von der Liebe, die sich selbst vergisst? Von der Demut, die sich selbst nicht sieht?! Sollen wir dem Baum vorschreiben, welche Frucht er tragen soll, dem Weizenkorn, welche Ähre, der Lilie, welche Blüte?! Tu, was dir vor die Hand kommt. Adam, wo bist du? Adam, versteck dich nicht. Der Herr sieht auch hinter die Schanzen. Tritt heraus, Mensch, aus dem Unterstand! Dorthin, wo freie Luft weht, wo die Kugeln pfeifen. Dort, Bruder, bist du rückenfrei. Dort heißt's: Entscheide dich, handle! Glaube und sei gehorsam!

Warten können

Offenbarung 3,20

2.12.1928, Barcelona, 1. Advent

Siehe, ich stehe vor der Tür und klopfe an.

Advent feiern heißt warten können; Warten ist eine Kunst, die unsere ungeduldige Zeit vergessen hat. Sie will die reife Frucht brechen, wenn sie kaum den Sprössling setzte; aber die gierigen Augen werden nur allzu oft betrogen, indem die scheinbar so köstliche Frucht von innen noch grün ist, und respektlose Hände werfen undankbar beiseite, was ihnen so Enttäuschung brachte. Wer nicht die herbe Seligkeit des Wartens, das heißt des Entbehrens in Hoffnung, kennt, der wird nie den ganzen Segen der Erfüllung erfahren. Wer nicht weiß, wie es einem zumute ist, der bange ringt mit den tiefsten Fragen des Lebens, seines Lebens, und wartend, sehnend ausschaut, bis sich die Wahrheit ihm entschleiert, der kann sich nichts von der Herrlichkeit dieses Augenblicks, in dem die Klarheit aufleuchtet, träumen, und wer nicht um die Freundschaft, um die Liebe eines anderen werben will, wartend seine Seele aufschließt der Seele des anderen, bis sie kommt, bis sie Einzug hält, dem bleibt der tiefste Segen eines Lebens zweier Seelen ineinander für ewig verborgen. Auf die größten, tiefsten, zartesten Dinge in der Welt müssen wir warten, da geht's nicht im Sturm, sondern nach den göttlichen Gesetzen des Keimens und Wachsens und Werdens.

Freilich warten kann nicht jeder: nicht der Gesättigte, Zufriedene, und nicht der Respektlose. Warten können nur Menschen, die eine Unruhe mit sich herumtragen, und Menschen, die zu dem Größten in der Welt in Ehrfurcht aufblicken. So könnte Advent nur der feiern, dessen Seele ihm keine Ruhe lässt, der sich arm und unvollkommen weiß und der etwas ahnt von der Größe dessen, was da kommen soll, vor dem es nur gilt, sich in demütiger Scheu zu beugen, wartend bis er sich uns neigt – der Heilige selbst, Gott im Kind in der Krippe. Gott kommt, der Herr Jesus kommt, Weihnachten kommt, freu dich o Christenheit! So klingt's heute zum ersten Mal wieder zu uns herüber. Schon wollen wir in der Ferne hören, den Engelsgesang von Ehre Gottes und dem Frieden auf Erden, aber noch ist's nicht so weit, noch heißt's lerne warten, und warte recht. Mach die Wartezeit zu einer seligen Zeit des Vorbereitens.

Wenn der Advent wieder kommt, und wir die alten Weihnachtslieder wieder singen und hören, da beschleicht uns heimlich ein sonderbares Gefühl, da werden die härtesten Herzen weich, da spüren wir etwas, wie wir's als Kinder kannten, wenn wir fort waren von der Mutter; etwas wie Heimweh nach vergangenen Zeiten, fernen Orten, und doch so ein seliges Heimweh ohne Härte, ohne Verbissenheit, und es sehnt sich in uns etwas hinaus, weiter als in vergangene Jahre, als ins Elternhaus, ja nach der Heimat jenseits der Wolken, hin zu einem ewigen Vaterhaus. Es legt sich etwas auf uns von dem Fluch der Heimatlosigkeit, der auf der Welt lastet, des ewigen Wandernmüssens ohne Ziel und Ende. Um uns sehen wir winterliches Sterben und Erkalten, und in uns sehen wir etwas, das uns unheimlich aus tausend furchtbaren Augen ansieht, das Böse, das uns immer wieder in die Welt hineinbannt, über das wir nicht hinaus kommen mit der größten Anstrengung. Die beiden wirklichsten Wirklichkeiten, von denen wir an den beiden letzten Sonntagen des alten Kirchenjahres gesprochen haben, sie legen sich nun zu Beginn des neuen noch einmal zentnerschwer auf die Seele: Das Böse und der Tod, wer schafft hier Hilfe? Wer schafft hier Erlösung?

Der soll unser Herr sein, der uns erlöst vom Bösen und vom Tod; und es entringt sich der Brust der Seufzer: Komm du, Gott selbst, Herr Jesus Christus, komm hinein in unsere Welt, in unsere Heimatlosigkeit, in unsere Sünde, in unseren Tod, du selbst komm und teile mit uns, sei Mensch wie wir und überwinde für uns. Komm mitten in mein Böses hinein, in meine tägliche Untreue, nimm teil an meiner Sünde, die ich hasse und doch nicht lasse, sei mein Bruder, du heiliger Gott, werde mein Bruder – im Reich des Bösen und Leidens und Sterbens. Komm mit in mein Sterben, in mein Leiden und Kämpfen; und mach du mich heilig und rein trotz des Bösen, trotz des Todes. Und es antwortet uns am heutigen Tage seine leise Stimme: Siehe, ich stehe vor der Tür und klopfe an! Und durchfährt uns nicht ein Beben bei diesem Wort: Der Geist, den wir riefen, der Geist der Welterlösung, er ist nicht weit, er ist vor der Tür und klopft an, ist längst da, wartet nur, bis ihm aufgetan wird. Der Herr kommt, Gott kommt, kommt zu uns. Freilich eine leise Stimme ist's, die da spricht und wenige hören sie. Da lärmen die Marktschreier und Anpreiser ihrer faulen Ware zu laut, jeder will zuerst durch die Tür, in Hast und Ungeduld. Und weh dem, der da nicht Acht gibt auf diese Pforte, dass ihm nicht allerlei geputztes Gesindel das Haus füllt. Und unter all dem, was sich uns aufdrängt, steht in Geduld der königliche Wanderer, unerkannt und still. Ganz leise pocht er an. Hörst du es wohl. Du meinst, er pocht an deiner Tür nicht an? O, so lass erst einmal all die lauten Stimmen schweigen, und höre scharf hin, ob er nicht doch auch an deiner Herzenstür anklopft, er, der dein Herz zu seinem eigenen macht, der bei dir ein stiller Gast werden will. Jesus klopft an bei dir und bei mir. Es gilt nur die Ohren aufzutun und einmal in sich hinein zu hören. Jesus kommt gewiss. Kommt auch in diesem Jahr, kommt auch zu uns.

Wenn die alte Christenheit vom Wiederkommen des Herrn Jesus redete, so dachte sie zunächst immer an einen großen Gerichtstag. Und so unweihnachtlich uns dieser Gedanke erscheinen mag, er ist urchristlich und überaus ernst zu nehmen. Wenn wir Jesus bei uns anklopfen hören, so schlägt uns zunächst das Gewissen: Sind wir denn recht bereitet? Ist unser Herz imstande zur Wohnung zu werden? So wird uns die Adventszeit zur Zeit der Einkehr. ‚Mit Ernst o Menschenkinder, das Herz in Euch bestellt!', wie das alte Lied singt. Es ist sehr merkwürdig, dass wir dem Gedanken, dass Gott selbst kommt, so ruhig gegenüberstehen, während früher Völker gezittert haben vor dem Tag Gottes, während die Welt in Beben geriet, als Jesus Christus über die Erde ging; es ist darum so merkwürdig, als wir Gottes Spuren auf der Welt so oft zusammen mit den Spuren menschlicher Leiden, des Kreuzes auf Golgatha sehen. Wir haben uns an den Gedanken der göttlichen Liebe und des weihnachtlichen Kommens so gewöhnt, dass wir nicht mehr den Schauer spüren, den Gottes Kommen in uns wachrufen sollte; wir sind abgestumpft gegen die Botschaft, nehmen nur das Willkommene, Angenehme davon auf und vergessen den gewaltigen Ernst dessen, dass der Weltengott sich den Menschen auf unserer kleinen Erde nähert und nun uns beansprucht. Das Kommen Gottes ist wahrhaftig nicht nur Freudenbotschaft, sondern zunächst eine Schreckensnachricht für jeden, der ein Gewissen hat.

Und erst, wenn wir den Schrecken der Sache empfunden haben, können wir die unvergleichliche Wohltat erkennen. Gott kommt, mitten hinein in das Böse, in den Tod und richtet das Böse in uns und in der Welt. Und indem er es richtet, liebt er uns, reinigt er uns, heiligt er uns, kommt er zu uns mit seiner Gnade und Liebe. Er macht uns froh, wie nur Kinder froh sein können; er ist, will nun immer bei uns sein, wo wir auch sein mögen, in unserer Sünde, in unserem Leid und Tod. Wir sind nicht mehr allein, Gott ist bei uns, wir sind nicht mehr heimatlos, ein Stück der ewigen Heimat ist in uns selbst eingezogen. Darum können wir Erwachsenen uns unterm Weihnachtsbaum so tief im Herzen freuen, vielleicht viel mehr als die Kinder es können; wir ahnen, dass Gottes Güte uns wieder einmal nahe kommt, denken an all das, was uns im letzten Jahr an Gottes Güte in den Weg trat, und spüren etwas von der wundersamen Heimat, von der der wundersame Baum redet. Jesus kommt in Gericht und Gnade. Siehe, ich stehe vor der Tür ... Machet die Tore weit.

Christus steht vor der Tür und klopft an. Du willst ihn suchen, würdest vielleicht alles darum geben ihn einmal bei dir, ganz wirklich bei dir zu haben, nicht nur so im Inneren, sondern körperlich-wirklich. Aber freilich, wie soll das möglich werden? Jesus kannte den Menschen und seine Schausucht, seinen Wunsch nach dem Greifbaren, und so hat er in einem grandiosen Gleichnis davon erzählt, wie er von Tag zu Tag in aller Wirklichkeit noch auf der Erde wandert, wie wir ihn bei uns haben können, wenn wir wirklich ihn, nicht irgendein Bild unserer Phantasie haben wollen. Einst im Jüngsten Gericht wird er die Böcke und Schafe scheiden und wird zu denen zu seiner Rechten sprechen: Kommt, ihr Gesegneten ..., ich bin hungrig gewesen ... Auf die erstaunte Frage ... ‚Was ihr einem dieser Geringsten getan habt ... ‘. Damit sind wir vor die erschreckende Wirklichkeit gestellt; Jesus steht vor der Tür und klopft an, ganz in Wirklichkeit, er bittet dich in Gestalt des Bettlers, des verkommenen Menschenkindes in den verlumpten Kleidern um Hilfe, er tritt dir gegenüber in jedem Menschen, der dir begegnet. Christus wandelt auf der Erde, solange es Menschen gibt, als dein Nächster, als der, durch den Gott dich anruft, anspricht, Ansprüche stellt. Das ist der größte Ernst und die größte Seligkeit der Adventsbotschaft. Christus steht vor der Tür, er lebt in Gestalt des Menschen unter uns, willst du ihm die Tür verschließen oder öffnen?

Sonderbar mag es uns vorkommen, in so nahem Antlitz

Christus zu sehen, aber er hat's gesagt, wer sich diesem Wirklichkeitsernst der Adventsbotschaft entzieht, kann auch vom Kommen Christi in sein Herz nicht reden. Wer nicht aus dem Kommen Christi lernt, dass wir alle Brüder sind durch Christus, durch Gott, der hat vom Sinn des Kommens nichts verstanden.

Christus klopft an, noch ist nicht Weihnachten, aber noch ist's auch nicht der große letzte Advent, das letzte Kommen Christi, und durch alle Advente unseres Lebens, die wir feiern, geht die Sehnsucht nach dem letzten Advent, wo es heißt: Siehe ich mache alles neu. Adventszeit ist Wartezeit, unser ganzes Leben aber ist Advents – das heißt Wartezeit auf's letzte, auf die Zeit, da ein neuer Himmel und eine neue Erde sein wird, da die Menschen alle Brüder sind und man's jubelt, die Worte der Engel: Friede auf Erden und den Menschen ein Wohlgefallen. Lernt warten; denn er hat's versprochen zu kommen: Siehe ich stehe vor der Tür ... Wir aber rufen ihn: Ja, komme bald, Herr Jesus, Amen.

Wer und was ist Babylon?

Offenbarung 14,6-13

24.11.1935, Finkenwalde, Totensonntag

[Und ich sah einen Engel fliegen mitten durch den Himmel, der hatte ein ewiges Evangelium zu verkündigen denen, die auf Erden wohnen, und allen Heiden und Geschlechtern und Sprachen und Völkern, und sprach mit großer Stimme: Fürchtet Gott und gebet ihm die Ehre; denn die Zeit seines Gerichts ist gekommen! Und betet an den, der gemacht hat Himmel und Erde und Meer und die Wasserbrunnen. Und ein anderer Engel folgte nach, der sprach: Sie ist gefallen, sie ist gefallen, Babylon, die große Stadt; denn sie hat mit dem Wein ihrer Hurerei getränkt alle Heiden. Und der dritte Engel folgte diesem nach und sprach mit großer Stimme: So jemand das Tier anbetet und sein Bild und nimmt das Malzeichen an seine Stirn oder an seine Hand, der wird von dem Wein des Zorns Gottes trinken, der lauter eingeschenkt ist in seines Zornes Kelch, und wird gequält werden mit Feuer und Schwefel vor den heiligen Engeln und vor dem Lamm; und der Rauch ihrer Qual wird aufsteigen von Ewigkeit zu Ewigkeit; und sie haben keine Ruhe Tag und Nacht, die das Tier haben angebetet und sein Bild, und so jemand hat das Malzeichen seines Namens angenommen. Hier ist Geduld der Heiligen; hier sind, die da halten die Gebote Gottes und den Glauben an Jesum. Und ich hörte eine Stimme vom Himmel zu mir sagen: Schreibe: Selig sind die Toten, die in dem Herrn sterben von nun an. Ja, der Geist spricht, daß sie ruhen von ihrer Arbeit; denn ihre Werke folgen ihnen nach.]

„Und ich sah" – der Vorhang zerreißt und Johannes bekommt zu sehen, worüber für unser Auge ein dichter Schleier liegt – die Welt nach dem Tode. Soviel ist sogleich klar: Diese Welt ist alles andre als tot, sie ist in höchstem Maße lebendig, voller Handlung, voller Gesichte, voller Worte, voller Qual und voller Seligkeit – die Welt nach dem Tode ist Leben in höchstem Maße. Nicht ein Nichts, ein Verlöschen erwartet uns, wenn wir die Augen zu tun, sondern einem ungeahnten Geschehen gehen wir entgegen. Keiner tröste sich mit dem falschen Trost: Es ist doch bald alles aus, vielmehr lasse er sich sagen: Es fängt bald alles an, es wird nun bald ganz ernst, ganz kritisch mit dir.

Bereit werden für den Schritt in jene andre Welt, dazu will uns unser Text helfen. *Wie lernen die Christen, wie lernt die Gemeinde Christi das Sterben*? Das ist die Frage und die Antwort gibt der Text. *Es ist eine dreifache Freudenbotschaft, die uns heute aus jener Welt als Trost am Totensonntag und als Hilfe zum Sterben verkündigt wird.*

„Und ich sah einen Engel fliegen mitten durch den Himmel, der hatte ein ewiges Evangelium zu verkünden …" Wo solche Gesichte, wo die Engel Gottes gesehen werden, da sind wir nicht mehr bei uns, da ist der Himmel aufgetan und die neue Welt. Mitten durch den Himmel fliegt der Engel mit dem *ewigen Evangelium.* Das gehört also in die Mitte des Himmels, wie es in die Mitte der Erde gehört – das ewige Evangelium. Das ist ein großer Trost für alle Gläubigen – *das Evangelium bleibt doch* – es *ist ein ewiges Evangelium* – unser Evangelium, wie wir es Sonntag für Sonntag hören und predigen – das Evangelium, das wir in unsern Bibeln bei uns haben, morgens und abends lesen, das unserem Leben einmal eine neue Wendung gegeben, als wir es zum ersten Mal recht verstanden – hier verspottet und angegriffen und in den Schmutz gezogen, und doch verborgen und heimlich geliebt und bekannt von Bekennern und Märtyrern aller Zeiten, von unzähligen Herzen – das Evangelium bleibt ewig – wir brauchen uns also garnicht zu fürchten und darum zu sorgen – ob es auch so aussieht, als ginge das Evangelium heute unter – was sind 10 Jahre oder auch mehr, die wir erleben und übersehen? – Das Evangelium ist ewig und bleibt dennoch. Es bleibt als die eine und einzige wahre Verkündigung von Gott über alle Welt. Und ob Tausende von Religionen und Ansichten und Meinungen und Weltanschauungen in der Welt sind, und ob es die schönsten Weltanschauungen seien und ob sie den Menschen das Herz bewegen und rühren – sie scheitern alle am Tod, sie müssen alle zerbrechen, weil sie nicht wahr sind – es bleibt nur das Evangelium. Und ehe das Ende kommt, wird es allen Völkern, Geschlechtern und Sprachen verkündigt sein über die ganze Erde – ob es hier auch scheint, es gebe viele Wege, dort gilt doch nur ein Weg, für alle Menschen auf dem Erdboden: das Evangelium.

Und seine Sprache ist so einfach, dass sie jeder verstehen muss: „Fürchtet Gott und gebt ihm die Ehre; denn die Zeit des Gerichts ist gekommen. Und betet den an, der gemacht hat Himmel und Erde und Meer und Wasserbrunnen." Das ist das 1. Gebot, das ganze Evangelium. „Fürchtet Gott" – statt der vielen Dinge, die ihr fürchtet – fürchtet nicht den kommenden Tag, fürchtet nicht die anderen Menschen, fürchtet nicht Gewalt und Macht, auch wenn sie euch Besitz und Leben rauben kann, fürchtet nicht die Großen in der Welt, fürchtet euch auch nicht vor euch selbst, fürchtet auch nicht die Sünde – an all dieser Furcht werdet ihr sterben – von all dieser Furcht seid ihr frei, sie ist für euch nicht da – fürchtet aber Gott und ihn allein; denn er hat Macht über alle Mächte dieser Welt – vor ihm muss sich die ganze Welt fürchten – er hat Macht uns das Leben zu geben oder uns zu verderben – alles andere ist Spiel – Gott allein ist ernst, ganz ernst – fürchtet Gottes Ernst – und „gebt ihm die Ehre". Er will sie haben als der Schöpfer der Welt, als unser Schöpfer, er will sie haben als der Versöhner, der Friede gemacht hat in Christus zwischen Gott und Mensch, er will sie haben als der Erlöser, der uns am Ende frei machen will von aller Sünde und aller Last – gebt ihm die Ehre in seinem heiligen Evangelium – „denn die Zeit seines Gerichtes ist gekommen". Wonach wird Gott an jenem Tage des Gerichtes, dem wir entgegengehen, fragen? Nach seinem ewigen Evangelium: Habt ihr dem Evangelium geglaubt und gehorcht? Er wird nicht fragen – ob wir Deutsche waren oder Juden, ob wir Nationalsozialisten waren oder nicht, auch nicht ob wir zur Bekennenden Kirche gehört haben oder nicht – ob wir groß und einflussreich und erfolgreich waren, ob wir ein Lebenswerk aufzuweisen haben, ob wir geehrt waren von den Menschen, oder gering und unwichtig und erfolglos und verkannt. Gott wird alle Menschen einmal danach fragen, ob sie vor dem Evangelium sich getrauen können zu bestehen – und *das Evangelium allein* wird unser Richter sein. Am Evangelium werden sich die Geister scheiden in Ewigkeit. Wenn wir das wissen, und doch sehen, wie das Evangelium unter uns missachtet wird – dieses in der Welt *und in der Kirche* – dann kann uns ganz angst werden. Das wollen wir uns also von dem ersten Bild, das Johannes sah, merken – *ein ewiges Evangelium – die ewige Verkündigung an alle Völker, das ewige Gericht über alle Menschen* – ein ewiges Evangelium – das ist der einzige und bleibende Trost für die Gemeinde der Gläubigen, das ist Freudenbotschaft für alle, die noch sterben müssen.

„Und ein anderer Engel folgte nach und sprach: Sie ist gefallen, sie ist gefallen, Babylon, die große Stadt; denn sie hat mit dem Wein ihrer Hurerei getränkt alle Heiden." Das sah Johannes – und er sah doch auch das andere: nämlich dass Babylon noch groß war, mächtig und kraftstrotzend – dass Babylon noch unüberwindlich dastand in der Welt und alle Menschen vor ihr zitterten und niederfielen – Babylon, die Feindin Gottes – die Stadt, die nicht aufhört ihren Turm bis in den Himmel zu bauen – Babylon, die gegen Christus, den gekreuzigten Herrn auf eigene Macht trotzt, die mit ihren glänzenden und verführerischen Lastern die Menschen berauscht, wie die Dirne ihren Buhlen berauscht mit schwerem Wein – die die Menschen umnebelt und verwirrt und umbuhlt mit allerlei Gepränge und gottlosem Prunk – Babylon, das die Menschen lieben, umschwärmen, dem sie besinnungslos in die Netze laufen – Babylon, das von seinen Untertanen nichts anderes verlangt als blinde Liebe und Rausch, das ihnen reichlich, verschwenderisch gibt, wonach den Menschen das Herz und die wilde Begierde steht – wer wollte es wagen, von diesem Babylon zu sagen, es sei nicht ewig? – es werde einen tiefen Fall tun – weh dem! – *mit welcher Bangigkeit muss die christliche Gemeinde* – die nicht Bürger dieser Stadt sein kann und will, die am Rande, außerhalb dieser Stadt wohnen und leiden muss – auf jene Stadt sehen, mit wieviel Gebeten muss sie für sie eintreten, mit wieviel Gebeten ihren Fall herbeigesehnt haben! – Wer ist Babylon – war es Rom? Wo ist es heute? Wir wagen es heute noch nicht zu sagen – nicht aus Furcht vor den Menschen! Sondern die Gemeinde weiß es noch nicht – aber sie sieht furchtbare Dinge und Enthüllungen herannahen – und nun – die Stimme vom Himmel, die Freudenbotschaft für die Gemeinde der Gläubigen – „sie ist gefallen, ... Babylon, die Große ...“ – es ist schon alles vollendet, das Gericht ist schon ergangen von Gott her, Babylon ist schon garnicht mehr – Babylon kann nicht bestehen – weil es vor Gott nicht bestehen kann. Darum: *Fürchtet euch* nicht vor Babylon, es kann euch nichts anhaben – es ist schon gerichtet – es ist alles nur Staub und Rauch und Trümmer – nehmt es nicht mehr *so blutig ernst, verzehrt* euch nicht in eurem *Hass* oder eurem *Eifer*, es ist ja alles nur so vorläufig, so vorläufig – es ist ja *garnicht mehr wichtig – ganz andere Dinge sind aber wichtig – bleibt fest* im Glauben, haltet fest an Christus, haltet euch unberührt von Babylon, bleibt nüchtern und lasst euch nicht die Furcht übermannen – hört auf die Stimme Gottes, des Allmächtigen, der spricht: Sie ist gefallen, ... Babylon, die Große. Dies allein ist wichtig – dies allein führt zum Leben – wer aber Babylon verfällt – der ist dem Tode und Gericht verfallen – Babylon ist gefallen, freue dich, Gemeinde der Gläubigen! Das ist die zweite Freudenbotschaft für die Gemeinde, die ins Sterben muss.

Vers 9. „Und der dritte Engel folgte ihm nach und sprach mit großer Stimme: so jemand das Tier anbetet ..." Das Tier ist der Herr Babylons, der Mensch der Lästerung, der Überhebung und der Gewalt – und das ist das Furchtbare – dies Tier hat nicht genug daran, dass ihm die Menschen dienen, sondern es will, dass sie sich mit seinem Zeichen bezeichnen an Stirn und Hand – dass sie ihm sichtbar gehören mit Kopf und Tat – das Tier will Bekenner! – Wie die Christen sich bezeichnen mit dem Zeichen des Kreuzes, so will das Tier, dass alle mit dem Malzeichen der Gotteslästerung gezeichnet seien, die ihm gehören – und sie beten das Tier an und sagen: Wer ist größer und mächtiger als dies Tier? Wer will ihm widerstehen? Wer ist herrlicher und göttlicher – und alle beten es an, die nicht geschrieben sind im Buche des Lebens, deren Namen vor Gott und dem Christus nicht erwählt und gefällig sind, deren Namen eine Lästerung Gottes sind.

Vers 10 f: „Der wird von dem Wein des Zorns Gottes trinken ..." Ein brennender ungemischter Wein ist der Zorn Gottes, den der Mensch bis ins Innerste seiner Gebeine zu spüren bekommt. Unaussprechlich furchtbar die Dinge, die nun genannt werden – es ist nichts hinzuzufügen – wie soll uns auch solche Botschaft Grund zur Freude sein? – „gequält mit Feuer und Schwefel vor den heiligen Engeln und dem Lamm" – sie werden den Christus, den sie lästerten, sehen müssen in ihrer Qual – „der Rauch ihrer Qual steigt auf von Ewigkeit zu Ewigkeit" – „keine Ruhe bei Tag und Nacht" – lasst uns angesichts solcher Worte ja nicht laut werden, sondern ganz still und in uns gehen und sprechen: Gott, sei mir

Sünder gnädig und schenk uns allen dein Heil! Gott, dir allein gebührt die Ehre. Du allein bist gerecht. Du hast uns Ruhe geschaffen von unsern Feinden. Gott, du allein bist unser Trost und unsere Freude!

Nein, wir wollen angesichts der furchtbaren Gerichte Gottes über die Welt in kein sektiererisches Triumphgeheul ausbrechen – sondern bitten: Gott, gib Geduld deinen Heiligen in aller unserer Ungeduld, gib Gehorsam deiner Gemeinde dein Gebot der Liebe zu halten – in allem unserm Ungehorsam, gib Glauben an Jesus – in allem Unglauben. Und wenn du dann kommst und zu uns trittst und uns forderst vor dir zu stehen: Dann sprich auch zu uns – hier ist Geduld der Heiligen, hier sind, die da halten die Gebote Gottes und den Glauben an Jesum – Gott, es ist alles deine Gnade.

Werden wir es nun begreifen, dass angesichts dieser Gerichte Gottes, dieser Versuchung, in Hass und Ungeduld und Unglauben zu fallen – dass es heute eine Gnade ist zu sterben, weggenommen zu werden – wer von uns weiß denn, ob er durchhält? Wer weiß denn, wie er in der Stunde der letzten Probe stehen wird – darum – „selig sind die Toten, die in dem Herrn sterben, von nun an" – „selig sind die Toten" – das müssen wir verstehen – nicht aus Müdigkeit, aus Unlust, sondern aus der Furcht nicht Glauben zu halten und in der Freude Glauben gehalten zu haben – „selig sind die Toten" – „von nun an" – von solchen Zeiten an, wo die Macht Babylons und des Tieres übergroß wird – aber nicht alle Toten sind selig – sondern „die in dem Herrn sterben" – die das Sterben rechtzeitig gelernt haben, die Glauben gehalten haben, die sich an Jesus hielten bis zur letzten Stunde, ob unter den Leiden des offenen Martyriums, ob in dem Martyrium einer stillen Einsamkeit überstehenden Lebens – die Verheißung der Seligkeit des Todes, der Auferstehung gibt es nur für die Gemeinde Jesu Christi – sie gehört ihr – und wer sie sonst für sich in Anspruch nimmt, fällt Gott in den

Arm. „Selig *sind die* Toten, die *in dem Herrn* sterben ...“ in Christus sterben – dass uns das geschenkt werde, dass unsere letzte Stunde nicht eine schwache Stunde sei – dass wir als Bekenner Christi sterben. Ob alt oder jung, ob schnell oder nach langem Leiden, ob gefasst und gepackt von dem Herrn Babylons oder ob still und sanft, dass nur unser letztes Wort sei: Christus, das ist heute unser Gebet – „Ja, der Geist spricht ... folgen ihnen nach“ und dann wird Ruhe sein von unserer Arbeit, das heißt von der Mühsal und den Leiden und den Anfechtungen, unter denen wir heute stehen, keine Furcht mehr, schwach zu werden, keine Furcht vor der Sünde und vor der Gewalt Babylons, dann wird Ruhe sein, weil wir Christus als den Herren erkennen und sehen werden – „und ihre Werke folgen ihnen nach“. *Sie bahnen uns* nicht den Weg zu Christus, das tut der Glaube, *aber sie folgen* nach, die Werke, die in Gott, in Christus getan sind, für die er uns bereitet hat von Anbeginn der Welt; wir kennen sie hier nicht, sie sind verborgen, es sind die Werke, von denen die linke Hand nicht weiß, was die rechte tut – aber sie werden bei uns sein, weil sie zu uns gehören, als das ewige Geschenk Gottes.

Herr, lehre du deine Gemeinde zu sterben durch dein Evangelium, gib uns Kraft durchzuhalten, bis du rufst – wir wollen gern dein ewiges Evangelium schauen! Amen.

Anmerkungen

[1] Dietrich Bonhoeffer/Maria von Wedemeyer, Brautbriefe Zelle 92 (1943–1945), hg. von Ruth-Alice von Bismarck/Ulrich Kabitz, München 1992, 38.

[2] Viele der folgenden Überlegungen habe ich zuletzt veröffentlicht in meinem Buch: Bonhoeffer als Praktischer Theologe, Göttingen 2006, bes. 77–108.

[3] Ernst Georg Wendel, Studien zur Homiletik Bonhoeffers. Predigt, Hermeneutik, Sprache (Hermeneutische Untersuchungen zur Theologie, Bd. 21), Tübingen 1985.

[4] Dietrich Bonhoeffer Werke, Bd.1–16, München/Gütersloh 1986–1998.

[5] Nach Wedel, Studien, 8.

[6] Vgl. DBW 9, 572.

[7] Z. B. in der Predigt vom 23.9.1928 (DBW 10, 512–517).

[8] 1Kor 12,27f (Predigt vom 29.7.1928, DBW 10, 486–492).

[9] Vgl. DBW 10, 595.

[10] Otto Dudzus, „Wer ist Jesus Christus für uns heute?" Dietrich Bonhoeffers Versuch einer Antwort durch 20 Jahre Verkündigung, in: Bonhoeffer, Dietrich: Predigten – Auslegungen – Meditationen 1925–1935, Bd. 1, hg. von Otto Dudzus, Gütersloh [2]1998, 25.

[11] Eberhard Bethge, Dietrich Bonhoeffer. Theologe, Christ, Zeitgenosse. Eine Biographie, Gütersloh [8]2004, 282.

[12] Vgl. DBW 13, 347–351.

[13] Alle in DBW 14f.

[14] Vgl. Dietrich Bonhoeffer, Gemeinsames Leben/Das Gebetbuch der Bibel. Eine Einführung in die Psalmen, hg. von G.L. Müller/Albrecht Schönherr, DBW, Bd. 5, München 1987.

[15] Bethge, Bonhoeffer, 527–539.

[16] Alle in DBW 15, 492ff.

[17] DBW 8, 73–80.428–436.

[18] Gerhard Ebeling, Die „nicht-religiöse Interpretation biblischer Begriffe", in: Die Mündige Welt, Bd. 2, München 1956, 12–73.

[19] Vgl. Eberhard Bethge, Gottesdienst in einem säkularen Zeitalter – wie Bonhoeffer ihn verstand, in: ders., Ohnmacht und Mündigkeit. Beiträge zur Zeitgeschichte und Theologie nach Dietrich Bonhoeffer, München 1969, 114-134.

[20] Zit. nach Dietrich Bonhoeffer, Gesammelte Schriften, hg. von Eberhard Bethge, Bd. 4 Auslegungen – Predigten. Berlin, London, Finkenwalde (1931–1944), München [3]1975, 7 (Hervorhebungen im Text).

[21] Bethge, Bonhoeffer, 1036f.

[22] Bonhoeffer, Gesammelte Schriften, Bd. 4, 11.

[23] A.a.O.

[24] A.a.O., 12; vgl. dazu im Einzelnen Henning Schröer, Besteht Christsein heute nur im Beten und im Tun des Gerechten? Überlegungen zu einem Liturgie und Diakonie verbindenden Grundmotiv der Theologie Dietrich Bonhoeffers, in: Solidarität, Spiritualität, Diakonie. Gottesdienst als Menschendienst. Ein ökumenisches Symposion, hg. von Hans Christoph von Hase u.a., Stuttgart 1971, 13-25 (16ff).

[25] Darauf hat schon Wendel, Studien, 11f hingewiesen (dort auch Belege).

[26] Zur Genese des Schemas bei Bethge vgl. Wendel, Studien, 12ff.

[27] So auch a.a.O., 16f.

[28] Gerhard Krause (ders., Art. Bonhoeffer, Dietrich, in: TRE, Bd. 7, Berlin/New York 1981, 58–60) bemüht sich darum, m.E. mit Erfolg, den Nachweis zu führen, dass sich Bonhoeffers Grundanschauungen in seinem Gesamtwerk insgesamt durchgehalten haben. Wendel, Studien, versucht die Kontinuität vor allem an Bonhoeffers Schriftverständnis und am Gebrauch der religiösen Funktion der Sprache nachzuweisen.

[29] DBW, Bd. 8, 397f.

[30] A.a.O., 336.

[31] A.a.O., 453f.

[32] A.a.O., 126f.

[33] Auf die autobiografischen Züge der Predigt weist allerdings schon Bethge hin (ders., Bonhoeffer, 386.402). Vor allem Jørgen Glenthøj hat versucht, die Bedeutung des Jeremia-Motivs für Bonhoeffers eigenes Nachfolgeverständnis herauszuarbeiten (ders., Dietrich Bonhoeffers Weg vom Pazifismus zum politischen Widerstand, in: Rainer Mayer/Peter Zimmerling (Hg.), Dietrich Bonhoeffer heute. Die Aktualität seines Lebens und Werkes, Gießen/Basel [3]1995, 44). Wie schon Dudzus, Predigten, Bd. 1, 42ff, liest neuerdings Werner Kallen, In der Gewissheit seiner Gegenwart. Dietrich Bonhoeffer und die Spur des vermissten Gottes, Mainz 1997, 62ff, diese Predigt als prophetische Berufungsgeschichte Bonhoeffers.

[34] Bethge, Bonhoeffer, 399-402.

[35] DBW, Bd. 13, 347.

[36] A.a.O., 348.

[37] A.a.O., 349f.

[38] Als Belege führt Kallen Dag Hammarskjöld, Johannes vom Kreuz, Teresa von Avila und Augustinus an (ders., In der Gewißheit seiner Gegenwart, 73ff).

[39] DBW, Bd. 13, 347.

[40] A.a.O.

[41] DBW, Bd. 13, 349.

[42] So auch Dudzus, Predigten, Bd. 1, 44.

[43] DBW, Bd. 13, 348.

[44] Man hat ihm darum fälschlicherweise einen „Allmachtskomplex" vorgeworfen (vgl. dazu im Einzelnen Klaus-Michael Kodalle, Dietrich Bonhoeffer. Zur Kritik seiner Theologie, Gütersloh 1991, bes. 96-98).

[45] „Gott, du hast es mit mir angefangen. Du hast […] mich verlockt und betört, hast dir mein Herz gefügig und willig gemacht, hast zu mir geredet von deiner Sehnsucht und ewigen Liebe […]" (DBW, Bd. 13, 348f).

[46] Tagebuchnotizen von George K.A. Bell vom 31.5.1942, DBW, Bd. 16, 294, zit. nach der Übersetzung a.a.O., 765f; Hervorhebung im Text.

[47] DBW, Bd. 6, 129ff.

[48] „Der Führer und der einzelne in der jungen Generation", in: DBW, Bd 12, 259f.

[49] Vgl. DBW, Bd. 11, 395, wo Bonhoeffer sich in einer Andacht am 4.2.1932 gegen den Vorwurf wendet: „Man sagt, es ist eine Brutalität der Kirche, wenn sie nicht einsieht, dass heute ihre erste Aufgabe Dienst an den physischen Nöten und Bedürfnissen ist; wenn sie meint, sie solle auch heute nur immer wieder und in erster Linie von Gott reden und die Brotfrage die zweite sein lassen." Vgl. auch DBW, Bd. 10, 457.510; DBW, Bd. 11, 564; DBW, Bd. 14, 859.

[50] DBW, Bd. 11, 396.

[51] DBW, Bd. 13, 316.

[52] DBW, Bd. 10, 468; DBW, Bd. 13, 340.

[53] DBW, Bd. 9, 541.

[54] DBW, Bd. 10, 511.
[55] DBW, Bd. 11, 441.458.
[56] DBW, Bd. 10, 532.
[57] DBW, Bd. 11, 379.387.392.
[58] DBW, Bd. 11, 450.
[59] A.a.O., 458.
[60] DBW, Bd. 12, 430.448.
[61] A.a.O., 452.
[62] A.a.O., 453.
[63] DBW, Bd. 13, 316.
[64] A.a.O., 345; DBW, Bd. 14, 924.
[65] DBW, Bd. 13, 361.370; DBW, Bd. 15, 494.
[66] DBW, Bd. 13, 407f.
[67] DBW, Bd. 14, 886.
[68] A.a.O., 889.
[69] A.a.O., 913f.
[70] Zwar kommt Gott dem Menschen in Jesus nahe (z. B. DBW, Bd. 9, 469), bleibt aber gleichzeitig ein „herrschsüchtiger, eigenwilliger Gast“ (DBW, Bd. 9, 610).
[71] Z. B. a.a.O., 542.
[72] DBW, Bd. 9, 499.501; DBW, Bd. 13, 315 u. ö.
[73] DBW, Bd. 10, 470.
[74] DBW, Bd. 13, 315.
[75] DBW, Bd. 10, 569; DBW, Bd. 13, 406.
[76] DBW, Bd. 11, 400.
[77] DBW, Bd. 9, 499; DBW, Bd. 11, 378.
[78] A.a.O., 378.
[79] DBW, Bd. 15, 518.
[80] DBW, Bd. 11, 436.
[81] A.a.O., 377.
[82] A.a.O., 443; DBW, Bd. 13, 421.
[83] DBW, Bd. 10, 497.
[84] DBW, Bd. 12, 426.
[85] DBW, Bd. 13, 337.
[86] DBW, Bd. 14, 983; vgl. dazu Jer 20,9.
[87] DBW, Bd. 14, 900.
[88] A.a.O., 973.
[89] Die berühmt gewordene Formulierung lautet: „*Nur der Glaubende ist gehorsam*, und *nur der Gehorsame glaubt*“ (DBW, Bd. 4, 52; Hervorhebungen im Text).
[90] So auch Glenthøj, Dietrich Bonhoeffers Weg, 37f.
[91] So Kodalle, Dietrich Bonhoeffer.
[92] DBW, Bd. 13, 317.
[93] In: Martin Luther, Ausgewählte Werke, hg. von H.H. Borcherdt/Georg Merz, Ergänzungsreihe, Bd. 1, München [3]1975.
[94] DBW, Bd. 12, 448.
[95] DBW, Bd. 11, 441.
[96] DBW, Bd. 12, 450; DBW, Bd. 10, 521.
[97] DBW, Bd. 13, 317.
[98] Vgl. DBW, Bd. 12, 454.

[99] DBW, Bd. 13, 342.
[100] DBW, Bd. 15, 518.
[101] A.a.O., 507.
[102] DBW, Bd. 16, 638.639; vgl. auch DBW, Bd. 13, 416.
[103] A.a.O., 314.
[104] DBW, Bd. 13, 343.
[105] DBW, Bd. 9, 485; vgl. auch DBW, Bd. 10, 503; DBW, Bd. 13, 323; DBW, Bd. 15, 478.
[106] DBW, Bd. 11, 415f.
[107] DBW, Bd. 14, 933.941.964.
[108] DBW, Bd. 13, 414.
[109] DBW, Bd. 9, 529.
[110] Vgl. hier und im Folgenden DBW, Bd. 12, 449.
[111] DBW, Bd. 10, 514.
[112] DBW, Bd. 13, 380.
[113] DBW, Bd. 16, 646.
[114] DBW, Bd. 11, 382.
[115] DBW, Bd. 9, 544; DBW, Bd. 11, 398; DBW, Bd. 16, 662. „Wer die Macht der Wahrheit hinter sich hat, ist der freieste Mann" (DBW, Bd. 11, 416).
[116] A.a.O., 415; DBW, Bd. 14, 965.
[117] DBW, Bd. 9, 552.
[118] „[...] heißt denn Glaube etwas anderes, als Gottes Willen Raum lassen wollen, über uns, über die Welt, und kann denn ein einziges Ding unmöglich sein, wenn es Gottes Wille ist?" (DBW, Bd. 13, 417).
[119] „Die Wahrheit ist nicht eine Lehre, zu deren Verkündigung die Gemeinde eingesetzt ist, sondern sie ist ein Geheimnis, [...] das nicht zur Doktrin aufgelöst wird [...]" (DBW, Bd. 13, 956f). In den gleichen Zusammenhang gehört auch seine Polemik gegen die „billige Gnade" in der „Nachfolge".
[120] DBW, Bd. 11, 332f.
[121] DBW, Bd. 13, 301.
[122] Gott verlangt oft Schweres von uns (DBW, Bd. 9, 495); Gottes Güte ist oft hart (a.a.O., 506); mit Jesus zu gehen ist äußerlich und innerlich schwer (a.a.O., 525); mit Gott sein macht nicht glücklich (a.a.O., 567); Versuchungen und Leiden gehören zum Christsein dazu (DBW, Bd. 15, 480).
[123] Vgl. Glenthøj, Dietrich Bonhoeffers Weg, 39. Glenthøj spricht deshalb vom Jeremia-Motiv als Bonhoeffers Beitrag zur Deutung der Nachfolge Jesu (a.a.O., 46 u. ö.).
[124] DBW, Bd. 13, 350.
[125] DBW, Bd. 14, 584.
[126] DBW, Bd. 10, 506f; vgl. auch DBW, Bd. 9, 567.
[127] DBW, Bd. 14, 943; vgl. auch DBW, Bd. 13, 316.341.412.
[128] DBW, Bd. 16, 650; vgl. auch DBW, Bd. 15, 479.
[129] DBW, Bd. 14, 901.
[130] A.a.O., 900f.
[131] DBW, Bd. 15, 474.
[132] DBW, Bd. 14, 931 (Bibelarbeit zu Esra und Nehemia: Wiederaufbau Jerusalems).
[133] A.a.O., 865.
[134] So Bonhoeffer in einer Losungsmeditation vom 8.6.1944: „Der Gerechte [...] bringt gewissermaßen das Sensorium Gottes in die Welt; darum leidet er, so wie Gott unter der Welt leidet" (DBW, Bd. 16, 657). Ein ähnlicher Gedanke findet sich auch bei Paulus, wenn er

davon spricht, an seinem Leib noch die Leiden abzustatten, die zur Vollendung von Christi Leiden noch fehlen (Kol 1,24).

[135] DBW, Bd. 14, 985.

[136] DBW, Bd. 9, 569.

[137] So etwa in einer Kindergottesdienstansprache am Totensonntag 1929: „Seht, es wollten freilich die Christen immer viel lieber sterben, als den lieben Gott verleugnen, ja sie waren froh, dass sie sterben durften, denn sie wussten: Nun ist bald all unser Kummer und Sorgen vorbei, und dann sind wir im Himmel und dort gibt es keine Tränen mehr, sondern nichts als Freude" (DBW, Bd. 10, 547). Oder in einer Predigt zum Volkstrauertag 1932: „Was heißt hier Treue der Gemeinde Christi anderes, als in dies rasende Toben hinein immer wieder bis zum Ermatten, bis zum Ärgernis, bis zum Martyrium die Worte Christi rufen, dass Friede sein soll [...]" (DBW, Bd. 11, 406).

[138] A.a.O., 446.

[139] So schon Dudzus, Predigten, Bd. 1, 44.

[140] So auch DBW, Bd. 14, 1038.

[141] Eberhard Bethge in: Bonhoeffer, Gesammelte Schriften, Bd. 4, 9.

[142] So auch Eberhard Bethge, Beten und Tun des Gerechten. Dietrich Bonhoeffers umstrittenes Erbe, in: ders., Am gegebenen Ort. Aufsätze und Reden, München 1979, 39–47, 45.

[143] DBW, Bd. 8, 435.

[144] A.a.O., 436.

[145] A.a.O., 541.

[146] So Bonhoeffer in seinem Vortrag „Zur theologischen Begründung der Weltbundarbeit", in: DBW, Bd. 11, 330.

[147] A.a.O., 334.

[148] Ähnlich Bethge, wenn er schreibt: „Das *Beten* bewahrt das Tun des Gerechten vor der fanatischen Ideologisierung, an der die Veränderer zu schlechten Vertretern ihrer eigenen Sache werden" (ders., Beten und Tun des Gerechten, 47; Hervorhebung im Text).

[149] Martin Moeller (nach Nikolaus Selnecker), „Hilf, Helfer, hilf in Angst und Not", 1596 (1565), Strophe 1 (Evangelisches Gesangbuch (EG) 624).

[150] Gustav Knack, „Laßt mich gehen", Strophe 2, 1846 (Jesus unsere Freude, Gemeinschaftsliederbuch, hrsg. vom Evangelischen Gnadauer Gemeinschaftsverband, Gießen 1999, 720).

[151] Georg Weissel, „Such, wer da will, ein ander Ziel", Strophe 1, (1623) 1642 (EG 346).

[152] Nikolaus Ludwig Graf von Zinzendorf, „Herz und Herz vereint zusammen", Strophe 1, 1725 (EG 251).

[153] Paul Gerhard, „Warum sollt ich mich denn grämen", Strophe 1, 1653 (EG 370).

[154] Johann Matthäus Meyfart, „Jerusalem, du hochgebaute Stadt", 1663 (EG 150).

[155] Johannes Daniel Falk, 1768–1826.

[156] Paul Gerhard, „Sollt ich meinem Gott nicht singen", Strophe 1, 1653 (EG 325).

[157] Nikolaus Selnecker, „Lass mich dein sein und bleiben", 1572 (EG 157).

[158] Johannes Herrmann, „Herr, unser Gott, laß nicht zuschanden werden", Strophe 1, 1630 (EG 247).

[159] Johannes Franck, „Jesu, meine Freude", Strophe 6, 1653 (EG 396)

[160] Paul Gerhardt, „Ich bin ein Gast auf Erden", Strophe 6, 1666/1667 (EG 529).

[161] Spruch auf dem Grab von Søren Kierkegaard.

[162] Michael Weiße, „Christus, der uns selig macht", Strophe 6, 1531 (EG 77).

[163] Der Text ist hier bei Bonhoeffer verderbt.